Architektonische Gärten
und Gartenteile

Entwerfen und Anlegen

ROY STRONG

Architektonische Gärten und Gartenteile

Entwerfen und Anlegen

Aus dem Englischen von Ingeborg Ulmer

Verlag Eugen Ulmer

Die Deutsche Bibliothek – CIP-Einheitsaufnahme

Architektonische Gärten und Gartenteile : Entwerfen und
Anlegen / Roy Strong. Aus dem Engl. von Ingeborg Ulmer. –
Stuttgart : Ulmer, 1992
Einheitssacht.: Creating small formal gardens ⟨dt.⟩
ISBN 3-8001-6496-5
NE: Strong, Roy; EST

(Titel der Originalausgabe: „Creating Small Formal Gardens")
First published in 1989 by
Conran Octopus Ltd.
37 Shelton Street
London WC2H 9HN
Text and garden designs copyright © Roy Strong 1989
Artwork copyright © Conran Octopus Limited 1989
© Deutsche Ausgabe 1992
Eugen Ulmer GmbH & Co.
Wollgrasweg 41, 7000 Stuttgart 70 (Hohenheim)
Lektorat: Ingeborg Ulmer
Satz: Typobauer, Ostfildern
Produced by Mandarin Offset
Printed and bound by Mandarin Publishers, Hong Kong

Inhaltsverzeichnis

Ausdrucksformen
des architektonischen Gartens

In formale Gärten war ich schon immer verliebt. Diese Leidenschaft haben bei mir nicht nur die historischen Gärten erregt, die uns erhalten sind, sondern vielleicht mehr noch alle die verschwundenen Gärten, die aber in hunderten von Gemälden und Stichen aus dem 16. und 17. Jahrhundert festgehalten sind. Aus der Fülle topographischer Darstellungen sind die Bilder formaler Gärten aus der Zeit des Sonnenkönigs, der Blütezeit dieser Gartenkunst, besonders geeignet, darin die allervergnüglichsten imaginären Wanderungen zu unternehmen. Wie schön ist es, mit einem Herrn mit Lockenperücke und einer Dame mit aufwendigem Kopfputz in einer Allee zu promenieren, die gesäumt ist von Obelisken aus geschnittenen Eiben; den beiden in die verborgene Kammer einer Laube zu folgen, in der ein einzelner Wasserstrahl aus einer vergoldeten Brunnenfigur aufsteigt. Man wandelt auf bezaubernden Terrassen, auf denen riesige Terrakottakübel mit Orangenbäumen stehen und von denen Stufen zum Gartenparterre hinunterführen – einem erstaunlichen Gebilde aus grünen, geschnittenen Buchshecken, in phantastischen Arabeskenmustern. Da kann man eine Grotte besichtigen, sich in einem Labyrinth verirren, eine Wildnis durchstreifen. Und während man sich von diesen alten Gärten bezaubern läßt, wird man unwillkürlich den Reichtum an gestalterischen Möglichkeiten und traditionsreichen Formen feststellen, die heute entweder vollständig verloren gegangen sind, oder die wir schlicht vergessen haben.

Immer wieder überrascht ihre erstaunliche Einfachheit. Häufig bestand ein sehr großer, bedeutender Garten lediglich aus symmetrisch angeordneten Rasenflächen mit einigen streng geschnittenen Bäumen. Die Linienführung der Rasenflächen und die Anordnung der Bäume zielte auf ein das ganze Jahr hindurch gleichmäßig gutes Aussehen, unbeeinflußt vom Wechsel der Jahreszeiten. Ebenso muß eine Wildnis (damals ein formaler Garten, der weniger wild war, als der Name vermuten läßt) ein erfrischender Anblick gewesen sein – ein bepflanztes Gelände, in dem man spazieren oder sitzen konnte, mit Räumen aus Hecken und Bosketten, die meist mit kleinen Blütenbäumen, süß duftendem Geißblatt oder Rosen bepflanzt waren. Reihen von kugelig geschnittenen Bäumchen, durch eine niedrige Hecke miteinander verbunden, müssen ein bezauberndes Gartenbild abgegeben haben und nicht minder eine Baumreihe, die einen gewölbten Laubengang bildete wie die Arkaden vor einem Gebäude oder in einem Kreuzgang.

Mit der Verwendung vieler solcher architektonischer Motive entsteht in diesen Gärten eine klare Trennung zwischen der ungebändigten Natur außerhalb ihrer magischen Grenzen und der den Gesetzmäßigkeiten der Kunst unterworfenen Natur innerhalb. Von oben gesehen, wirken diese Gärten wie aus der Landschaft herausgeschnitten, Oasen der Eleganz und Schönheit, abgeschirmt von der Barbarei draußen.

Links: Mein eigener formaler Garten. 1974 war es noch eine Viehweide.
1987 sah er so aus. Durch Stufen im Hang ergibt sich ein spektakulärer Zugang.
Oben: Ruhe und Charme einer einfachen formalen Gestaltung, ein kleiner,
immergrüner und einfach pflegbarer Bereich in einem viel größeren Garten.

Typen des formalen Gartens

Der Grund für die besondere Wirkung des formalen Gartens auf den Betrachter ist vermutlich, daß nichts darin jemals beliebig oder zufällig ist. Jedes Gestaltungselement hat einen Sinn und würde nur eines entfernt, wäre sofort die schöne Ausgewogenheit der Einzelteile gestört, denn alle Elemente, aus denen ein solcher Garten besteht, sind auf eine ganz bewußte Weise verwendet, obgleich die einzelnen Bestandteile im Grunde genommen gar nicht anders sind, als in jeder anderen Gartenform. Wir vergessen leicht, daß wir erst seit sehr kurzer Zeit so vielerlei Pflanzen verwenden. Die Neueinführung von Pflanzen erreichte einen Höhepunkt im vorigen Jahrhundert, aber bis dahin waren auch die berühmtesten Gärten mit einem verhältnismäßig beschränkten Pflanzenangebot gestaltet worden. Wesentlich größere Bedeutung hatte man anderen Gestaltungselementen für das Aussehen eines Gartens beigemessen, und zwar vor allem den dauerhaften Strukturen, gebauten wie gewachsenen. In der Frühzeit der klassischen formalen Gartenkunst galt die Bewunderung eines Gartens seinen Kieswegen, geschnittenen Hecken und Formbäumchen, seiner Ausstattung mit Skulpturen und der Verwendung von Wasser mindestens ebenso wie irgendeinem jahreszeitlichen Schmuck. Beschreibungen von Gärten enthalten meist keinerlei Hinweis auf Blumen, den Bestandteil, auf den es heute vor allem ankommt. Trotzdem genügten diese Gärten damals allen Ansprüchen.

Die starke Betonung der Strukturen im formalen Garten rührte von der Auffassung, daß ein Garten während des ganzen Jahres zu begehen und zu genießen sein sollte und daß sein Reiz nicht nur in einigen Sommermonaten üppigen Blühens liegen durfte. Vielmehr liegt der Zauber eines formalen Gartens in der vollendeten Anordnung unveränderlicher, zueinander in höchster Harmonie stehender Formen. Da es sich um eine architektonische Gestaltung handelt, bedeutet sie für das Auge das gleiche Vergnügen wie ein Gebäude mit vollkommenen Proportionen. Ein formaler Garten ist auch noch im Winter bei Frost und unter einer Schneedecke ein schöner Anblick. Dann nämlich kommen beispielsweise seine Hecken besonders zur Geltung und machen Räume erkennbar. Die genauen Proportionen dieser Räume und die Höhe und der Schnitt der Hecken muß schon bei der Planung sorgfältig bedacht werden. Das gleiche gilt für ein anderes von den Jahreszeiten unabhängiges Gestaltungselement, die immergrünen Figurenbäumchen: der Wechsel von Licht, leichtem und tiefem Schatten auf diesen lebendigen architektonischen Formen ist zu allen Jahreszeiten erregend. Auch gut plazierte Skulpturen können im Garten eine Freude und ein vergnüglicher Anblick bei jedem Wetter und zu allen Jahreszeiten sein.

Für die Planung meines eigenen Gartens während der letzten fünfzehn Jahre waren die früheren Gartenansichten des 17. Jahrhunderts aus der Vogelperspektive besonders anregend. Sie quellen über von Ideen für Hecken

und Umzäunungen, Aufgänge und Abstiege, Blickfänge und Ausblicke, aber auch für die Verwendung von Firgurenbäumchen und die Erziehung von Bäumen und Gartenpflanzen. Ich ließ mich dabei nicht im geringsten einschüchtern von der Großartigkeit mancher Gärten. Manche waren nämlich ganz und gar nicht großartig – ganz im Gegenteil, denn oft waren sie nicht mehr als eine Neuordnung der Natur mit Zirkel und Lineal, um eine architektonische Wirkung zu erzeugen, die nur gelegentlichen Mähens und alljährlichen Schnitts bedurfte. Jedenfalls kommt man mit ihnen viel einfacher zurecht, als mit vielen heutigen Gärten, in denen der Drang nach vollgestopften Blumenbeeten ungebrochen ist.

Dies ist in der Tat ein ganz wesentlicher Punkt. Der formale Garten ist ganz zu unrecht in den Ruf gekommen, arbeitsintensiv zu sein. Bei sorgfältiger Überlegung und guter Planung kann er genau das Gegenteil sein, einfach in der Pflege und höchst wirkungsvoll. Häufig gilt außerdem ein großes Grundstück als Vor-

aussetzung. Aber wenn man Abbildungen alter Gärten betrachtet, entdeckt man, daß sie aus mehreren quadratischen und rechteckigen Bereichen zusammengesetzt sind, die oft ganz kleine Abmessungen haben. Zudem haben diese Bereiche – und darauf kommt es besonders an – einen Zuschnitt, der ganz ähnlich ist wie viele Gärten von heute.

Alle diese Tatsachen veranlaßten mich, dieses Buch zu schreiben, denn gerade der traditionsreiche formale Garten scheint mir die unserer Zeit angemessenste Gartenform zu sein. Es sind wunderschöne Gärten, oft von bemerkenswerter Schlichtheit, ohne großen Pflegebedarf und sie beanspruchen eine Fläche mit Abmessungen, wie sie heute gang und gäbe sind. Ich möchte betonen, daß dieses Buch keine Aufforderung zu historisierenden Rekonstruktionen sein soll (wenngleich es, wie der Leser bemerken wird, diese Möglichkeit durchaus eröffnet), sondern vielmehr das Gegenteil: eine Aufforderung zur Neuentdeckung und Wiederbelebung einer Tradition mit

Zauber der Jahreszeiten

Der gleiche Garten im Sommer und im Winter zeigt, daß ein formaler Garten zu allen Jahreszeiten reizvoll ist.

Links: Im Sommer wird das frische Grün bereichert durch Blütenfarben, hier das Rosa und Weiß von Begonien, Impatiens, Rosen und, in den Kübeln, Petunien.

Unten: Im Winter liegt die Betonung auf der architektonischen, plastischen Form von Hecken und Figurenbäumchen und dem Spiel von Licht und Schatten. Dazu kommt eine aufregende Rostfärbung der Hainbuchenhecke.

Typen des formalen Gartens

Links: Historisch. Dieser klassische formale Garten
mit dem Buchs-Parterre wurde 1875 angelegt.
Unten: Modern. Die gleichen Gestaltungsprinzipien führten
zu diesem völlig anderen, aber ebenfalls formalen Garten,
der ganz aus unserer heutigen Zeit stammt.

den bescheidenen Möglichkeiten, die der kleine Garten des ausgehenden 20. Jahrhunderts zu bieten hat.

Die Tradition dieser Art der Gartengestaltung ist natürlich nicht tot. In manchen Ländern ist sie lebendiger als in anderen. In England ist sie am stärksten in dem Bereich, den man als Landhausstil bezeichnet und dessen Gestaltungsgrundlagen noch immer auf den berühmten Kompromiß aus den ersten Jahren dieses Jahrhunderts zwischen dem Architekt Edwin Lutyens und der großen Pflanzenkennerin Gertrude Jekyll zurückgehen: die starke architektonische Gestaltung eines Geländes wird gemildert durch eine üppige Bepflanzung, die in die formale Linienführung eingreift, sie aber nicht zerstört.

Am wenigsten ausgeprägt ist die Tradition des formalen Gartens in öffentlichen Anlagen und in der Gestaltung kleiner privater Gärten. Hier führte der Einfluß des Brasilianers Burle Marx und des Amerikaners Thomas Church in den fünfziger Jahren in Verbindung mit dem Versuch, die Tradition des englischen Land-

schaftsparks des 18. Jahrhunderts wiederzubeleben, zu einer Miniaturisierung der großartigen Weite eines Landschaftsparks auf der beengten Fläche des durchschnittlichen, rechteckigen Vorstadtgartens. Was dabei herauskam, war nicht sehr erfolgreich und dürfte es auch in Zukunft kaum sein.

Dieser Zwiespalt in der englischen Gartengestaltung verdient eine kurze Betrachtung, denn seit dem Aufkommen des englischen Landschaftsgartens im 18. Jahrhundert ist England mit seiner Gartenleidenschaft führend in der Welt und führend auch in den gedanklichen Grundlagen und sowohl die guten wie die schlechten Seiten englischer Gartengestaltung wurden in der gesamten englischsprechenden Welt verarbeitet, in den USA und in den Commonwealth-Ländern Kanada, Australien, Neuseeland. Der Einfluß endet aber nicht dort, denn englische Gartenbücher sind in den meisten Buchhandlungen der nordeuropäischen Länder, in denen man englisch versteht, zu haben: in den Niederlanden, in Deutschland und Skandinavien. Wohin

man kommt, findet man den Einfluß aus den beiden Richtungen: die Lutyens-Jekyll-Schule und den miniaturisierten Landschaftspark. Kein anderes Land hat folglich die Gartengestaltung stärker beeinflußt. Es ist traurig aber wahr, daß Italien, in der Renaissance das Ursprungsland der klassischen Gartentradition, nur wenig eigene Literatur über Gartengestaltung hat. Obgleich noch viele große klassische Gärten erhalten sind, geht von dort keine geistige Anregung aus.

Viel erfreulicher sind dagegen die Verhältnisse in den Niederlanden, wo die Tradition zwar schwächer ist, aber durchaus eigenständig. Einige besonders einfallsreiche kleine Gärten in diesem Buch sind holländische Gärten und die größte Rekonstruktion eines historischen Barockgartens haben die Holländer in den 70er Jahren mit dem Garten König Willems III. in Het Loo in Apeldoorn unternommen. Die Baumschulen in Boskoop sind noch immer fähig, fertig geformte Figurenbäumchen zu liefern, werden allen Wünschen und Anforderungen gerecht und zeigen ein Kön

nen, das andernorts nahezu ganz vergessen ist. Inzwischen gibt es aber vermehrt Anzeichen dafür, daß das Interesse an der formalen Gestaltung kleiner Gartenbereiche wieder steigt; eine Bewegung, die auch in der neueren britischen Gartenliteratur erkennbar ist. Ein Grund für diese Wiederbelebung liegt darin, daß derzeit ein Gartenstil beliebt ist, den man als „Ausstattungsgarten" bezeichnen könnte. Allerorts sind die Auswirkungen der mit einer wahren Besessenheit betriebenen Innenraumausstattung auch auf den Garten erkennbar. Eine Generation, die die Verwendung geblümter Tapeten, geraffter und gerüschter Vorhänge, Marmorieren und hundert andere Fertigkeiten wiederentdeckt hat, dehnt ihr Betätigungsfeld inzwischen auf das Formen und Erziehen von Gehölzen und auf die Verwendung von Lattenwerk und Gartenskulpturen (Versteigerungen durch die führenden Auktionshäuser finden laufend statt), auf die verschiedensten Arten der Pflasterung, auf Pflanzkübel und auf Gestaltungsformen wie Parterres oder dekorative Kräutergärten aus. Das Interesse

Typen des formalen Gartens

Linke Seite: Zugang zum Haus. Ein einfacher Verbindungsweg wurde durch Hecken und Staudenrabatten zu beiden Seiten und eine Pergola aus Lattenwerk umgestaltet.

Vorgarten. Formale Gestaltung als klare, elegante Lösung eines Dauerproblems: ein gerader Weg zum Haus mit symmetrischen, von Buchs umsäumten Beeten, bepflanzt mit Tulpen und Stiefmütterchen.

schaffen. Deshalb ist es nun nötig, neue Wege innerhalb der alten Tradition zu finden: nicht aus Nostalgie, sondern aus einem Verständnis für Gestaltungsregeln, die den Plänen formaler Gärten seit ihren Anfängen in der Mitte des 15. Jahrhunderts zugrundelagen.

Formale Gartengestaltung sollte besser mit architektonischer Gestaltung bezeichnet werden, denn sie beruht darin, die Gestaltungsprinzipien für ein Haus auf das Grundstück, das es umgibt, auszudehnen. Ziel jeglicher formaler Gartengestaltung ist in erster Linie, beides in Harmonie zueinander zu bringen, das Haus gleichsam aus seiner Umgebung herauswachsen zu lassen. Es ist immer möglich, das Gelände um ein Haus so zu gestalten, daß die Natur mit dem Haus harmoniert, es ist aber umgekehrt fast unmöglich, ein Haus in Einklang mit der Natur zu bringen.

Mit anderen Worten, der unmittelbare Bereich um ein Haus sollte sich dem Haus anpassen. Bei vielen ist das auch bereits der Fall, denn die kleinen Gärten dieses Jahrhunderts sind in ihren Umrissen fast zwangsläufig durch rechtwinklig zueinander verlaufende gerade Linien bestimmt. Schon diese Tatsache spricht gegen den Versuch, ein solches Grundstück in einen Mini-Landschaftspark verwandeln zu wollen. Im Gegenteil, sie schreit nach einem architektonischen Rahmen und einer Lösung, die das Haus mit seiner Umgebung sinnvoll verbindet. Genau dies geschieht bei der formalen Gestaltung, denn sie geht immer von vorgegebenen Grenzen aus.

Eine formale Gestaltung bedarf bereits im Stadium der Planung der Geometrie. So wie das Innere eines Hauses in Zimmer oder Bereiche eingeteilt wird, denen jeweils besondere Funktionen zukommen, sollte auch ein Grundstück eingeteilt werden. Die Planung eines formalen Gartens beginnt mit der Aufteilung des verfügbaren Geländes – ganz gleich welcher Größe oder Form – und zwar ausgehend von den Türen und Fenstern aller Geschoße des Hauses. Nach diesen richtet sich die Anordnung von Wegen und Hecken und die Unterteilung des Geländes nach seiner Verwendung als Gemüse- und Blumengarten, Terrasse oder Wasserbecken.

Die Planung eines Gartens ebenso wie die Planung eines Hauses steht und fällt mit den Proportionen. In den drei Jahrhunderten nach der Renaissance waren richtige Proportionen durch Maße definierbar und die Konstruktion von Gebäuden wie von Gärten unterlag festen Regeln und Berechnungen, und diese vollendete Harmonie beeindruckt und noch heute. Auch wenn es diese festen Regeln heute nicht

wird verstärkt durch die neuerwachte Begeisterung für Besichtigungsfahrten zu Gärten, wodurch auch ein breiteres Publikum auf die großen historischen Gärten aufmerksam wurde.

Man hat nun immerhin erkannt, daß als Folge der immer sterileren Formlosigkeit während der letzten fünfundzwanzig Jahre ein wesentlicher Teil unserer überkommenen historischen Gärten verloren gegangen ist. Diese Erkenntnis wurde im letzten Jahrzehnt bestärkt durch die Fortentwicklung der Geschichte der Gartenkunst zu einer seriösen wissenschaftlichen Disziplin in Europa und den Vereinigten Staaten. Daraus resultierte eine Fülle von Literatur einschließlich Reprints klassischer Gartenbücher, die häufig von formalen Gärten handeln. Dazu kommt, daß die Überfülle neuerer Bildbände über den Garten die klassische Gartentradition auch einem breiteren Publikum zugänglich macht.

Die Restaurierung historischer Gärten – die meisten erhaltenen sind vor 1720 entstanden und deshalb im formalen Stil – vermittelt

wertvolle Anregungen. In Großbritannien sind diese Rekonstruktionen häufig der Initiative des National Trust zu verdanken, der während der 60er und 70er Jahre die Wiederherstellung einer ganzen Reihe historischer formaler Gärten betrieben hat. in den Vereinigten Staaten lenkte die Wiederherstellung der formalen Gärten des frühen 18. Jahrhunderts in Virginia, vor allem der von Williamsburg seit den 20er Jahren, die Aufmerksamkeit auf den speziellen Beitrag Amerikas zur Geschichte des formalen Gartens.

Die Wiederherstellung von Gärten wie dem Potager du Roi in Versailles und des großen Renaissance-Gartens von Schloß Villandry trug zur Wiederbelebung des formalen Gartens auch in Frankreich bei, wo diese Tradition wesentlich ausgeprägter und weiter verbreitet ist als anderswo.

Geschichte ist immer lehrreich. Bei der Gartengestaltung, wie bei jeder Form von Kunst, geht man zurück, um voranzukommen. Wir wenden uns der Vergangenheit zu, nicht um darin zu leben, sondern um Zukünftiges zu mehr gibt, ist ein ästhetisches Gespür für Proportionen noch immer unerläßlich für das Gelingen jedes wichtigeren Gebäudes oder Gartens. Die beste Möglichkeit, sich dieses Gespür zu erwerben, ist, gut proportionierte Architektur zu studieren, – vor allem Wohnhäuser – die Abmessungen zu notieren und die Verhältnisse von Details wie Fenster oder Bogen zueinander. Das kann wesentliche Aufschlüsse für die Gestaltung des eigenen Gartens bringen.

Die meisten Gartenpläne in diesem Buch sind für Grundstücke entworfen, wie sie viele Leute haben: bescheidene, rechteckige Flächen vor oder hinter einem Haus. Manche Grundstücke sind allerdings unregelmäßig geschnitten; sie liegen dann meist mehr in außerstädtischen Bereichen, wo ein Haus oft auf einem dreieckigen oder L-förmigen Grundstück steht, und häufig kommen dann größere Niveauunterschiede noch erschwerend hinzu. In diesem Fall ist es das wichtigste, dem Gelände geometrische Formen zu geben und es in regelmäßige Räume und Achsen aufzuteilen. Dann kann man die Unregelmäßigkeiten entweder überspielen, indem man die verbleibenden Flächen füllt oder man kann sie – reizvolle Alternative – nutzen, um die formalen Formen durch einen Kontrast mit naturnahen Pflanzungen noch zu überhöhen und besonders zu betonen. Damit erzielt man den Effekt der Barockgärten, in denen die Grenzen zwischen künstlicher und natürlicher Welt immer ein besonders prickelndes Vergnügen bereiteten.

Wenn die geometrischen Linien und die Proportionen festgelegt sind, hat sich die weitere Gestaltung des Gartens nach den drei wesentlichen Grundregeln zu richten: Symmetrie, Perspektive und Muster.

Besonders wichtig ist die Symmetrie für ein harmonisches Gleichgewicht der einzelnen Teile. Sie kann ganz einfach aus zwei Versailles-Kübeln mit Lorbeerbäumchen zu beiden Seiten eines Eingangs bestehen, kann aber auch sehr aufwendig sein, indem beispielsweise der ganze Garten auf eine Mittelachse mit einem Buchsparterre ausgerichtet ist, das seinerseits aus zwei Hälften mit spiegelbildlich exakt gleichen Mustern besteht. Aber paarweise oder spiegelbildliche Anordnung sind natürlich nur zwei Möglichkeiten, Ausgewogenheit zu erreichen. Eine ähnliche Wirkung ist zu erzielen, indem eine gerade Zahl von Baum- und Strauchgruppen so zusammengepflanzt wird, daß ihr Laub und ihre Form gemeinsam Umrißlinien bilden, die auf den Betrachter ausgewogen wirken. Der zurück-

haltende Einsatz von Farbe – genau abgestimmte Töne und Formen aber unterschiedlicher Pflanzenarten in zwei Rabatten – kann ebenfalls diesen Eindruck vermitteln. Zu bedenken ist auch, daß Leerräume wichtig sein können für die Ausgewogenheit einer Gestaltung. Symmetrie ist also im Garten auf vielerlei Weise zu erreichen. Man sollte damit schon im Planungsstadium beginnen, bei der Entscheidung, wie das Grundstück eingeteilt werden soll, und zwar zunächst vom Haus ausgehend und dann darauf zurückblickend. Wenn man die Pläne in diesem Buch betrachtet, wird man erkennen, daß eine Mittelachse als Verbindung von Haus und Garten die stärkste Ausdrucksform einer symmetrischen Planung ist (Seite 104, 106, 112, 124, 128). Wenn der Garten groß ist, kann die Wirkung durch weitere Achsen in unterschiedlichen Beziehungen zum Haus verstärkt werden und wo mehrere Gartenräume möglich sind, sind die Variationsmöglichkeiten fast unendlich. In einem Plan (Seite 114–116) ist der Garten in zwei ungleiche Bereiche aufgeteilt. Beide haben Achsen, die vom Haus ausgehen. Die Hauptachse führt zu einem kleinen Pavillon, eine zweite über ein Wasserbecken zu einer Steinurne. Der Garten hat auch symmetrische Querachsen: von einem Sitzplatz über das

Wasserbecken zwischen vorspringenden abgestuften Eibenwänden zu einer Statue und von einer einfachen Laube über die Beete des Gemüsegartens zum Obstgarten dahinter.

Ein guter formaler Garten, der nicht wenigstens einen Bereich mit symmetrisch angeordneten geometrischen Formen wie Kreisen, Quadraten, Recht- oder Achtecken hat, ist kaum denkbar. Jede Art spiegelbildlicher Anordnung von Beeten – halbiert oder geviertelt – ergibt eine ausdrucksvolle symmetrische Flächengliederung (Seite 106, 118, 130). Ein Gemüsegarten (Seite 118) kann aus einem in vier Teile geteilten Achteck bestehen, was vier gleich große Beete in der Mitte ergibt oder aus einer Reihe von Rechtecken oder Dreiecken zu beiden Seiten eines Weges (Seite 114, 124).

Auch wenn die Muster unterschiedlich sind, können zwei Parterres von gleicher Größe nebeneinander harmonisch wirken (Seite 104, 108). Das gilt auch für Rasenflächen, die in gleichmäßige Grünzonen aufgeteilt sind (Seite 112, 128). Die Symmetrie sollte sich auch auf vertikale Elemente eines formalen Gartens erstrecken – auf Hecken und alles andere wie Mauern, Zäune, Lattenwerk, die die Aufgabe haben, das Gelände aufzugliedern und abzuteilen. Hecken erfordern Geduld, aber sie wird reichlich belohnt: gezogen, geschnitten und

geschoren zu gleichmäßigen Linien, Zinnen oder Bogen sind sie unvergleichlich in ihrer dekorativen Wirkung, die durch die symmetrische Anordnung noch gesteigert wird.

Das Paar ist das eindeutigste vertikale Element. Die Allee ist eine gleichmäßige Wiederholung von Paaren und je länger sie ist, desto überzeugender ist sie (Seite 112, 117, 120). Sie muß nicht aus Bäumen bestehen, sie kann auch aus Formbäumchen oder Kübelpflanzen gebildet werden (Seite 134). Andere gliedernde Elemente, gleich Wandteilen oder Pfeilern, wirken wie Kulissen auf der Bühne eines Barocktheaters. Sie können zum Beispiel aus dunklen Eiben sein, stufig geschnitten (Seite 114) oder auch aus Lattenwerk (Seite 132). Gruppen aus vier solchen Elementen in gleichmäßigen Abständen voneinander können den Eindruck von Ruhe und Ordnung vermitteln: vier Holzobelisken mit Kletterrosen (Seite 118), vier Blütenbäume in den Gevierten eines Rasens (Seite 112) oder in einem aufwendigen Parterre (Seite 106), Steinobelisken oder Terrakottakübel an den Ecken eines Parterres (Seite 104, 108) oder auch vier Obstbäume in einem Gemüsegarten (Seite 114). Die dauerhaften formalen Strukturen eines Gartens können mehr oder weniger ausgeprägt sein. Viele Leute beschränken die strenge Geometrie lieber auf die Grundformen und überspielen ihre Linien mit einer üppigen, vielleicht sogar asymmetrischen Bepflanzung. Der Entwurf für einen Garten im amerikanischen Kolonialstil (Seite 106) zeigt eine Lösung mit einer gemischten Bepflanzung in den äußeren Beeten, die überquillt und die strengen Linien durchbricht. Und die reiche Bepflanzung mit Kletterpflanzen in dem kleinen Garten (Seite 132) verhindert, daß hier eine steife Bühnenwirkung entsteht. Andererseits können die formalen Strukturen aber durch die Bepflanzung auch betont werden, vor allem bei Parterres, die entweder durch Wechselbepflanzung oder durch Bodendecker zur Wirkung kommen (Seite 105, 106, 108, 130).

Die Symmetrie nutzt die Raumwirkung und die Plazierung von Kunstwerken nach den Prinzipien der wissenschaftlichen Perspektive aus einem Blickwinkel. Dies war eine Erfindung der Renaissance; die mittelalterliche Optik war polyzentrisch gewesen. Die Entdeckung der Perspektive fand schnell Eingang in die Malerei und in die Theaterarchitektur und im weiteren Verlauf auch in den Garten. Zunächst war die Erfindung aus dem Wunsch heraus entstanden, ein Gebäude fest im Raum eines Gemäldes plazieren zu können. In der

Typen des formalen Gartens

Linke Seite: Ländlicher Vorgarten. Grüne Buchshecken und eine Sonnenuhr bringen Ordnung und Stil in den im übrigen frei bepflanzten Garten.

Oben: Gemüsegarten. Der Anbau von Gemüse kann zur Kunst werden, wenn der Küchengarten formal gestaltet wird.

Links: Kleiner Hausgarten. Ein langer, schmaler Streifen erhielt Spannung durch die Aufteilung in drei unterschiedliche, voneinander getrennte Bereiche, symmetrisch in der Längsachse. Höhenunterschiede, weiche und harte Oberflächen und Wasser bringen Abwechslung auf einer kleinen Fläche.

Folge wurden das Verständnis und die Anwendung der Gesetze der Perspektive auf das Bauen ein wesentliches Moment, das die Architektur selbst bestimmte und, da die Gartenkunst ein Teil davon war, auch diese. Die mathematisch exakte räumliche Darstellung ergibt sich aus der Beobachtung, daß von einem bestimmten Standort aus Objekte umso größer erscheinen, je näher sie dem Betrachter sind und kleiner werden, je weiter sie entfernt sind, bis sie am Horizont an einem Punkt zusammenlaufen. Diese Erkenntnisse bestimmten den Aufbau eines Gemäldes vom 15. Jahrhundert an bis zum Beginn dieses Jahrhunderts und noch immer bestimmen sie, wie wir die Welt um uns wahrnehmen.

Die Anwendung der mathematischen Perspektive auf die Gartengestaltung war revolutionär. Ohne sie gäbe es keine Gliederung des Raumes, um das Auge in die Ferne zu führen, nicht die begeisternden Gartenansichten wie wir sie kennen. Ihre Gesetze regelten die Anlage formaler Gärten, in denen der Raum durch Blickachsen gestaltet wurde, die Haus und Garten und die einzelnen Gartenteile verbanden, beispielsweise durch Wege oder Alleen. Dieses einfache Mittel zweier paralleler Linien, die in der Ferne zusammenlaufen, ist die Grundlage für manchen geradezu spektakulären Garteneffekt. Die Blickachse erzeugt bei der Plazierung der wichtigsten permanenten Bestandteile in der Komposition eines Gartens Spannung und Erregung: Gartenhäuser, Pavillons, Sitzplätze (Seite 106, 108, 114, 128, 134), aber auch Skulpturen wie Sonnenuhren, Statuen, Amphoren, Stelen (Seite 108, 110, 112, 128, 132). Ein einziges ausdrucksvolles Objekt, perspektivisch gut plaziert, ist wichtiger als alle anderen Elemente in der Gestaltung eines formalen Gartens. Bei der Planung dieser Gärten war mir ständig bewußt, daß die Beseitigung eines solchen Gestaltungselements aus der Blickachse sofort die ganze Komposition zerstören würde.

Blickachsen können durch eine überlegte Bepflanzung natürlich wirken, wobei die Farben und die Größe der Pflanzen den Eindruck von räumlicher Weite verstärken können. Aber meist sind Blickachsen ausdrücklich durch einen Weg betont, durch eine Pergola, einen Laubengang, einen Bogen oder flankierende Hecken. Um den optischen Eindruck von Weite noch zu verstärken, kann man beispielsweise die seitlichen Begrenzungen einer Blickachse nicht exakt parallel verlaufen, sondern sich leicht verengen lassen. Damit wirkt das eine Ende weiter entfernt vom anderen als

es wirklich ist. Ebenso wird eine kleine Gartenplastik, die man in einiger Entfernung aufstellt, weiter entfernt wirken, bis man hingeht und feststellt, daß sie gar nicht so groß ist. Auch das Anheben des Bodens läßt das Gelände weiter wirken. Alle diese optischen Effekte kann der Gestalter formaler Gärten nutzen.

Auch alle Arten von Umrahmung haben eine perspektivische Wirkung, sei es, daß man einen Torbogen nutzt, um das Auge auf irgend etwas darunter zu lenken oder Bäume und Sträucher so pflanzt, daß sie die Aussicht auf die Landschaft einrahmen.

Die Perspektive kann auch durch die Verwendung von Farbe verstärkt werden. Wenn wir in die Ferne schauen, verschwimmen die Farben zu zarten Grau- und Blautönen und erwecken den Eindruck von Unendlichkeit. Kräftige Farben dagegen – vor allem Rottöne – wirken näher als sie wirklich sind. Dies sind die wesentlichen Grundsätze der sogenannten Luftperspektive, die für die Gartengestaltung und bei der Zusammenstellung von Farben für Bepflanzungen sehr wichtig ist.

Auch Muster sind ein zentrales Thema im formalen Garten. Sie sind vor allem bei harten Oberflächen wichtig, denn ihre Form und Ausgestaltung können die Geometrie einer Gestaltung besonders betonen. Die Form des Pflasterbelages auf einem Weg oder einer Fläche setzt formale Akzente, die durch Streifen aus Klinker oder Kieselpflaster verstärkt werden können (Seite 109, 111, 113). Auf einer glatten Fläche kann man sogar eine falsche Perspektive vortäuschen, um einem beengten Raum größere Weite zu geben (Seite 133). Man darf nicht vergessen, daß Muster in einem Garten immer besser zur Geltung kommen, wenn man darauf hinunterschauen kann. Deshalb sind Parterres so ideale Lösungen für Häuser in der Stadt mit Wohnräumen im 1. Stock (Seite 129,131). Gerade dort stehen sie in einer alten Tradition und sind das ganze Jahr über schön anzusehen. Auf einem Grundstück mit unterschiedlichem Niveau sollte man ein Parterre anlegen (Seite 102, 136), einfach wegen der Freude, es ansehen und dann hinunter und hindurchgehen zu können. Je größer die Höhenunterschiede sind, desto wirkungsvoller ist es.

Muster können auch durch die Bepflanzung entstehen. Im formalen Garten sollten Blumen nicht nur nach Farbe, Form oder Größe gepflanzt sondern als Teil eines Ganzen gesehen werden. In einem Parterre mit Tulpen sind die Blumen im Frühling schon an sich schön, aber aus der Entfernung gesehen, werden die Tul-

Typen des formalen Gartens

Links: Kleiner Garten hinter einem Haus. Eine ganz einfache formale Aussage in Grüntönen mit ausgeprägten zeitgenössischen Formen, die die Architektur des Hauses perfekt begleiten.

Unten: Kleiner Villengarten. Eine feine Verbindung von Haus und Garten durch ein klassisches formales Parterre. Obwohl die Hochstammrosen zum Schutz vor dem Winter in Stroh gewickelt sind, bleibt die starke architektonische Struktur des Gartens wirkungsvoll erhalten.

pen zu Bestandteilen, wie in einem Mosaik (Seite 32–33). Bei der Beetbepflanzung der viktorianischen Zeit hing natürlich die ganze Wirkung vom Pflanzmuster ab (Seite 47). Ein Rosengarten in Rosa und Weiß mit Lavendel eingefaßt, oder Gemüsebeete abwechselnd mit Rot- und Weißkohl in Reihen, sind Beispiele, in denen Muster die formale Wirkung unterstreichen.

Es ist erstaunlich, wie sehr sich die Muster in der gesamten dekorativen Kunst innerhalb einer Stilepoche gleichen. Sie sind gleichermaßen auf Textilien, in der Buchkunst, auf Tapeten, Keramik und an Möbeln zu finden und auch in den Gärten. Ein Elisabethanisches Knotenmuster mit seinen komplizierten Flechtbändern paßte ebensogut an den Ärmel eines Kleides wie für die Stuckdecke einer lan-

gen Galerie. Das Broderiemuster eines Barockparterres fand seine Wiederholung in den Intarsien einer Holztäfelung oder in der Stoffbespannung eines fürstlichen Bettes. Nicht anders ist die Beziehung zwischen den altenglischen Gärten der Arts-and-Crafts-Bewegung und Stoffmustern von William Morris.

Auch heute können wir noch immer aus der Mottenkiste der Vergangenheit schöpfen, wie dies alle Dekorateure tun, aber wir können uns auch von unserer eigenen Zeit inspirieren lassen. Deshalb habe ich Parterres nach Textilien des Art Deco, nach Graphik und Keramik der zwanziger Jahre (Seite131) und nach Op Art und abstrakter Malerei der sechziger Jahre (Seite 129) gestaltet. Jede sichtbare kulturelle Strömung, die auch einen Dekorationsstil entwickelt hat, kann auf den Garten übertragen

Formale Akzente

Das Formale kann in einem Garten ganz unterschiedlich ausgeprägt sein. Sogar in einem frei gestalteten Garten kann man einen formalen Akzent setzen. Hier einige Beispiele:

Oben links: „Schildwachen". Geschnittene Buchsbäume flankieren eine Türe und bringen ein formales Element in die im übrigen frei gestaltete Rabatte.

Oben: Bilder. Eine Büste auf einem Sockel, flankiert von geschnittenen Pyramiden, gestaltet den Blick auf ein natürliches Waldgebiet.

Links: Hecken. Eine niedrig geschnittene Hecke um einen Baum gibt ihm einen formalen Rahmen.

Rechte Seite oben: Hochstammhecken. Eine leichtere, ausdrucksvolle Alternative zu kompakten Hecken.

Rechte Seite unten: Kontrast. Die Kletterrosen werden von den dazwischengeschobenen kulissenartigen Heckenteilen eingefaßt.

werden. Der Leser sollte sich nicht mit den hier vorgestellten Beispielen zufriedengeben, sondern aus Büchern über Kunst und Design des 20. Jahrhunderts eigene Ideen entwickeln. Er wird überrascht sein, was alles auf den Garten übertragbar ist. Es bedarf nur des Muts und eines Versuchs, und man sollte sich dabei nicht damit begnügen, nur Vergangenes aufzugreifen.

Da erst kommt man dem wahren Reiz des formalen Gartens näher. Weit entfernt davon, einen naturnahen Garten schaffen zu wollen, wie es das Ziel beim frei gestalteten Garten normalerweise ist, lebt der formale Garten vom Künstlichen und ist Ausdruck für die Fähigkeit des Menschen, die Natur zu beherrschen, indem er eine Ordnung gibt, Formen schafft, die es in der unberührten Natur nirgends gibt. Die Ordnung beginnt mit dem Pflanzen von Bäumchen und Sträuchern in Kreisen und Quadraten, in Rechtecken und Reihen. Die eindrucksvollsten Effekte kommen zustande durch die meisterhafte Gestaltung von Pflanzen nach den wunderlichsten

Ideen zu geometrischen oder figürlichen Formen: Wir formen Eiben zu Kegeln oder Obelisken und Lorbeerbäumchen zu Hochstämmen, stutzen Buchshecken zu Schnörkeln und Kurven oder Linden zu hohen luftigen Hekken.

Damit sind wir Erben einer großen Tradition und müssen das Können dazu mit der gleichen Hochachtung wiedererlangen wie für so manches andere, das in den letzten zwanzig Jahren am Leben erhalten werden konnte. Nun sind Kenntnisse zu erwerben und weiterzugeben, und zwar nicht an Berufsgärtner, wie in der Vergangenheit, sondern an Leute, die ihre Gärten selbst pflegen. Der formale Garten präsentiert sich ganz unbescheiden als Kunstwerk, nur zur Freude.

Die Grundlagen des Formalen: Symmetrie

Symmetrie kann Harmonie und Ausgewogenheit in einen Garten bringen. Es gibt verschiedene Möglichkeiten.

Linke Seite oben: Bäume. Diese einfache, symmetrische Ahornallee zeigt geordneten Charme.

Linke Seite unten: Skulpturen. Sie können Symmetrie herstellen. Hier werden die Stufen von zwei Skulpturen flankiert und gleichsam als Spiegelbild fungieren die beiden Figuren in der Ferne und markieren die Grenze zum nächsten Garten.

Oben: Immergrüne Gehölze. Geformte Gehölze bringen dauerhaft Symmetrie in den Garten.

Links: Pflanzen. Das Thema der hohen Eibenobelisken wird durch die begleitende Bepflanzung mit Lavendel und *Alchemilla mollis* den Gartenweg hinunter fortgeführt.

Grundlagen des Formalen: Blickachsen

Sie können den Zauber des Geheimnisvollen in einen Garten bringen.

Links: Laubengang. Ein Ausblick kann gefaßt und betont werden, indem man ihn einrahmt; hier durch Obstbäume, die über ein Spalier gezogen sind.

Unten: Farbe. Die blauen Kerzen des Rittersporns füllen Rabatten zu beiden Seiten eines Grasweges, der zu einem Durchgang und in einen weiteren Gartenteil führt.

Links: Hecken und Bäume. Eine Allee aus Hochstämmen, die mit ihren Ästen einen Bogen formen, und eine Hecke in Herbstfarben bilden einen geheimnisvollen Gang in einem Garten.

Unten links: Tore. Sie sind ein wundervoller Abschluß für eine Blickachse, denn sie erregen Neugier nach dem, was dahinterliegt. Hier ist der Blick durch das Schmiedeeisen hindurch möglich.

Unten: Die Türe zum Garten. Wenige Blickachsen sind so wichtig wie diejenige, die in den Garten führt. Hier geht der Blick über eine Wasserfläche hinweg zu einer Steinskulptur, wundervoll umpflanzt mit Astilben und Hosta.

Grundlagen des Formalen: Muster

Zu allen Zeiten waren formale Gärten ein Bereich der dekorativen Künste und haben in ihren Ornamenten die wechselnden Stile widergespiegelt. Nichts zeigt das deutlicher als die Formen und Farben von Pflanzen, die solche Muster bilden.

Oben: Hecken. Niedrige Hecken, hier aus geschnittenem Buchs, bilden dauerhafte Muster, die durch Licht und Schatten besonders betont werden.

Links: Pflanzung in Blöcken. Geometrische Beete – hier ein Buchsparterre gefüllt mit blauen Vergißmeinnicht – können ein ausdrucksvolles einfarbiges Muster bilden. Von Jahr zu Jahr oder von Jahreszeit zu Jahreszeit kann man die Farbe wechseln, man muß nur Pflanzen mit langer Blühdauer verwenden, gleich ob Zwiebelpflanzen oder Sommerblumen.

Oben: Blumen. Sogar ohne Einfassung können Blumen durch die Art der Pflanzung ein Muster bilden.

Oben rechts: Gemüse. Der gewöhnliche Gemüsegarten wird verwandelt, indem die Gemüse in Mustern gepflanzt werden, wie hier die Reihen in verschiedenen Farben.

Darunter: Kräuter. Blaugraue Raute läuft als niedrige geschnittene Hecke in Schlangenlinien durch ein Blumenbeet – wieder ein anderes Muster.

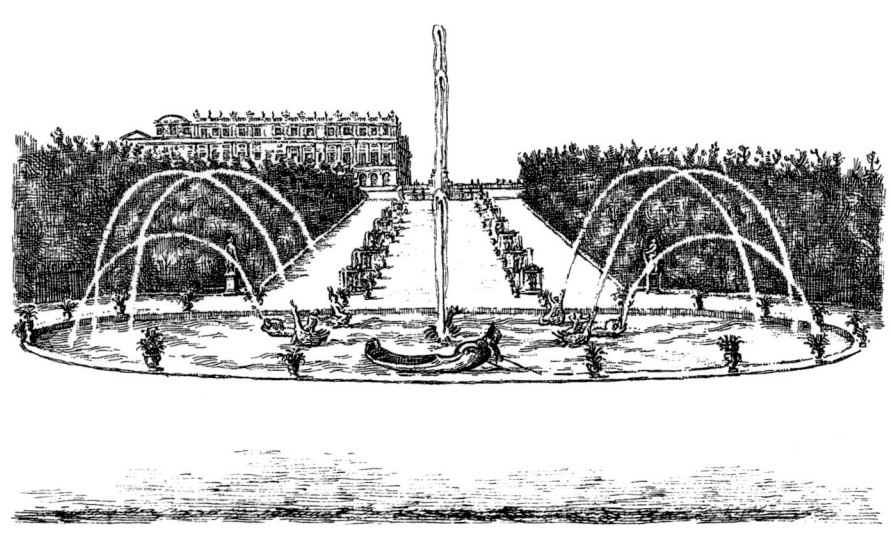

Das historische Erbe

Die Geschichte des formalen Gartens in der Neuzeit läßt sich einfach in zwei historische Zeitabschnitte aufteilen; in den vor und in den nach der Entstehung des Landschaftsgartens. Der erste erstreckt sich über die Zeit von etwa 1450–1750 und entstand unmittelbar aus dem Gedanken der Renaissance, die Gärten der klassischen Antike neu zu schaffen. Diese Periode endete in England am frühesten, als William Kent (1685–1748) und in der Folge „Capability Brown" (1716–1783) mit ihren neuen Ideen vom Landschaftsgarten die formalen Gärten aus der Zeit der Stuarts beseitigten. Der neue Stil verbreitete sich dann vor allem in der Folge der Französischen Revolution und der Napoleonischen Kriege über ganz Europa und die Vereinigten Staaten.

Die zweite Periode der formalen Gartengestaltung entstand, was vielleicht überrascht, als direkter Ausdruck der Romantik und fand ihre Vorbilder in den Stilmitteln der Renaissance und des Barock, wie die erste dies in den Vorbildern der Antike gefunden hatte. Wir leben noch immer in dieser Periode und der Stil ist nichts anderes als Historismus: sowohl das Bemühen in der viktorianischen Zeit, die Tudorgärten wiederherzustellen als unsere eigene Versessenheit auf die Gärten vor 1914.

Für alle, die sich heute für die Wiederherstellung solcher Gärten interessieren, ist es bedauerlich, daß von den kleinen formalen Gärten keine erhalten geblieben sind. Von den großen Schloßgärten sind noch einige erhalten. Obwohl sie sich im Laufe der Jahrhunderte stark verändert haben dürften, bedeutet die Tatsache, daß ihnen dauerhafte Strukturen zugrundelagen, daß die Grundzüge noch erhalten sind. Daraus ist viel zu lernen, auch für den allerbescheidensten Garten.

Viele Besucher historischer Gärten meinen, diese Gärten seien nicht auf unsere Verhältnisse mit winzigen Grundstücken und fehlenden Hilfskräften übertragbar. Aber paradoxerweise sind diese Gärten oft gerade wegen der sparsamen Mittel, mit denen sie die größte Wirkung erzielen, außerordentlich aufschlußreich und die idealen Orte, um die Gestaltungsprinzipien, die am Anfang dieses Buches als Grundlage jeder formalen Gestaltung vorgestellt wurden, aufzuspüren und zu analysieren. Es kann außerordentlich nützlich sein, sich bei der Besichtigung eines solchen Gartens etwas Zeit zu lassen, um herauszufinden, wodurch die Harmonie zustande kommt und was seine Gestaltung besonders auszeichnet.

Die Geschichte der Gartenkunst ist ein vergleichsweise junges Forschungsgebiet und ich kann an dieser Stelle dem Leser nur eine Einführung in die Thematik geben und beispielhaft einige Gärten nennen, die heute noch zu besichtigen sind. Wer mehr zu erfahren wünscht, sei auf das Literaturverzeichnis auf Seite 160 verwiesen.

Symmetrie und Perspektive in Vollendung:
Links: Enorme Höhenunterschiede, Skulpturen und Wasserspiele in der
Villa d'Este, Italien, im ausgehenden 16. Jahrhundert.
Oben: Zurückhaltende Verwendung der gleichen Elemente in dem eher flachen
Gelände von Versailles, Frankreich, ein Jahrhundert später.

Der formale Garten der Neuzeit entstand aus dem Wunsch der humanistischen Gelehrten und Architekten der italienischen Renaissance, die Gärten der klassischen Antike wieder herzustellen. Von diesen Gärten war natürlich nichts erhalten und die Gestalter mußten sich bei der Rekonstruktion auf schriftliche Überlieferungen stützen. Die Abhandlung Vitruvs über die Architektur (1. Jh. v. Chr.) und die Briefe von Plinius dem Jüngeren (61–112) waren die wichtigsten antiken Quellen.

Der italienische Architekt Leo Battista Alberti (1404–1472) verwendete diese Schriften in seinen zehn Büchern über Architektur, „de re aedificatoria libri X" (1452), dem ersten Werk über den formalen Garten.

Alberti beschrieb den Garten erstmals nach geometrischen Gesichtspunkten, als direkte Erweiterung des Hauses, mit regelmäßig angeordneten Pergolen, Baumreihen, Figurenbäumchen, einem Boskett, einem Amphitheater, Grotten, einem Labyrinth und der Verwendung von Wasser und Statuen. Auf seinen Einfluß hin erfolgte die Neugestaltung der mittelalterlichen Gärten nach diesen Vorstellungen und was noch wichtiger war, Alberti wandte auf den Garten die gleichen Regeln für die Harmonie der Proportionen an, wie sie die Architektur der folgenden Jahrhunderte bestimmten. Gartengestaltung als Architektur wurde Ausdruck eines Universums, in dem der Mensch im Zentrum stand, und Maß aller Dinge war. In seinen Augen liefen alle Linien der neu entdeckten Perspektive zusammen.

Aus dieser Zeit ist kein Garten vollständig erhalten, aber im Garten des Palazzo Piccolomini in Pienza, Italien, wo die grundlegenden Ideen in die Praxis umgesetzt worden waren, mag noch ein wenig davon erkennbar sein. Der Palast und der Garten wurde als Teil einer neuen Stadt von dem humanistischen Papst Pius II. zwischen 1459 und 1462 entworfen. Der Garten, ein umschlossenes Rechteck mit vollendeten Proportionen ist mit dem Palast durch eine Loggia verbunden, die einen Blick auf die Landschaft draußen erlaubt.

1503 entwarf der italienische Architekt Bramante (1444–1512) an einem Hang die

Levens Hall, Cumbria.

berühmten Terrassen- und Treppenanlagen, die den Vatikan mit dem Belvedere, der päpstlichen Villa auf dem Hügel, verbinden sollten.

Diese spektakuläre Gestaltung diente Papst Julius II. als Rahmen für seine Antikensammlung und wurde stilbildend für den formalen Garten der Hochrenaissance. Von nun an wurden solche Bauten unverzichtbare Bestandteile der Gartengestaltung während der nächsten zwei Jahrhunderte. Vorbild für die großen Villen und Gärten dieser Zeit, wie sie Raphael (1483–1520) und seine Nachfolger schufen, war der Glanz der kaiserlichen Villen des antiken Rom.

Für den Kardinal Giulio de Medici entwarf Raphael die Villa Madama in Rom, begonnen 1516, und erstes Beispiel für die Verbindung von Haus und Garten durch Höfe und Loggien. Raphaels Schüler, Giulio Romano (1499–1546) übertrug das Beispiel nach Mantua, wo er für die Herzöge Gonzaga den Palazzo del Tè (1525–1535) baute, mit einem von einer Mauer umschlossenen Garten, Wasserspielen und einer Grotte.

Später erweiterten Vignola (1507–1573), Ammanati (1511–1592) und Vasari (1511–1574) das Thema Gartenhof durch die Verwendung von Wasser, durch Skulpturen, Loggien und ein Nymphäum (eine architektonisch gestaltete Grotte); ergänzt wurde es durch reiche Bepflanzung in der Villa Giulia in Rom (begonnen 1551).

In der zweiten Hälfte des 16. Jahrhunderts ging der große venetianische Architekt Andrea Palladio (1508–1580) in der Neugestaltung von Haus und Garten mit den Häusern, die er entlang der Brenta schuf, sogar noch weiter. Sein Werk hatte in der Folge auf die Bauweise von Villen nörd-

lich der Alpen großen Einfluß. Das berühmteste erhaltene Werk ist die Villa Barbaro in Maser, entstanden um 1560, von der der „giardino segreto" mit seinem Nymphäum noch existiert. Es dauerte einige Zeit, bis diese neuen Ideen sich auch im übrigen Europa bemerkbar machten. Die ersten Anzeichen waren in Frankreich die Schloßgärten Franz I. (1515–1547). Überreste sind beispielsweise noch in Anet und Fontainebleau erhalten, aber den schönsten Gesamteindruck erhält man mit dem Garten, den Philibert de l'Orme (1510–1570) für die Maitresse Heinrichs II., Diane de Poitiers, 1551 in Chenonceau entwarf.

Damit war die italienische Gartenkunst in eine neue Periode eingetreten, die in der Kunstgeschichte als Manierismus bezeichnet wird. Der Garten wurde nun Schauplatz von Allegorien, die ebenso verschlüsselt waren wie die der Wandfresken in den Palästen und Villen dieser Zeit.

Die Architekten bedienten sich im Übermaß großer Höhenunterschiede im Gelände, und spektakuläre Wasserspiele und Skulpturen sollten einerseits den Hausherrn verherrlichen, verlangten aber andererseits vom Besucher die Fähigkeit, die Bildersprache zu verstehen und sich daran zu erfreuen. Mit der Anlage von Alleen und Blickachsen maß man auch dem Spiel mit der Perspektive eine wichtige Rolle bei. Gärten wurden zur geplanten Illusion. Dieser Stil wurde nach und nach in ganz Europa nachgeahmt und erreichte England erst nach 1600.

Glücklicherweise sind in Italien ein paar wirklich bedeutende Beispiele für diesen Stil erhalten geblieben. Zunächst einmal die Villa Lante in Bagnaia, als deren Gestalter Vignola gilt. Der Garten wurde für den Kardinal Gambara angelegt, 1566 an der Hangseite begonnen, und stellt die vier klassischen Lebensalter des Menschen dar mit einer Fülle von Grotten, Brunnen, Kaskaden und formalen Parterres.

Nicht weit davon entfernt ließ Pirro Ligorio (1510–1583) mit der Villa D'Este in Tivoli 1560–1575 für den Kardinal von Ferrara ein noch viel großartigeres Werk entstehen, indem er ein geometrisches Raster von Blickachsen anlegte und mit Bildwerken, Springbrunnen und anderen Gartenelementen durchsetzte und den Gartenbesucher auf einer symbolischen Reise wie den mythologischen Helden Herkules wählen ließ zwischen Tugend und Vergnügen.

Der einzige erhaltene Garten dieser Art nördlich der Alpen ist Hellbrunn, für den Fürstbischof von Salzburg, Marcus Sittich (1612–1619), gestaltet. Seine bizarren Grotten und Wasserspiele sollten den Besucher die Wunder und Schrecken der beiden Mächte Natur und Kunst erfahren lassen.

Die manieristischen formalen Gärten waren nicht nur komplexe allegorische Bilder. Sie waren zugleich Ausdruck für die Eroberung der Natur durch den Menschen der Spätrenaissance und da das Jahrhundert in religiöser Zwietracht endete, für seine Suche nach einem neuen, allem zugrundeliegenden Sinn, der das erschütterte Universum wieder einigen könnte. Solche Gärten dienen nicht einfach der Zierde und dem Vergnügen, sie sind Ausdruck für Sehnsüchte und Spannungen einer Zeit auf dem Weg vom Wunder zur Wissenschaft.

Die führende Rolle in der Gartenkunst ging im 17. Jahrhundert von Italien auf Frankreich über. Ein Mann – André le Nôtre (1613–1700) – und ein Garten – Versailles, für den Sonnenkönig geschaffen – stehen für diesen Wechsel. Die Gartenkunst wurde zu einer der wichtigsten Ausdrucksformen des Absolutismus. Während es im Renaissance-Garten um die Unterwerfung der Natur unter die vom Menschen besetzte Welt ging, geht es im Barockgarten sozusagen um die Unterwerfung der Natur unter den Monarchen. Blickachsen und Perspektiven des Gartens gingen radial vom Palast, gleichsam vom Auge des Königs aus, und die zahlreichen Gartenräume waren Staatsgemächer unter offenem Himmel. Glanz und Herrlichkeit waren die Kennzeichen für Versailles und Gärten wie dieser wurden zum Ruhm des Königs geschaffen und als Rahmen für höfische Zeremonien und Lustbarkeiten. Damit wurden die Gärten immer größer, bezogen die umgebende Landschaft immer stärker ein, indem sie Alleen und Fernblicke von den Hauptachsen des Palastes aus weiter nach draußen laufen ließen und ein ganzes Raster kunstvoll gestaffelter Parterres und Brunnenanlagen bil-

Hidcote Manor, Gloucestershire.

deten, die mit feinen Höhenunterschieden Erstaunen hervorrufen sollten.

An barocken Schloßgärten, die man außer Versailles noch besichtigen kann, ist kein Mangel. Aber die beiden spektakulärsten dürften Peterhof bei St. Petersburg sein, für Peter den Großen zwischen 1716 und 1719 angelegt, mit seinen berühmten Wasserspielen, aus denen sich goldene Statuen erheben, und der erst in jüngster Zeit wieder hergestellte Garten Willems III., Het Loo in Apeldoorn in den Niederlanden, von dem französischen Hugenotten Daniel Marot 1686 begonnen.

In der Zeit nach den Napoleonischen Kriegen wurde Het Loo in einen englischen Landschaftspark umgestaltet, indem man ihn einfach mit einer gewaltigen Erdschicht überdeckte (was den Vorteil hatte, daß man den ursprünglichen Garten über ein Jahrhundert später einfach ausgraben konnte). Hunderte anderer Barockgärten in ganz Europa wurden ebenfalls zugunsten des neuen Gartenstils beseitigt.

Mittlerweile aber geschah in England nach 1815 bereits wieder das Gegenteil, denn dort wurde der formale Garten wiederentdeckt – zunächst von Humphry Repton (1752–1818), der damit begann, für einige ältere Häuser des Landes, wie Beaudesert in Staffordshire (1814), in einem dem 16. und 17. Jahrhundert nachempfundenen Stil Gärten anzulegen; dann aber war es vor allem John Claudius Loudon (1783–1843), der seine Bewunderung für die erhalten gebliebenen formalen Gärten in England in zahlreichen, viel gelesenen Büchern zum Ausdruck brachte. Diese Schriften führten zur Restaurierung und Wiederherstellung vieler dieser Gärten. Der berühmteste ist Levens Hall in Cumbria, dessen Reste des von 1689–1712 entstandenen Gartens zwi-

schen 1810 und 1862 wieder hergestellt wurden und der heute als der locus classicus des altenglischen formalen Topiary-Gartens gilt.

Während der vierziger Jahre des 19. Jahrhunderts wurden formale Gärten im elisabethanischen Stil um die Landschlösser dieser Zeit üblich. Hatfield House in Hertfordshire, Anfang des 17. Jahrhunderts erbaut, hatte einen stilgerechten Garten, den die Zweite Marquise (1791–1868) um 1840 anlegen ließ und von dem einige Bereiche zu Ende des Jahrhunderts als authentisch aus der Zeit Jakobs I. galten. Bei solchen Gärten können wir uns auch heute noch täuschen, aber sie sind stilistisch einwandfrei und Wiederherstellungen dieser Art finden laufend statt.

Das 19. Jahrhundert bediente sich der alten Gartenstile ebenso wie es dies mit den Baustilen tat. Ein Vorkämpfer für den italienischen Stil in England war Sir Charles Barry (1795–1860), der das Terrassieren, die Verwendung von Kies anstelle von Gras, von Bildwerken und immergrünen Gehölzen neu belebte.

Der französische Barockstil wurde um 1840 ebenfalls in England neu belebt durch William Andrews Nesfield (1793–1881), der eine große Zahl aufwendiger Broderieparterres mit Buchs und farbigem Kies anlegte. Dieser Stil verlor mit Ausgang des Jahrhunderts seine Beliebtheit in England; eines seiner letzten Beispiele ist das parterre d'eau von Achille Duchêne (1866–1947) am Schloß von Blenheim (vollendet 1930). Er begann zusammen mit seinem Vater Henri (1841–1902) die Wiederherstellung der französischen Barockgärten und legte auch vollkommen neue Gärten an. In Courances bei Essonne, Frankreich, gelang Achille Duchêne die hervorragende Neugestaltung eines typischen Gartens im Stil des 17. Jahrhunderts.

In den Vereinigten Staaten wirkte sich diese Rückbesinnung als Eklektizismus höchsten Grades aus, indem Multimillionäre formale Gärten anlegen ließen, die das gesamte Stilrepertoire der europäischen Gartengeschichte umfaßten. Zwei der großartigsten Beispiele sind Biltmore House in North Carolina (um 1890 für George W. Vanderbilt angelegt) und die Hearst

Nordeuropäische Renaissance

1 *Juniperus communis* 'Hibernica'
2 *Santolina*
3 und 6 Kies
4 purpurfarbene Levkojen
5 niedriger, goldfarbener Buchs
7 Stechpalmen-Hochstamm
8 niedriger, grüner Buchs
9 weiße Levkoje

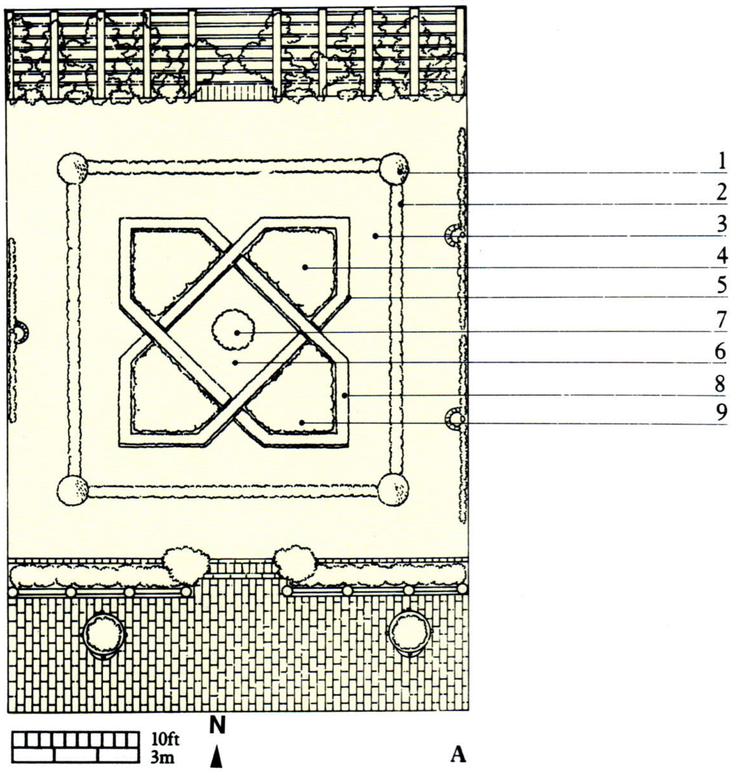

17. Jahrhundert, Rasen und Figurenbäumchen

1 Hainbuchen
2 Rasen
3 Obelisken aus Eibe
4 Ziegelsteinkanten
5 Kies
6 Weißdornkugeln
7 Amphore

A

B

Gardens in San Simeon, Kalifornien (1922 begonnen).

Um die Jahrhundertwende verlagerte sich in England das Gewicht vom blanken Historismus zu einer Suche nach einem Gartenstil, der an ländliche Traditionen anknüpfte und sich lokaler Materialien und Bauweisen bediente. Dies mündete in eine Bewegung, die alle fremdländischen Stile ablehnte zugunsten einer Form, die man als den altenglischen Garten betrachtete. Die berühmtesten Vertreter dieses daraus entstandenen Stils waren der Architekt Sir Edwin Lutyens (1869–1944) und die Gartengestalterin Gertrude Jekyll (1843–1932).

Die beiden schufen zwischen 1889 und 1912 siebzig Gärten, in denen sie formale

Architektur unter Verwendung einheimischen Materials mit einer Bepflanzung, die die geometrischen Formen eher mildern als betonen sollte, kombinierten. Dabei bedienten sie sich zudem ausgiebig des riesigen Angebots an Pflanzenarten, das im Laufe des 19. Jahrhunderts entstanden war. Der Garten von Hestercombe in Somerset, entstanden 1903 und 1973 wiederhergestellt, ist noch immer das am besten zugängliche und anschaulichste Beispiel für ihren Stil.

Die beiden Gärten, die mehr als alle anderen die Gartenkunst im England des ausgehenden 20. Jahrhunderts beeinflußt haben, sind ebenfalls formal gestaltet. Der eine ist Hidcote in Gloucestershire, im Laufe von etwa 30 Jahren von dem Amerikaner

Lawrence Johnston (1871–1958) gestaltet, und der andere ist Sissinghurst in Kent, geschaffen von Vita Sackville-West (1892–1962) und Sir Harold Nicolson zwischen 1930 und 1962. Sie sind dauerhafte Zeugen für die Kraft der Lutyens-Jekyll-Richtung in der Gartenkunst und für den Widerstand gegen den Modernismus in England.

Zwischen den beiden Weltkriegen führte die Ablehnung der Viktorianischen Zeit und die Wiederentdeckung des 18. Jahrhunderts weitgehend zur Aufgabe alles streng Architektonischen. Es war die Zeit des Inselbeetes und der Miniaturisierung von Elementen des Landschaftsparks und führten zu einigen der traurigsten Beispiele heutiger Gartengestaltung.

Die Nachbildung historischer Gärten

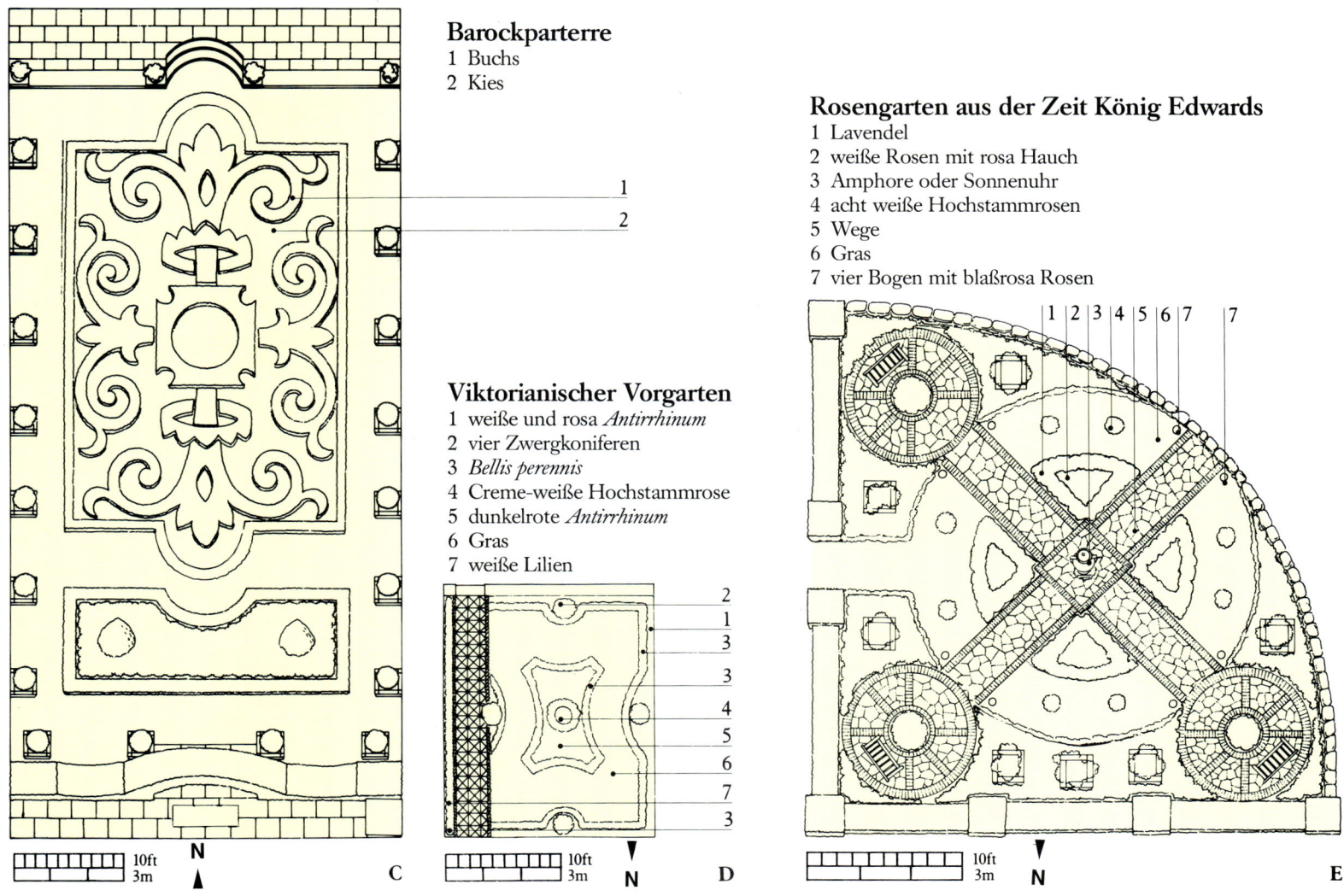

Barockparterre
1 Buchs
2 Kies

Rosengarten aus der Zeit König Edwards
1 Lavendel
2 weiße Rosen mit rosa Hauch
3 Amphore oder Sonnenuhr
4 acht weiße Hochstammrosen
5 Wege
6 Gras
7 vier Bogen mit blaßrosa Rosen

Viktorianischer Vorgarten
1 weiße und rosa *Antirrhinum*
2 vier Zwergkoniferen
3 *Bellis perennis*
4 Creme-weiße Hochstammrose
5 dunkelrote *Antirrhinum*
6 Gras
7 weiße Lilien

Fünf historische Gärten

Die Gartenpläne zeigen alternative Lösungen zur Gestaltung des Innenbereichs der Gärten auf den folgenden Seiten.

A Rautenmuster. Dieses Knotenmuster ist eine Alternative zum Parterre auf Seite 35 und stammt aus einem Buch von 1615.

B Gotischer Rasengarten. Der Entwurf basiert auf den Plänen von Meager in „The English Gardener" (1670), aber verwendet geschwungene Linien statt geraden (Seite 39).

C Französisches Parterre. Dieses Broderiemuster anstelle des Wassers (Seite 43) setzt sich aus Elementen eines Parterres von Le Nôtre zusammen.

D Beetgarten. Er basiert auf einem Entwurf von Loudon in „The Gardener's Magazine" (1835). Den Mittelpunkt bildet eine Hochstammrose anstelle der Amphore von Seite 47.

E Rosengarten. Es ist, wie auf Seite 51, ein Garten im Stil von Gertrude Jekyll. Hier werden aber anstelle der Pergola Rosenbogen verwendet.

Die getreue Wiederherstellung eines historischen Gartens ist nicht möglich. Wie bei der Innenraumgestaltung, bei historischen Theaterstücken oder Filmen geraten immer Elemente aus der Zeit der Herstellung hinein, so sehr man sich auch bemühen mag, dies zu vermeiden. Bei Gärten ergeben sich zusätzliche Schwierigkeiten, vornehmlich bei der Bepflanzung.

Die Schwierigkeiten beim Versuch, authentische Pflanzen zu verwenden, stellen sich bei jeder Restaurierung. Es ist nicht immer möglich, festzustellen, welche Pflanzen zu einer bestimmten Zeit in einem Garten wuchsen und die Lückenhaftigkeit bildlicher Darstellungen macht es schwierig, sich überhaupt eine Vorstellung zu machen, wie die Pflanzen damals aussahen. Selbst wenn uns der Name einer Pflanze bekannt ist, ist sie nicht mit Sicherheit zu identifizieren, wobei dieses Problem besonders groß ist bei Gärten, die vor der Mitte des 18. Jahrhunderts entstanden sind, bevor das von Linné (1707–1778) aufgestellte System der Pflanzennamen veröffentlicht wurde. Außerdem sind viele alte Pflanzenarten vollständig verschwunden und auch unter den noch bestehenden sind einige schwer erhältlich. Häufig wissen wir auch gar nicht, wie die Gartenpläne in alten Handschriften oder Büchern zu verstehen oder zu interpretieren sind.

Ein typisches Beispiel dafür sind die Knotengärten. Die Muster in Büchern wie „The Countrie Housewifes Garden" (1617) sind oft so unvorstellbar kompliziert, daß man sich fragt, ob sie je ausgeführt worden sind und wenn – und darum geht es vor allem – wie das gemacht wurde. Es gibt keine Hinweise auf die verwendeten Pflanzen, keine Angaben zum Maßstab oder zur Pflege. Daher ist es kaum verwunderlich, daß kein wiederhergestelltes Knotenbeet jemals einem anderen gleicht.

Wir müssen uns auch klar machen, daß uns viele authentische Bestandteile des alten formalen Gartens gar nicht gefallen würden und in unserem eigenen Garten höchst störend wären. Die Verwendung von Kohlestücken für schwarze Flächen in einem Parterre, beispielsweise, oder die großen Abstände zwischen Pflanzen, damit jede einzelne für sich als Art und als botanische Besonderheit erkennbar bleibt, wäre für uns heute unerträglich. Auch die Verwendung von leuchtenden Farben, üppiger Vergoldung in Verbindung mit mehrfarbigen Skulpturen, die über Jahrhunderte üblich waren, kämen uns heute ebenfalls fremd und unpassend vor.

Ein erster ernsthafter Versuch zur Wiederherstellung eines historischen Gartens erfolgte vor 1914, als Ernest Law einen elisabethanischen Garten in New Place, Stratford-on-Avon in Warwickshire, anlegte. Zwischen 1906 und 1924 erfolgte die noch aufsehenerregendere Wiederherstellung des französischen Gartens von Schloß Villandry an der Loire. Die eigentliche Begründung der Geschichte der Gartenkunst als Unterrichtsfach erfolgte erst in den siebziger Jahren, hat aber mittlerweile ein außerordentlich großes Interesse an historischen Gärten hervorgerufen. In England hat die Wiederherstellung einiger durch die Datierbarkeit der dazugehörigen Häuser gesicherter Gärten durch den National Trust das Interesse unweigerlich verstärkt.

Erstmals sind derartige Stilformen nun zu betrachten, nachzumachen oder abzuwandeln. Zieht man dazu die neue Begeisterung für alte Pflanzen in Betracht, die zu einem echten Bedürfnis führte, alte Sorten zu bewahren und aufzuspüren, so ist zu sagen, daß die Bedingungen für alte Gartenstile nie besser waren.

Bei den fünf Gartengestaltungen, die nun folgen, und zu denen die auf den Seiten 30 und 31 wiedergegebenen Pläne Variationen sind, bin ich mir der Grenzen und der Problematik der sogenannten Nachbildung historischer Gärten voll bewußt. Deshalb möchte ich lieber sagen, daß sie historischen Gärten nachempfunden sind. Sie können nicht mehr als Flickwerk sein. Die Entwürfe sind für Gärten von heute, die meist klein sind und damit im Widerspruch stehen zu einem Stil wie dem Barock, der große Flächen erfordert. Warum aber sollen wir uns andererseits die Freude an einem solchen Stil versagen, wenn seine Elemente auf kleine Flächen übertragbar sind, wie ich es versucht habe. Mein Ziel war, das Wesen eines bestimmten historischen Gartentyps in einer Form auszudrücken, die in der Anlage, dem Pflegeaufwand und den Kosten für unsere heutigen Verhältnisse akzeptabel ist. Obwohl ich jeden Garten für eine bestimmte Größe mit bestimmten Voraussetzungen entworfen habe, können alle Entwürfe für die unterschiedlichsten Grundstücksgrößen abgeändert, erweitert oder verkleinert werden.

Man kann diese Entwürfe historisch natürlich korrekter machen, aber das Ergebnis wird trotzdem niemals mehr als eine Annäherung sein.

Nordeuropäischer Renaissance-Garten

Das wesentliche eines Renaissance-Gartens war die Geometrie. Boden und Pflanzen waren wie von einem Mathematiker zu rechteckigen, flachen, symmetrischen Mustern geformt. Diese Gestaltung entspricht dem, was in Nordeuropa während des ausgehenden 16. und frühen 17. Jahrhunderts üblich war. Eine feste Regel dafür entstand, als die neuen Gedanken der Renaissance von Italien über die Alpen gelangten und dem mittelalterlichen Garten eine neue Richtung gaben und zugleich Elemente wie Grotten, Wasserspiele und Bildwerke mit sich brachten.

Gleich, ob in Spanien, Frankreich oder England, in vielem stimmen die meisten Gärten überein.

Beispielsweise in der Einstellung zur Natur als einem feindlichen Element, das es auszuschließen gilt. Hügel und Terrassen dieser Gärten wurden angelegt, um von ihnen auf das Muster des Gartens hinunterschauen zu können, keinesfalls, um eine Aussicht nach draußen zu haben; allenfalls, um das Nahen einer kriegerischen Armee sichten zu können. Das Muster ist der Hauptbestandteil einer Gestaltung und es verwundert nicht, daß es von Stickerinnen entworfen wurde. Die Gärten bestanden aus einem oder mehreren abgeschlossenen rechteckigen Räumen umgeben von Mauern mit Galerien oder Pergolen an einer oder mehreren Seiten. Später wurde es üblich, Gärten mit erhöhten Terrassen zu umgeben, von denen aus die Muster betrachtet werden konnten. Aus diesem Grund wurden sie oft an Stellen angelegt, wo man aus den Empfangsräumen des Hauses, die meist im 1. Stock lagen, darauf hinuntersehen konnte.

Das rechteckige Gartengelände wurde jeweils in mehrere gleiche Quadrate oder Rechtecke aufgeteilt, jedes mit einer Hecke umgeben, häufig mit je einem Wacholder an den Ecken. Das Format und die Muster dieser Parzellen konnten unterschiedlich sein. (Die Entwicklung des Parterres wird auf den Seiten 54–61 beschrieben). Sie konnten beispielsweise ein Labyrinth enthalten oder Hochbeete, die von Holzplanken in geometrischen Mustern eingefaßt waren. Sie konnten auch Knotenbeete enthalten, Muster von ineinandergeflochtenen

Bändern aus niedrig bleibenden Hecken. Knotenmuster wurden mit den verschiedensten Pflanzen wie Buchs, Heiligenkraut, Thymian, Rosmarin oder Gamander in komplizierten geometrischen Formen angelegt und mußten regelmäßig beschnitten werden. Mittelpunkt des ganzen Gartens war gewöhnlich ein zentrales Wasserbecken, aber jedes Knotenbeet, jedes geometrische Abteil, hatte außerdem einen eigenen Mittelpunkt, oft ein einzelner kleiner Baum oder eine Figur aus Stechginster, Weißdorn, Rosmarin oder Buchs (Eiben kamen erst später).

Überall spürt man, daß Zirkel und Lineal ständig zur Hand waren, denn Bäume, Sträucher und Blumen wurden zu Würfeln, Kugeln, Kegeln und Pyramiden geschnitten und geformt. Die Absicht war, die wilde Natur in die perfekte Harmonie zurückzuführen, wie sie von Gottes Hand vor dem Sündenfall geschaffen worden war.

Gestaltung nach einem historischen Vorbild

Es ist durchaus möglich, das Wesen dieser frühen Gärten in kleinem Maßstab auszudrücken, indem die wesentlichen Gestaltungselemente so kombiniert werden, daß sie erkennbar der Renaissance angehören. Es ist die ideale Lösung für einen kleinen Garten in der Stadt oder für ein von allen Seiten eingeschlossenes Grundstück. Es muß umschlossen sein, sei es von Mauern, Hecken oder Pergolen. Je nach vorhandenem Platz sollte der Garten in ein oder mehrere Quadrate oder Rechtecke aufgeteilt werden. Darin können die Muster wechseln. Der Plan (rechts) zeigt eine symmetrische Anordnung von Beeten mit Buchshecken eingefaßt und auf Seite 30 ist eine andere Lösung in Form eines typischen, aber einfach zu pflegenden Knotenbeetes. Diese einfache geometrische Aufteilung der Beete ist typisch für das ausgehende 16. und frühe 17. Jahrhundert und kam ausschließlich in Gärten mit Rasen, Hochbeeten oder mit Hecken eingefaßten Beeten vor; in diesen Formen wurde es als Parterre bezeichnet. Die überall gegenwärtige Kombination von Pergola, Parterre

und Balustraden geht auf einen berühmten Druck zurück, der einen holländischen Garten in Crispin van de Passes „Hortus Floridus" (1615) zeigt.

Das einfache geometrische Muster für das Mittelparterre stammt aus einem Parterre für einen Rasengarten in einem Stich von Salomon de Caus aus seinem Werk über Hydraulik „les Raisons des Forces Mouvantes" (1615). De Caus (1576–1626) war französischer Hugenotte, hatte um 1590 Italien besucht und die berühmten manieristischen Gärten mit ihren effektvollen Gestaltungen gesehen. Er brachte diese Ideen über die Alpen, als er in Flandern, England und Deutschland arbeitete, wo er den legendären Hortus Palatinus in Heidelberg schuf.

Wer ehrgeizig ist, möchte vielleicht eines der komplizierten Muster versuchen, die oft in Büchern zur Geschichte der Gartenkunst abgebildet sind. Dazu bedarf es einer kontrastreichen Bepflanzung (zum Beispiel mit zwei verschiedenen Farben von Buchs oder mit Buchs und Heiligenkraut), damit die Verflechtungen erkennbar werden. Beim Schnitt hat man auf unterschiedliche Höhen an den Stellen, wo die Bänder sich unterschneiden, zu achten.

Der Typ der Pergola im Hintergrund geht aufs Mittelalter zurück, entstammt aber hier einem Vorbild aus dem Übergang vom 16. zum 17. Jahrhundert und erscheint in dieser Form auf zahllosen zeitgenössischen Gemälden und Stichen. Pergolen umgaben gewöhnlich eine oder mehrere Seiten des Gartengeländes. Rekonstruktionen sind in Ham House, Surrey, England, und in Het Loo, Apeldoorn, Niederlande, zu finden, wo Hainbuchen darübergezogen wurden. Die einfache Holzbalustrade, die ich für die Terrasse beim Haus vorgesehen habe, entstammt den gleichen Quellen.

Der Garten ist für ein Grundstück gedacht, das vollständig von Mauern umgeben ist und eine für die Zeit typische Bepflanzung mit Spalierobst zuläßt: zwei Apfelspaliere (**1** und **2**) an der Süd- oder Westwand und eine fächerförmig gezogene Kirsche (**3**). Spezialbaumschulen führen alte Obstsorten, aber es ist ziemlich ausgeschlossen, Apfelsorten zu finden, die

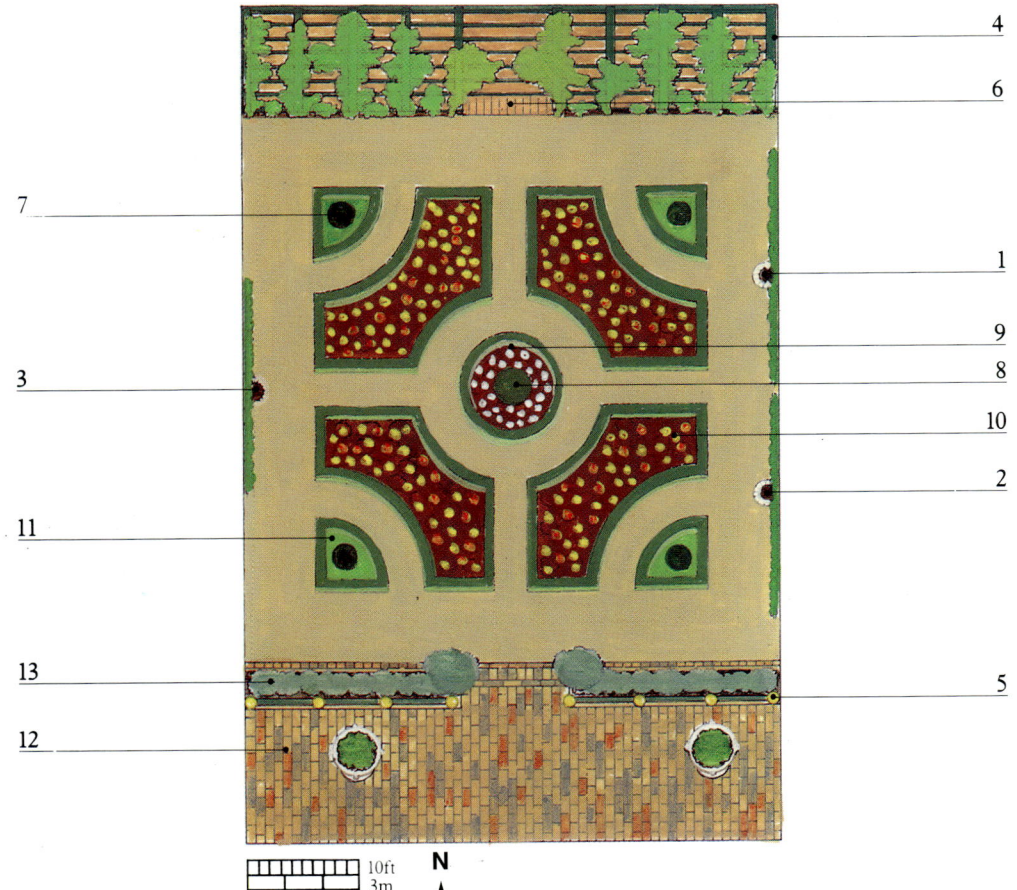

```
      10ft       N
      3m         ▲
```

mittleren Beet (9), gestreiften Rembrandt-Tulpen in den vier Zwickeln (10) und alten Narzissensorten und Schachbrettblumen in den Eckbeeten (11). Nur wenige dieser Pflanzenarten können authentisch sein – die Hyazinthen haben zu dichte Blüten und die Rembrandt-Tulpen ähneln zwar denen auf alten Gemälden, sind aber Züchtungen aus der Zeit nach 1889 – aber sie kommen nahe an die Vorbilder heran. Im Sommer würde ich die Beete in der Mitte und an den Ecken mit *Calendula* in Orange- und Gelbschattierungen bepflanzen und die Zwickel mit der hübschen ungefüllten blauen *Campanula persicifolia*. In den Garten gelangt man über eine Klinkerterrasse (12), die von zwei schmalen Kräuterbeeten flankiert wird (13): Rosmarin, Raute, Thymian, und Salbei. Es ist wichtig, daß die Terrasse wenigstens etwas höher liegt, damit man auf das Parterre oder das Knotenmuster hinuntersehen kann.

Renaissance-Gärten waren voll mit Pflanzen in Kübeln, beispielsweise Kaiserkronen im Frühling, gefolgt von Nelken und *Lilium candidum* im Sommer.

Pflanzen der Renaissance

Während des 16. Jahrhunderts kam eine große Zahl von Pflanzen aus der Türkei, aus Persien und der Neuen Welt und erweiterte das beschränkte Repertoire, das dem Gärtner im Mittelalter zur Verfügung gestanden hatte. Im 16. Jahrhundert wurden außerdem botanische Gärten gegründet, beispielsweise in Padua 1545, in Leiden 1587. Es war das Jahrhundert der leidenschaftlichen Pflanzensammler wie Charles L'Ecluse (1526–1609) und John Tradescant (gestorben 1638), deren Namen heute in manchen Pflanzennamen fortleben. Zur gleichen Zeit begann man in der Malkunst die Natur mit minutiöser Genauigkeit darzustellen, wie dies Dürers botanische Studien beispielhaft zeigen. Der botanische Illustrator wurde zum eigenständigen Künstler, wie Giacomo Ligozzi (1547–1626) und Jacques Le Moyne des Morgues (1533–1588). Erstmals ermöglichte außerdem auch die neue Kunst des Kupferstichs die ersten illustrierten Pflanzenlexika, be-

aus einer Zeit vor dem Ende des 17. Jahrhunderts stammen. Die Pergola (4) ist eine recht aufwendige Konstruktion und verlangt einen guten Zimmermann.

Es wäre durchaus möglich, sie auch einfacher auszuführen, zu vermeiden ist aber rustikales Holzwerk, das viktorianisch aussehen würde. Die Pergola sollte in der gleichen Farbe gestrichen werden wie die Balustraden (5) am Rand der Terrasse. Damals hätte man das Holz vergoldet, in einer kräftigen Farbe gestrichen und marmoriert, was uns heute nicht gefallen würde. Es ist deshalb besser, blaugrüne oder gebrochen weiße und graue Töne zu verwenden, wobei erstere vorzuziehen sind, um im Garten den Eindruck von Tiefe entstehen zu lassen. Unter dem mittleren Pergolabogen steht eine einfache Holzbank (6); zu beiden Seiten sind Fensteröffnungen, und innen ist genügend Platz, um vielleicht einen kleinen Geräteschuppen unterzubringen. Ohnehin wird die Pergola allmählich von Pflanzen wie Jelängerjelieber, Hainbuchen, Jasmin, Efeu, Clematis,

Reben und wilden Heckenrosen überwuchert.

Mittelpunkt des Gartens ist das zentrale Parterre mit winzigen Kieswegen zwischen den Beeten und einem Kiesweg außen herum. Die Beete sind mit niedrigem Buchs (*Buxus sempervirens* 'Suffruticosa') eingefaßt, haben beschnittene Buchskegel an den Ecken (7) und einen duftenden Lorbeerhochstamm in der Mitte (8), um Höhe hineinzubringen. Bei einer authentischen Bepflanzung aus dieser Zeit müßten die Blumen in den Beeten in großen Abständen voneinander gepflanzt werden, damit jedes einzelne Exemplar für sich erkennbar bleibt. Es dürfte nicht kompakt und flächig gepflanzt werden, sondern die verschiedensten Frühlings- und Sommerblumen, wie sie zu dieser Zeit erhältlich waren, müßten darauf verstreut werden. Aus heutiger Sicht ist aber die flächige Bepflanzung wirkungsvoller und sicher einfacher, weil sie als Bodendecker das Unkraut unterdrückt. Die Zeichnung zeigt den Garten im Frühling mit weißen Hyazinthen im rühmte Publikationen wie John Gerards „The Herball" (1597), für uns die Quellen, aus denen wir heute unser Wissen über die Pflanzen der Renaissance beziehen. Trotzdem ist es oft äußerst schwierig, sich Gewißheit über die Pflanzen von damals zu verschaffen; uns bleibt heute kaum etwas anderes übrig, als uns nach neuen Züchtungen umzusehen, die den in diesen Quellen abgebildeten Pflanzen so nahe wie möglich kommen. Wer es ganz genau nehmen will, muß all das sorgfältig prüfen und bedenken; die meisten aber werden schon zufrieden sein, wenn sie ihre Pflanzen im Geist jener Zeit aussuchen können.

Rosen

Rosa alba, R. gallica, R. gallica var. *officinalis, R. canina* (Hundsrose), *R. rubiginosa, R. damascena* 'Versicolor', *R. foetida, R. f.* 'Bicolor'.

Kletterpflanzen

Hedera (Efeu), *Jasminum officinale* (Echter Jasmin), *Lonicera* (Geißblatt), *Clematis flammula, C. cirrhosa, C. viticella, Humulus lupulus* (Hopfen), *Vitis vinifera* (Weinrebe)

Gehölze

Daphne mezereum, Buxus sempervirens (Buchs), *Berberis vulgaris* (Berberitze), *Viburnum opulus* (Schneeball), *Cornus mas, Lavandula angustifolia, L. stoechas, Ligustrum vulgare* (nicht *L. ovalifolium*), *Prunus laurocerasus, Santolina chamaecyparissus, Cytisus scoparius* (Ginster).

Kräuter

Filipendula ulmaria (Mädesüß), *Hyssopus* (Ysop), *Rosmarinus, Ruta graveolens* (Raute), *Salvia officinalis* (Salbei), *S. sclarea, S. viridis, Saponaria officinalis, Chrysanthemum vulgare, Thymus serpyllum* (Quendel), *T. vulgaris* (Thymian), *Foeniculum vulgare* (Fenchel), *Origanum majorana* (Majoran).

Stauden

Achillea ptarmica, A. millefolium, Alcea rosea (Malve), *Aconitum napellus, A. septentrionale, Adonis, Aquilegia vulgaris, Armeria, Artemisia abrotanum, A. absinthium, A. vulgaris, Astrantia major, Bellis perennis, Campanula glomerata, C. latifolia, C. persicifolia, Dianthus caryophyllus* (Nelke), *D. plumarius* (Federnelke), *Gentiana verna, Geranium pratense* (Storchschnabel), *G. sanguineum, Geum urbanum, G. rivale, Helleborus niger, H. foetidus, H. viridis, Hemerocallis flava* (Taglilie), *H. fulva, Hepatica, Iris foetida, I. pallida, Nepeta cataria, Paeonia officinalis, Polygonatum* (Salomonsiegel), *Primula vulgaris, P. auricula, P. veris* (Schlüsselblümchen), *Ranunculus asiaticus, Tradescantia virginiana, Verbascum* (Königskerze), *Vinca minor, V. major, Viola odorata* (Veilchen), *V. tricolor* (Stiefmütterchen).

Sommerblumen

Alcea (Malve, Stockrose), *Amaranthus caudatus, A. tricolor, Antirrhinum, Calendula officinalis, Chrysanthemum segetum, Delphinium consolida, Helianthus annuus, Iberis umbellata* (Schleifenblume), *Lychnis chalcedonica, Nigella damascena, Papaver somniferum, P. rhoeas* (Feldmohn), *Scabiosa, Tagetes erecta, T. patula.*

Zweijährige Sommerblumen

Cheiranthus (Goldlack), *Dianthus barbatus* (Bartnelke), *Digitalis* (Fingerhut), *Lunaria annua, Matthiola incana.*

Zwiebelpflanzen

Allium moly, Anemone coronaria, A. × *fulgens, A. nemorosa, Convallaria, Crocus angustifolius, Cyclamen persicum, Erythronium dens-canis* (Hundszahn), *Fritillaria imperialis* (Kaiserkrone), *F. meleagris* (Schachbrettblume), *F. persica, Hyacinthus, Leucojum aestivum, L. autumnale, L. vernum, Lilium candidum, L. martagon, Narcissus pseudonarcissus, N. hispanicus, N. poeticus, N. jonquilla, N. triandrus, Ornithogalum umbellatum, Scilla, Tulipa.*

Pflanzen für Kübel

Lilium candidum, Chrysanthemum frutescens (Margerite), *Dianthus caryophyllus.*

17. Jahrhundert,
Garten mit Rasen und Figurenbäumchen

Zu den beliebtesten Formen des forma-len Gartens im 16. und 17. Jahrhundert gehörte der Rasengarten, der immer aus einem Parterre bestand und ein Muster aus Gras und Kies hatte. Im Laufe der Zeit wur-den die Gestaltungen reichhaltiger, denn sie nahmen die für Manierismus und Barock gültigen Stilformen auf.

Die Art, wie wir heute Gras verwenden, ist größtenteils aus dem Landschaftsgarten übernommen, der als Grundlage für seine naturalistische Gruppierung von Bäumen und Sträuchern unregelmäßige Matten von üppigem Grün benötigte. Unser anderes Vorbild ist die viktorianische Zeit, wo eine makellose Rasenfläche den klassischen Hin-tergrund für Blattwerk und Blüten in geo-metrischen Beeten bildete. Im Renaissance- und Barockgarten war das Gras selbst ein vielgerühmtes Gestaltungselement. Ein Jahrhundert vor der Mechanisierung erfor-derte Gras hohen Pflegeaufwand und war oft der Hauptbestandteil einer Gartenge-staltung, wobei es im Zentrum verwendet wurde, nicht an den Rand verbannt. Überall dort, wo wir heute Gras haben, wurde da-mals Kies verwendet.

Der mittelalterliche Ziergarten in einer seiner Ausprägungen, dem Kräutergarten, bestand vornehmlich aus Rasen, unterteilt durch Wege mit einem Brunnen in der Mitte. Die Renaissance übernahm diese Freude an gepflegtem und geschorenem Gras und entwickelte es zu einer eigenen Richtung der Gartenkunst, genannt „gazon coupé", wörtlich „geschnittener Rasen". In den Rasen wurden geometrische, oft kom-plizierte Muster geschnitten und die Zwischenräume wurden mit farbigen Er-den, Sand oder Kies gefüllt. Auf den Rasen-flächen selbst wurde das formale Muster durch symmetrische Bepflanzung mit Bäu-men und Büschen oder Figurenbäumchen betont.

Die früheste umfangreiche Sammlung von Entwürfen für Rasengärten enthält das Buch des holländischen Künstlers Hans Vredeman de Vries (1527–1606) „Horto-rum viridariorumque elegantes et multipli-ces formae" (1583). Seine Entwürfe, die Einfluß auf ganz Europa hatten, waren, un-glaublich vielfältig, im phantastischen Stil des nordeuropäischen Manierismus, aber

immer in einen rechteckigen Rahmen ge-setzt und immer von Holzbauten und Per-golen umschlossen.

Die Grundzüge dieser frühen Rasengär-ten wurden ins 17. Jahrhundert übernom-men, aber die bizarren manieristischen Mu-ster wurden durch die kühner geschwunge-nen Formen des Barock ersetzt. Damals er-hielten sie die Bezeichnung „parterres à l'anglaise" als Verneigung vor der Qualität des englischen Rasens und wegen der eng-lischen Vorliebe für Grasflächen in einfa-chen geometrischen Formen, mit Brunnen und Statuen darin, im Gegensatz zu den auf dem Kontinent bevorzugten aufwendigen Parterres.

André Mollet (gestorben um 1665), fran-zösischer Gartenarchitekt, der in England arbeitete, schuf Entwürfe, die er in seinem einflußreichen Buch „Le Jardin de Plaisir" (1651) „compartiments de gazon" nannte. Dabei handelte es sich um geometrische Muster aus Gras und Kies, umgeben von Blumenrabatten, einem Band aus weißem Sand und einer Buchshecke. Andere euro-päische Gartenarchitekten machten es ihm

in abgewandelter Form nach, aber in Eng-land bevorzugte man während des ganzen Jahrhunderts die wesentlich einfachere Form, in der man auf Blumenbeete verzich-tete und das Parterre auf geschnittene Ra-senmuster mit einer Statue in der Mitte be-schränkte. Das Ganze war von einem schmalen Beet eingefaßt, in dem kleine Obstbäume, Fichten, Kiefern, Figuren-bäumchen in Form von Obelisken und Ku-geln, oder im Sommer auch Blumen und Gehölze in Kübeln standen.

Mir ist kein getreu wiederhergestellter Rasengarten bekannt, und das einzige Bei-spiel für die englische Form des geschnitte-nen Parterres ist in Little Moreton Hall in Cheshire, das 1975 neu angelegt wurde. Es wurde nach dem Entwurf von Leonard Meager in seinem Buch „The English Gar-dener" (1670) angelegt.

Leider ist die Rekonstruktion nicht kor-rekt ausgeführt, denn das Gras ist da, wo der Kies sein sollte und umgekehrt. Trotz-dem erhält man einen gewissen Eindruck von den wundervollen Möglichkeiten, die ein solcher Garten birgt.

Gestaltung nach einem historischen Vorbild

Das Vorbild zu diesem Rasengarten ist eine Ansicht von Denham Place, Buckinghamshire, England, die jetzt im Yale Center for British Art, New Haven, USA, hängt. Das Haus wurde zwischen 1688 und 1701 von Sir Roger Hill gebaut und das Bild zeigt den Garten ungefähr um 1705. Er war weitläufig und enthielt Parterres, einen Obstgarten, ein Boskett und einen langen Kanal mit einem Pavillon darüber nach der neuesten holländischen Mode von König Wilhelm und Marie. Auf dem Gemälde besteht der Rasengarten aus einem Rechteck mit einem Gebilde, das wie eine Sonnenuhr in einem Rhombus aussieht, in der Mitte mit fünf rautenförmigen Rasenbändern, abwechselnd mit ebensogroßen Kiesbändern und mit Figurenbäumchen in verschiedenen Formen im Rasen.

Ich habe die Gestaltungselemente dieses Gartens übernommen für einen Entwurf, der einen Bereich in einem größeren Garten füllen könnte, denn anders als im 17. Jahrhundert, würde man es im 20. recht exzentrisch finden, wenn das allein den Garten ausmachte. Mit seinen starken architektonischen und plastischen Formen käme dieser Garten vor allem im Herbst und Winter besonders zur Geltung. Für die Hecke, die das Geviert umschließt (1), schlage ich Hainbuchen vor (*Carpinus betulus*) als die authentischste Bepflanzung. Buche (*Fagus sylvatica*) hätte die gleiche Wirkung, wäre aber für die damalige Zeit nicht ganz korrekt. Die Hecke ist in 1,75 m Höhe gerade geschnitten und läßt die Spitzen der dunkelgrünen Obelisken verführerisch über den Rand hinausragen.

Das rostige Karamel der Herbstfärbung ist im Winter zudem ein großartiger Hintergrund für die dunkelgrünen Eibenbäumchen. Mit der Hecke um den Rasengarten habe ich das geschaffen, was man zu seiner Zeit als Kabinett bezeichnete. Ich sehe dies nämlich als Raum, der, in einiger Entfernung vom Haus gelegen, als Überraschung gedacht ist. Wer aber einen Rasengarten in der Nähe des Hauses plant, sollte auf die Hecke verzichten und den Blick aus dem Fenster des oberen Stockwerkes einbeziehen.

Innen ist der Garten diagonal in Streifen aufgeteilt, abwechselnd zwischen Rasen (2) und Kies (3), wobei der Rasen mit Ziegelsteinkanten befestigt ist, deren Oberkante geländegleich abschließt, damit man darüber mähen kann (4). Als Mittelpunkt wäre zwar eine Statue oder eine Kugelsäule stilgerechter, aber aus der klassischen Amphore (5), die ich vorschlage, kann man Efeu herunterwachsen lassen oder im Winter ein paar Stiefmütterchen pflanzen und zweimal weitere jahreszeitliche Wechselbepflanzungen vorsehen. Dies wäre für die Zeit nicht ganz korrekt, aber ein Kompromiß, der Farbe in einen kleinen Garten bringen könnte. Auf den Rasenbändern wechseln Eibenobelisken (6) mit Weißdorn-Hochstämmen (*Crataegus*) ab (7). Die Eiben müssen jährlich einmal geschnitten werden und aus Pflanzen von 40 cm werden in etwa acht Jahren Exemplare von 2 m Höhe, wenn sie regelmäßig gedüngt werden. Der Weißdorn wächst wesentlich schneller, muß aber öfter als einmal geschnitten werden und erfordert ein sicheres Auge für die runde Form.

Seine spinnenartigen Zweige bilden im Winter einen reizvollen Kontrast zu den dichten Samtpfeilern der Eiben und dem Gekräusel des karamelfarbenen Hainbuchenlaubes. Eine Alternative wären Holzäpfel (Zierformen von *Malus*) zu Kugeln geschnitten, aber in der inneren Raute wäre dann nur für halb so viele Bäume Platz.

Parterres à l'anglaise konnten natürlich jede beliebige geometrische Form haben. Im 17. Jahrhundert waren sie außerordentlich vielfältig mit verwirrenden barocken Mustern, die heute ohne professionelle Hilfe gar nicht zu pflegen wären. Wer geschwungene Linien plant, muß eine feste Kunststoffkante in den Rasen einbauen, damit die Formen erhalten bleiben. Die Bepflanzung ist nach der nebenstehenden Liste auszuwählen, dabei ist nur darauf zu achten, daß die Gestaltung immer genau symmetrisch bleibt, die Bäume und Sträucher in Form geschnitten werden und das Gleichgewicht zwischen laubabwerfenden und immergrünen Pflanzen erhalten bleibt.

Wenn die Gestaltung besonders betont werden soll, muß man das Muster mit einer niedrigen Buchshecke einfassen, was allerdings das Mähen erschwert.

Wer mutig ist, kann diese in Vergessenheit geratene Gartenform durch Muster des 20. Jahrhunderts neu beleben. Es könnte dabei schwierig sein, die Symmetrie zu wahren, aber Op-art-Bilder der 60er Jahre könnten manche Anregung für Muster bieten.

Bäume und Sträucher für Hecken und Figurenbäumchen

Das meiste, was wir von den Topiary-Gärten des 17. Jahrhunderts wissen, beziehen wir entweder aus den Neuschöpfungen des 19. Jahrhunderts oder aus verwilderten und nun wieder zurechtgeschnittenen alten Gärten. Außerdem gibt es von dem Dichter Alexander Pope die berühmte Satire über die Auswüchse dieser Gartenform, in der er eine ganze Reihe fremdartiger Figuren, die es niemals wirklich gegeben haben kann, schildert. Auf den zahllosen zeitgenössischen Gemälden und Stichen mit Figurenbäumchen ist zu erkennen, daß in den Gärten zwar Mengen von Bäumchen standen, aber nur in wenigen, ganz einfachen geometrischen Formen. Der Kegel, der Obelisk, der Hochstamm mit Kugelkrone und der Scheibenbaum kommen immer wieder vor. Für die Anlage eines parterre à l'anglaise in diesen kleinen Ausmaßen sollte man nicht mehr als zwei dieser Grundformen verwenden, sonst gleicht das Ergebnis eher der romantischen Vorstellung vom Garten des 17. Jahrhunderts aus der Zeit Viktorias statt einem wirklichen Garten dieser Zeit.

David Jacques und Arend Jan van der Horst bringen in ihrem Buch „The Gardens of William and Mary" (1988) eine hervorragende Analyse der Bäume und Sträucher, die in den sechs wichtigsten englischen und holländischen Veröffentlichungen zwischen John Evelyns „Sylva or a Discourse of Forest Trees" (1664) und Stephen Switzers „Ichnographia Rustica" (1718) aufgeführt sind. Die neun beliebtesten Pflanzen für Hecken und Figurenschnitt sind unten aufgeführt. (Weitere Informationen dazu siehe Seite 148–150.)

Buxus sempervirens, Buchs
Von Buchs gibt es viele Varietäten und Sorten, aber alle haben das typische Aussehen: glänzende, dichte, dunkelgrüne Belaubung. Die kräftigste Form für größere Figuren ist *Buxus sempervirens* 'Handsworthensis' mit besonders dunklem Laub. Die panaschierten Sorten sind zwar weniger kräftig, aber wunderschön sind zum Beispiel 'Elegantissima' mit silberrandigen Blättern, 'Aureovariegata' goldgesprenkelt oder 'Gold Tip' mit goldenen Spitzen. Zwei Sorten, gut kombiniert, können höchst effektvoll sein. Goldgelbe Zeichnung gibt es auch bei der Sorte 'Suffruticosa', die für Einfassung und Knotenmuster besonders geeignet ist.

Carpinus betulus, Hainbuche
Wie die Rotbuche (*Fagus sylvatica*) behält die Hainbuche ihre braungewordenen Blätter über den Winter und setzt zu immergrünen Gehölzen damit einen schönen rostfarbenen Kontrast. Als gestelzte Hecke oder an einer Pergola kommt auch der graue, im Alter gefurchte Stamm schön zur Geltung.

Crataegus monogyna, Weißdorn
Der Weißdorn bildet schnell dichte Hecken mit weißen Blüten im Frühling und Beeren im Herbst. Er wurde schon im 16. Jahrhundert für den Figurenschnitt verwendet und ist leicht zu einfachen geometrischen Formen wie Obelisken und Kugelbäumchen zu schneiden. Er ist im Winter besonders schön als Kontrast zu den dunkleren Immergrünen. Nach dem Laubfall sind seine spinnenartigen Äste besonders reizvoll.

Ilex aquifolium, Stechpalme
Stechpalmen erfordern sehr viel Geduld, sie sind aber so schön, daß sich das Warten lohnt. Das Spiel des Lichts auf ihrem dunkelgrünen, stacheligen Laub gibt ihnen eine besonders lebhafte Farbe. Es gibt heute viele verschiedene Sorten, die sich für den Figurenschnitt wegen der Färbung ihrer Blätter besonders eignen, zum Beispiel 'Aureomarginata' und 'Golden King' sind hellgelb umrandet; 'Silver Queen' und 'Handsworth New Silver' sind weiß umrandet und manchmal auch gesprenkelt.

Juniperus communis, Wacholder
Wacholder wurde im 17. Jahrhundert in Form hoher Säulen an den Ecken von Parterres verwendet. In Nordeuropa kamen sie den Zypressen Italiens am nächsten. *J. c.* 'Hibernica': ist blaugrün und hat eine schlanke, elegante Form. Erst als viele Wacholderbäume in den besonders kalten Wintern, die die letzten Jahrzehnte des Jahrhunderts kennzeichneten, erfroren, fanden die unverwüstlichen Eiben überall Eingang.

Ligustrum vulgare
Nicht zu verwechseln mit dem heute modernen *Ligustrum ovalifolium*. Er wächst schnell und ist sowohl für Hecken wie für Figurenschnitt geeignet, muß aber öfter als einmal im Jahr geschnitten werden.

Phillyrea angustifolia
Wurde zur Zeit der Stuarts viel verwendet, ist aber heute selten und schwer erhältlich. Bei regelmäßigem Schnitt wird *Phillyrea* sehr dicht und eignet sich für Hecken und Figurenbäumchen. Seine länglichen, glänzenden Blätter sind dunkelgrün.

Pyracantha coccinea, Feuerdorn
Ein gut winterharter, immergrüner Strauch, dessen dornige Zweige im Frühsommer weiße Blüten tragen und im Herbst leuchtend orangerote Beeren. Er ist für Hecken bis zu einer Höhe von 2 m geeignet, wird aber höher, wenn er an einer Wand gezogen wird.

Rhamnus alaternus, Kreuzdorn
Ein großer wüchsiger, immergrüner Strauch mit glänzend dunkelgrünem Laub, blaßgrünen Blüten im Frühling und schwarzen Früchten. Im 17. Jahrhundert wurde er für Hecken verwendet. Es gibt eine silbern panaschierte Form, *R. a.* 'Argenteovariegata'.

Barockparterre

Das Barockparterre war ein Höhepunkt der französischen Gartenkunst, die unter Führung von Le Nôtre die europäische Gartengestaltung während mehr als einem Jahrhundert bestimmte. Als Gestaltungselement im Garten trat es in Frankreich zwischen 1620 und 1630 auf; es war aber das Ergebnis einer langen Entwicklung, die ihre Wurzeln mehr als eineinhalb Jahrhunderte früher in Italien hatte. Aber schon die Tatsache, daß wir noch immer den Begriff „Parterre" verwenden, zeigt, daß es trotzdem von Grund auf französisch ist.

Die ersten Entwürfe, die man als Parterre bezeichnen kann, erschienen in einem Buch von Francesco Colonna mit dem Titel „Hypnerotamachia Polyphili" 1499 in Venedig. Gärten mit Figurenmustern gehen auf die Antike zurück, aber Colonna hat erstmals Einzelheiten und Zeichnungen dazu veröffentlicht und da das Buch im 16. Jahrhundert in so gut wie jede europäische Sprache übersetzt wurde, hatte es einen immensen Einfluß. Obwohl es eigentlich ein Abenteuerroman ist, enthalten die Holzschnitte Darstellungen von Figurenbäumchen und Pläne von Blumenbeeten mit Details zur Bepflanzung.

Das erste Zeichen für den Einfluß dieses Werkes zeigte sich in Frankreich im Garten des Château d'Anet der Diane de Poitiers, mit dessen Anlage 1546 begonnen wurde – im gleichen Jahr, in dem das Buch ins Französische übersetzt worden war. In dem Garten waren 24 rechteckige Beete, „compartiments" genannt. Sie waren mit Blumen und Kräutern in komplizierten Mustern bepflanzt, wobei einige auch ein „H" enthielten, Initiale von Heinrich II., dessen Maitresse Diane war; andere enthielten einen Halbmond als Attribut der Diana, Göttin der Jagd. Sie lagen nahe der Terrasse, so daß ihre Symbolik gut erkennbar war. Die Beete erforderten viel Pflege und mußten mehrmals im Jahr neu bepflanzt werden, damit ihre feinen Muster sichtbar blieben. Während der zweiten Hälfte des 16. Jahrhunderts folgte nun ein steter Strom von Büchern mit den unterschiedlichsten Plänen für derartige „compartiments". Am einflußreichsten war das Werk „L'Agriculture et Maison Rustique" von Charles Etienne und Jean Liébault (1564).

Einen großen Schritt in der Entwicklung des Parterres unternahm dann Claude Mollet, Gärtner unter Heinrich IV. um 1588 unter der Leitung von Etienne du Perac, Architekt des Herzogs von Aumâle, der Anet geerbt hatte. In Anet legte Mollet das erste „parterre de broderie" an, in dem alle „compartiments" zu einem einzigen, sich immer wiederholenden Muster zusammengefaßt wurden. Er begann auch Buchs anstelle anderer Heckenpflanzen zu verwenden, der das rauhe Klima im Norden besser vertrug. 1595 legte er das erste Brodrieparterre für Heinrich IV. in Fontainebleau an. Der Stil von Mollet war etwas zurückhaltend, seine Entwürfe hatten in allen vier Quadraten immer die gleichen Muster, aber damit brachte er auch eine gewisse Einheit in das Gartenbild. Seine Söhne, ebenfalls angesehene Gärtner, entwickelten diese Form weg von der steifen Eckigkeit zu fließenden Spitzenmustern, bevor sich die eher kräftigen, aber bewegteren Rhythmen des Barock entwickelten. Das erste Beispiel für diesen Spitzenmusterstil war das große Parterre, das für die französische Königin Maria von Medici im Palais de Luxembourg entworfen und von Jacques Boyleau angelegt wurde. Er begann 1612. Später veröffentlichte er diese Entwürfe in seinem „Traité de Jardinage" (1638). Dieses Parterre lag unter den Fenstern der im 1. Stock gelegenen Staatszimmer und war an den anderen drei Seiten von einer erhöhten Terrasse mit Umgängen umgeben, von denen man auf dieses erstauliche Werk blicken konnte. In dieser Form übernahm Le Nôtre das Parterre. Er entwickelte es weiter zu dem, was wir als die Quintessenz des Barock kennen, zu seinen großartigen Gestaltungen für Ludwig XIV. in Fontainebleau, Versailles und Meudon.

Die Entwicklung des Parterres ging Hand in Hand mit einer neuen Begeisterung für die Verwendung von Wasser im Garten. Eine Form des Wassergartens, die sich speziell in Frankreich entwickelt hatte, nannte man „parterre d'eau". Dabei wurde eine Wasserfläche in eine Reihe geometrischer „compartiments" aufgeteilt. Auch dies kam wieder aus Italien und eines der bekanntesten Beispiele für eine vielseitige Verwendung von Wasser ist die Villa Lante in

Bagnaia. Dort ist ein Springbrunnen Mittelpunkt von mehreren symmetrisch angeordneten, geometrisch gestalteten Becken, einer Komposition, die sich der reflektierenden Wirkung des Wassers voll bedient. Diese flachen Wasserflächen, die den Himmel widerspiegeln, wurden für den Stil des französischen Barockgartens unverzichtbar und beispielhaft, etwa in Versailles, mit seinem „parterre d'eau", riesigen Kanälen und runden Wasserbecken, die nur durch einen einzigen Wasserstrahl in der Mitte unterbrochen wurden.

Aber wahrscheinlich bestand das Wesentliche dieser Gartengestaltung des 17. Jahrhunderts in den immer größer werdenden Ausmaßen und dem wachsenden Anspruch der Projekte. Wie in den vorangegangenen Jahrhunderten blieben die Gartenanlagen im wesentlichen flach und waren nur durch sanfte Höhenunterschiede gegliedert, abgesehen vom großen Niveauunterschied zwischen dem Palast selbst und der Terrasse davor. Aber im 17. Jahrhundert waren die Gärten riesig; sie beherrschten ihre Umgebung, indem sie die Landschaft mit Alleen durchzogen, die radial vom Palast ausgingen. Die gesamte Gartengestaltung sollte die Unterwerfung der Natur durch den Menschen, und vornehmlich durch den Monarchen, demonstrieren. Es war ein Stil, der 1789 mit dem Zusammenbruch des Absolutismus in Europa seinen Sinn verlor.

Gestaltung nach einem historischen Vorbild

Es ist nicht einfach, die wesentlichen Gestaltungselemente eines Barockgartens auf ein winziges Gartenareal zu verkleinern. Aber das ist ein bescheidener Plan, in dem einige besonders wichtige Elemente so zusammengefügt sind, daß sie sich für einen kleinen Garten in der Stadt oder, im ländlichen Garten, für ein umschlossenes Areal nahe am Haus eignen.

Das wichtigste Gestaltungselement muß von oben zu sehen sein: ein Buchsparterre zu beiden Seiten eines langen, rechteckigen Wasserbeckens, dessen Spiegelung nur durch einen Wasserstrahl in der Mitte gebrochen wird.

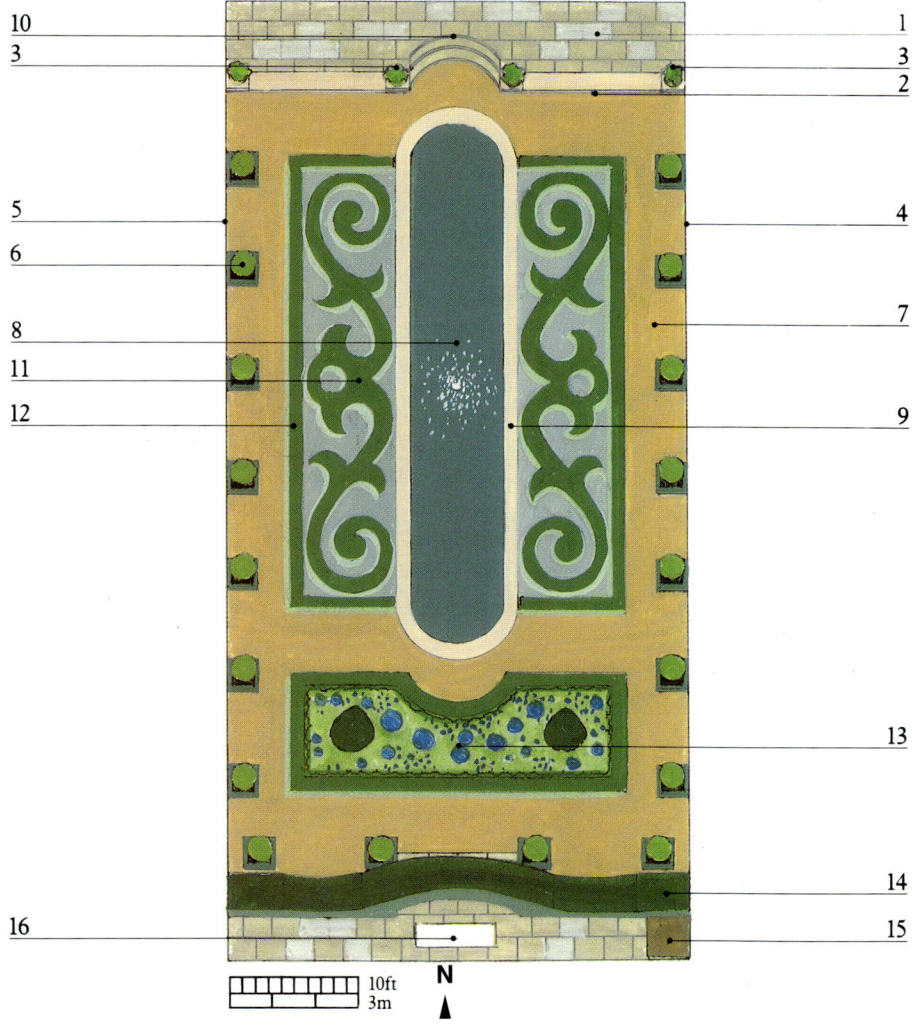

10
3
5
6
8
11
12
16

1
3
2
4
7
9
13
14
15

10ft
3m

N

Zwergbuchs spiegelbildlich in einem barocken Broderiemuster (11) gepflanzt und rechteckig von einer Hecke (12) eingefaßt.

Das Broderiemuster habe ich frei nach einem Parterre in „The Retir'd Gardener" gestaltet, einer Übersetzung von zwei französischen Werken, „Le jardinier solitaire" (1704) von François Gentil (Daten unbekannt) und „Le jardinier fleuriste et historiographe" von Louis Liger (1658–1717) durch die beiden Inhaber der berühmten Brompton Nurseries, George London und Henry Wise. Das Buch enthält elf Entwürfe für Parterres unterschiedlicher Art.

Buchsparterres waren häufig von einem 1 m breiten Band umgeben, das an beiden Seiten von Buchs eingefaßt war und in dem Blumen als botanische Raritäten gepflanzt waren, in Abständen von etwa 1 m und durchsetzt mit symmetrisch angeordneten Kegeln oder Obelisken aus Eibe. Um etwas Blühendes und ein wenig Farbe in die Gestaltung zu bringen, habe ich eine Miniatur-Version davon vorgesehen (13) und es bleibt jedem überlassen, ob er es ganz stilgerecht bepflanzen will, oder ob er es mit einer bunten Mischung von Pflanzen besetzen will, die den zu jener Zeit erhältlichen Pflanzen nur einigermaßen nahekommen.

Am anderen Ende des Gartens ist ein einfacher Eibenbogen in barocker Linienführung (14) vor einer Mauer mit Lattenwerk. Bei sorgfältiger Planung ergibt sich dazwischen Raum für einen kleinen Geräteschuppen (15). Von einem Sitzplatz aus (16) führt der Blick über die volle Länge des Gartens.

Wer einen Garten im Stil des 17. Jahrhunderts anlegen will, muß sich mit Farben in Grüntönen und einem Minimum an Blüten zufrieden geben. Die Wirkung entsteht durch die perfekte Geometrie und das Muster, das das ganze Jahr hindurch gleich schön ist.

Ein Garten im Barockstil ist kein billiges Projekt, und es ist das bei weitem kostspieligste der fünf historischen Gestaltungsvorschläge. Die Terrasse (1) muß aus Stein sein, ebenso die Balustraden (2), auf deren Eckpfeilern Steinvasen (3) für Wechselbepflanzung stehen können. Die Art der Gestaltung sollte im Idealfall rundum von einer Mauer umgeben sein (4), weiß gekalkt, mit Lattenwerk und Bogen daran (5), unter denen Versailles-Kübel mit Formbäumchen aus Buchs oder Lorbeer stehen (6). Der Versailles-Kübel hat seinen Namen von dem Schloßpark, der voll von symmetrisch aufgestellten Kübeln war, und die die Aufgabe hatten, das Muster des

Parterres zu betonen. Damals enthielten sie exotische Warmhauspflanzen und Zitronen- oder Orangenbäume, die im Winter unter Glas gehalten und nur für die Sommermonate draußen aufgestellt wurden. Diese Möglichkeit steht hier als sehr aufwendige Lösung ebenfalls offen. Das Lattenwerk sollte blaugrün gestrichen werden, wie im Garten von Het Loo. Die Wege (7) sind alle gekiest. Das Wasserbecken (8), das ganz flach sein kann, erfordert einen größeren Kostenaufwand, denn es braucht eine Einfassungsmauer (9) aus einem Material, das zu dem der Terrasse und der Treppen (10) paßt.
Zu beiden Seiten der Wasserfläche wird

Blumen im 17. Jahrhundert

Über die Blumen des 17. Jahrhunderts wissen wir wesentlich mehr als über die früherer Jahrhunderte. Da sind zunächst die wundervollen Blumenbilder der holländischen und flämischen Maler, die jedem, der nach Pflanzen für einen Garten dieser Zeit sucht, eine Fülle von Informationen geben. Hier zeigt sich auch erstmals eine echte Begeisterung für Blumen und ihre dekorativen Qualitäten. Dies kommt auch in der damals aufkommenden Mode für handschriftliche und gedruckte Blumenbücher zum Ausdruck, die in den Niederlanden und in Frankreich herausgegeben wurden und in denen die kultivierten Pflanzen detailliert beschrieben waren. Vor allem die französichen Könige förderten eine Vielzahl botanischer Werke, von Pierre Vallets „Le Jardin du très Chrestien Henry IV" (1608) bis zu Nicholas Roberts „Recueil des Plantes (Tafeln von 1701). Um 1700 war die Zahl der Pflanzen und ihrer Zuchtformen beträchtlich, so daß hier nur eine kleine Auswahl daraus aufgeführt werden kann.

Pflanzenliste

Ein einigermaßen stilgerechter Garten läßt sich mit den hier genannten Pflanzen sowie mit denen auf Seite 35 anlegen. Die moderne Pflanzenzüchtung hat, vor allem bei Sommerblumen, Sorten geschaffen, die anders aussehen als die des 17. und 18. Jahrhunderts, so daß wir in vielen Fällen nur versuchen können, möglichst ähnliche Pflanzen zu verwenden.

Sommerblumen

Campanula medium (Marienglockenblume), *Celosia argentea* var. *cristata, Centaurea moschata, Convolvulus tricolor, Dimorphotheca pluvialis, Echium plantagineum, Euphorbia heterophylla, Glaucium corniculatum, Gomphrena globosa, Hedysarum coronarium, Helianthus annuus* (Sonnenblume), *Ipomoea purpurea, Lathyrus odoratus, Lavatera trimestris, Limonium sinuatum, Lunaria annua, Mirabilis jalapa, Moluccella laevis, Myosotis palustris, Nicotiana tabacum* (Ziertabak), *Tropaeolum majus* (Kapuzinerkresse).

Stauden

Acanthus mollis, Asphodeline lutea, Campanula pyramidalis, C. ranunculoides, Centaurea montana, Centranthus ruber, Chrysanthemum leucanthemum (Margerite), *Dictamnus albus, Digitalis lutea, Gentiana asclepiadea* (weidenblättriger Enzian), *Geranium phaeum, Iris germanica* var. *florentina, I. germanica, I. sibirica, Kniphofia uvaria, Lathyrus latifolius, Lychnis chalcedonica, Malva moschata, Monarda didyma, Ranunculus aconitifolius, Trollius europaeus* (Trollblume).

Zwiebelpflanzen

Corydalis solida, Muscari botryoides (Traubenhyazinthe), *Narcissus tazetta, N. triandrus, Tulipa clusiana.*

Kletterpflanzen

Jasminum officinale, Passiflora caerulea.

Gehölze

Arbutus unedo, Hibiscus syriacus, Laurus nobilis, Myrtus communis, Prunus lussitanica, Rosa centifolia, Viburnum opulus, V. tinus, Yucca filamentosa.

Viktorianischer Vorgarten

Der Viktorianische Vorgarten ist ein Gebilde der jüngsten Zeit, das England in die ganze Welt exportiert hat. In der Folge der Industriellen Revolution zogen Menschenscharen vom Land in die Stadt auf der Suche nach Arbeit, als Angestellte in Büros, als Arbeiter in Fabriken und als Dienstpersonal für den neuen Mittelstand, und alle diese Leute brauchten Wohnraum. Daraus entstanden die Vorstädte, unermeßliche, endlose Wohngebilde mit Doppel- und Reihenhäusern, von denen jedes einen Garten davor und einen dahinter hatte. Es war auch eine Zeit zunehmenden Wohlstands, verbunden mit einem Glauben an geistigen und sozialen Fortschritt. Erstmals war die Pflege eines Gartens kein Vorrecht des Adels, der Landbesitzer und der professionellen Gartengestalter mehr, sondern erfaßte ein neues Publikum der Mittelklasse. Hier ergab sich ein enormer Markt, hungrig nach Informationen und Anleitungen zur Gestaltung, Pflanzung und Pflege.

Diesen Bedarf erfüllte vor allem ein Mann, John Claudius Loudon. Loudon schrieb in vierzig Jahren etwa 60 Millionen Worte zum Thema Garten in Büchern, die als Standardwerke galten. Er gab auch eine eigene Zeitschrift heraus, „The Gardener's Magazine", die von 1826 an erschien. Obgleich Loudon eigentlich als Schüler von Uvedale Price (1747–1829) ursprünglich als überzeugter Vertreter der malerischen Epoche des Landschaftsgartens begonnen hatte, war im Grunde weitgehend ihm das wiederauflebende Interesse am formalen Garten zuzuschreiben.

In der Zeit nach den Napoleonischen Kriegen reiste er durch Europa und war beeindruckt von den geometrischen Gartenformen, die er dort sah. In seiner „Encyclopedia of Gardening" (1822) schrieb er über den formalen Garten: „zu sagen, der Landschaftsgarten sei besser als der geometrische Garten, ist ebenso falsch, wie die Behauptung, ein Rasen sei besser als ein Getreidefeld, nur weil dieser an seiner Stelle angelegt wurde. Es ist also sinnlos, den alten Stil zu verachten ..."

Loudons Bewunderung für die erhalten gebliebenen formalen Gärten in England und Europa bereitete den Weg für die Begeisterungswelle, die in der Zeit des Histo-

rismus um 1840 dem formalen Garten neue Interessenten brachte.

Besonders interessant ist, daß diese Neubelebung zusammenfiel mit dem Anwachsen der Mittelklasse, denn die geometrischen Formen ließen sich hervorragend auf die kleinen rechteckigen Grundstücke der Vorgärten und der hinter den Häusern gelegenen Parzellen übertragen. Loudons Buch „The Suburban Gardener" (1838) war das erste Buch, das den wissensdurstigen Gartenbesitzern in der Stadt sagte, was sie zu tun hatten und Gestaltungsregeln für ihre nicht mehr als 4 m breiten Häuserfronten aufstellte. um 1850 dominierte ein Stil, der als „geometric gardenesque" bezeichnet wurde. Der Vorgarten bestand aus einem formalen Blumenbeet im Rasen mit Kieswegen und einem geraden Plattenweg zur Haustür. Der Vorgarten war, wie oftmals heute noch, ein Vorzeigeobjekt und Ausdruck der persönlichen Stellung in der Öffentlichkeit. Jeder Zierat, wie eine Statue oder eine Amphore, galten als Statussymbol. Ein exotischer Baum, etwa eine Araukarie als Mittelpunkt, bedeutete das gleiche. Das kleinste Rasenstück besagte, daß der Eigentümer Inhaber eines Rasenmähers war, eine Erfindung von 1820. Bis vor kurzem hatte man das Gras mit der Sense gemäht, aber um 1860 wurden Maschinen, die von einer Person zu bedienen waren, in Serie gefertigt und die kleinen Rasenflächen wurden pflegbar. Auch Blumenbeete, die bis dahin ganz untypisch waren, waren ein Zeichen materiellen Wohlstands ihrer Besitzer, denn jeden Sommer stopften sie sie mit Sommerblumen in schreienden Farben voll und zwar in der neuen Manier der flächigen Beetbepflanzung. Bis dahin hatte man niemals gleiche Pflanzen gruppenweise zusammengepflanzt. Dies hätte das ästhetische Empfinden verletzt und das, was als botanische Raritäten galt, zu simplen Tapeten degradiert. Die Wechselpflanzung kam um 1830 auf und wurde schnell üblich. Sie wurde möglich durch neue Pflanzen und neue Hybriden und gefördert durch die Expansion der Gartenbaubetriebe, die Dank beheizbarer Gewächshäuser in der Lage waren, Unmengen von Sommerblumen zu produzieren, die alle Anfang Juni gepflanzt werden konnten. Der

neue Stil ging einher mit einer Vorliebe für kräftige Farben in der Art, wie wir sie von Bildern der Präraffaeliten kennen und wie sie heute noch in öffentlichen Gartenanlagen üblich sind. Der Vorgarten mit seinem Feuerwerk an Farben war ein Symbol für Wohlstand. Die Blumenbeete und der neumodische Rasen waren noch einer weiteren Neuerung zu verdanken, der Wasserleitung und der Erfindung des Gartenschlauchs.

Eine Bepflanzung mit Frühlingszwiebeln war zwar möglich, aber der viktorianische Vorgarten war, abgesehen von seinen wenigen dauerhaften Elementen, lediglich etwas für die Sommermonate. Er bestand aus geometrisch geschnittenen Beeten, eingefaßt und bepflanzt – meist in Mustern – mit den neuen, leuchtend farbigen Sommerblumen.

Gegen Ende des Jahrhunderts, als die Gartengestaltung sich nach dem altenglischen Garten und der Arts and Crafts Bewegung orientierte, konnten Beete auch mit Rittersporn, Phlox und Stockrosen bepflanzt sein, die dann alljährlich mit Wikken, Levkojen, Astern und Reseden aufgefüllt wurden, während Rosen und Geißblatt die Eingangstür umrankten. In dieser Form bleibt der Vorgarten eine der verkannten Errungenschaften der viktorianischen Zeit und niemand hat bisher ein Rezept gefunden, um ihn zu ersetzen.

Gestaltung nach einem historischen Vorbild

Einen viktorianischen Vorgarten anzulegen, ist kein schwieriges oder kostspieliges Unterfangen. In den Vororten der großen viktorianischen Städte Englands – London, Newcastle, Manchester, Birmingham und Liverpool – aber auch andernorts, vornehmlich in Ländern des Commonwealth, gibt es sie noch immer oder zumindest Reste davon. Oft sind noch ihre Grundstrukturen vorhanden und warten, wieder belebt zu werden. Solche Gärten sind nicht groß: bei den meisten Doppel- oder Reihenhäusern sind es oft nicht mehr als 3 m bis zur Haustür, selten mehr als 10 m. Der Garten ist fast immer von einer Mauer umgeben, der Vorgarten meist nur von einer niedrigen, mit einem dekorativen Git-

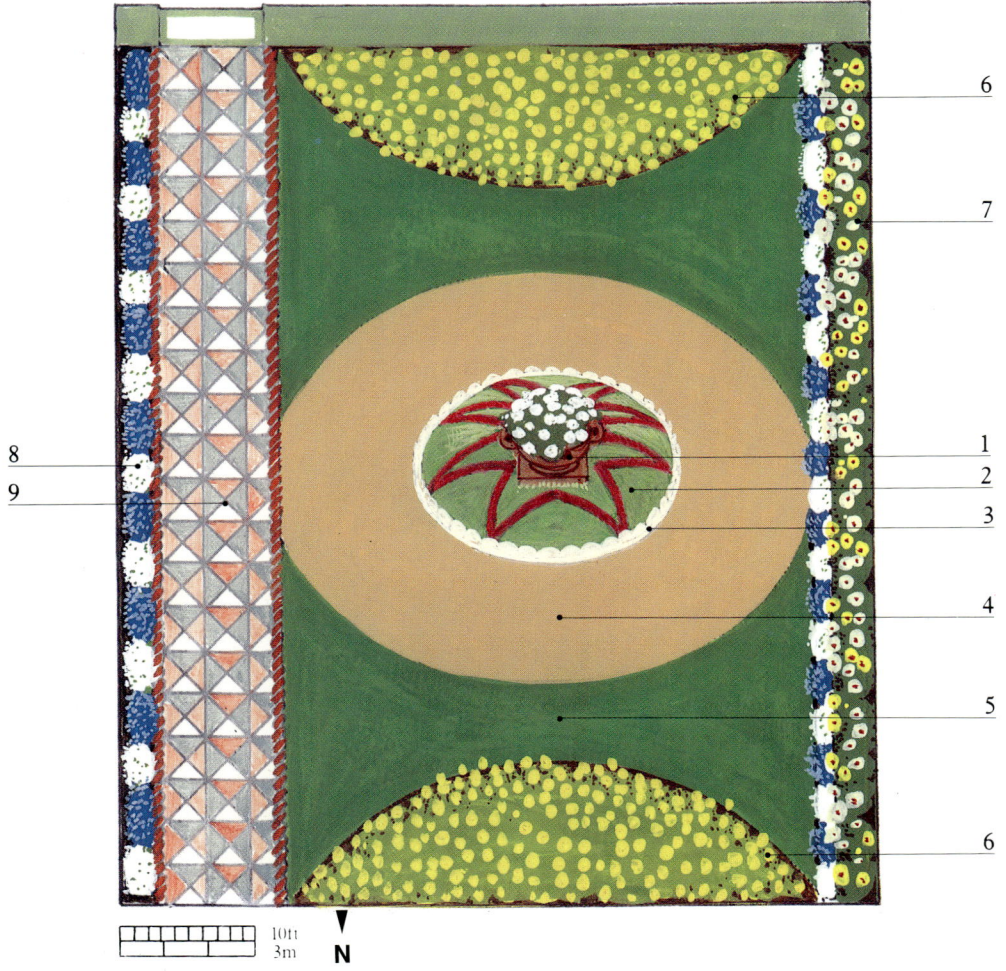

8
9

6
7

1
2
3

4

5

6

10ft
3m

N

"Gardener's Magazine" von 1835 verwendet. Die Gestaltungselemente aller Vorgärten dieser Zeit waren immer die gleichen: Rasen, Kies, geometrisch geformte Beete und ein senkrechter Blickfang in Form einer Skulptur, eines exotischen Baumes, einer Hochstammrose oder immergrüner Gehölze. Die Zeichnung (rechts) zeigt einen Versuch in ovalen Formen mit einer Art Schüssel oder Amphore für Pflanzen als Blickfang (1). Echte Gefäße aus dieser Zeit aus Gußeisen, Terracotta oder Keramik sind noch zu bekommen, sind aber teuer. Erfreulicherweise werden heute gute Nachbildungen hergestellt. Hier ist das Gefäß mit weißen Geranien bepflanzt. Das Beet in der Mitte (2) ist hügelförmig angehoben und hat eine Einfassung aus Muschelschalen (3). Es könnte wie die beiden langen Beete mit blauen Lobelien und weißem *Alyssum* eingefaßt werden. Das innere hat eine recht einfache Teppichbeetbepflanzung aus zwei verschiedenen Semperviven. Der bronzefarbene Stern besteht aus der Sorte 'Commander Hay' und die übrigen Flächen sind mit einem einfachen grünen Typ gefüllt. Alle Blütenansätze müssen sorgfältig entfernt werden. Experimentierfreudige Gärtner können es auch mit anderen Formen kleinbleibender oder kompakt wachsender Sukkulenten wie Echeverien oder *Sedum* versuchen. Das ovale Beet in der Mitte ist von Kiesflächen (4) und von Rasen (5) umgeben. Die beiden Halbovale (6) sind mit der klassischen Pflanze der damaligen Zeit, gelben Pantoffelblumen, bepflanzt. Das schmale Beet (7) entlang der einen Gartenseite ist mit einem weiteren Favoriten der viktorianischen Zeit bepflanzt, mit Stockrosen. Weiße und gelbe wären am besten, falls sie aufzutreiben sind. Sie müssen natürlich aufgebunden werden. Eine noch schmälere Rabatte (8) neben dem Plattenweg (9), der zur Haustür führt, enthält nochmals Lobelien und *Alyssum*.

Der Anteil an Blütenpflanzen, der während der übrigen Jahreszeit eindeutig zu wünschen übrig läßt, könnte erweitert werden, indem man das mittlere Beet im Winter mit Stiefmütterchen bepflanzt und an anderen Stellen Gruppen von Tulpen setzt.

ter darüber. Die Wege führen geradeaus zur Haustür und sind meist mit Platten belegt, oft gemustert. Da die Haustür meist ganz links oder ganz rechts liegt, ist an der einen Seite nur ein schmales Beet entlang der Grenzmauer. der eigentliche Gartenbereich ist zwingend rechteckig und darüber liegt das Wohnzimmerfenster, das von Spitzenvorhängen dicht verhängt ist.

Diese Vorhänge bestätigen die Behauptung, daß Vorgärten in erster Linie für die Passanten geschaffen waren. Sieht man aber nun einmal von Angeberei und Geltungsbedürfnis ab, wovon diese „Gartenschaukästen" zeugten, so hat diese Anlage eine wunderschöne, positive Seite. Der

Garten ist ein Schmuck für das Haus und jeder Garten trägt zur Lebensqualität der Nachbarschaft bei. Man war der Meinung, jede Familie sollte zur Verschönerung der städtischen Umgebung beitragen. Leider weiß man dieses Vermächtnis heute nicht zu schätzen, denn viele solche Vorgärten, einst der mühsam erarbeitete Stolz ihrer bescheidenen Besitzer, sind aufgegeben, zubetoniert oder verwildert und vernachlässigt. Eine viktorianische Häuserzeile im Hochsommer mit ihren adrett herausgeputzten Gärten voller Blüten muß jeden heiter gestimmt haben.

Für die Nachschöpfung eines solchen Gartens habe ich Entwürfe aus Loudons

Viktorianische Beetbepflanzung

Noch bis in die letzten Jahrzehnte unseres Jahrhunderts waren viktorianische Vorgärten mit Wechselbepflanzungen gestaltet. Von William Robinson (1838–1935) schon um 1850 und später von Gertrude Jekyll kritisiert, behauptete sich diese Form bis in unsere Zeit neben den neuen Staudenrabatten. Für einen kleinen Vorgarten eignet sich dieses Prinzip auch bestens.

Drei Arten waren zu unterscheiden: Die eine war die einfache, flächige Pflanzung aus Gruppen von Sommerblumen, gelegentlich sogar mit Stauden (in Töpfen gezogen und dann ausgepflanzt) in einem einzigen Beet. Eine andere war eine bandförmige Pflanzung, bei der die Pflanzen in verschiedenfarbigen Streifen, in geraden oder geschwungenen Linien oder auch in einfachen, sich mehrfach wiederholenden Mustern gegen Pflanzen in einer Hintergrundfarbe gepflanzt wurden. Die dritte Art war das Teppichbeet, das 1868 erfunden wurde und in dem nur Blattpflanzen verwendet wurden, ohne Blüten, wobei man die Pflanzen so dicht pflanzte, daß sie regelrechte

Muster ergaben, wie auf einem viktorianischen Teppich. Es wurde vor allem auf dem Kontinent sehr beliebt.

Die geometrisch geformten Beete waren häufig mit silberfarbenen Pflanzen wie *Antennaria dioica* eingefaßt oder mit roten, gelben, blauen oder weißen Blumen. Die klassische Kombination von weißem *Alyssum* und blauen Lobelien kam um 1850 auf und ist heute noch beliebt.

Etwa zwischen 1860 und 1880 kamen die neu eingeführten subtropischen Pflanzen in Mode, wie *Canna*-Hybriden, *Brugmansia*, *Caladium*, Bananen und vor allem *Begonia*-Rex-Hybriden. Von diesen Pflanzen waren nur die Formen und Farben der Blätter wichtig und die Blüten wurden sogar laufend entfernt.

Der besondere Reiz einer Wechselbepflanzung liegt darin, daß man die Pflanzen und die Muster von Jahr zu Jahr ändern kann. Wer sich damit intensiver befassen möchte, sollte sich Gartenbücher und Zeitschriften von damals vornehmen, die eine Fülle anspruchsvollster Beetmuster und Pflanzpläne für die verschiedensten Situationen enthalten. Viele Sorten, die in der

viktorianischen Zeit verbreitet waren, gibt es heute nicht mehr oder sie sind schwer erhältlich. Einige Neuzüchtungen oder Importe haben sich auf Dauer nicht bewährt, entweder, weil ihre Anzucht zu aufwendig war oder weil sie sich als extreme Wucherer erwiesen, wie *Cerastium tomentosum*, das einmal als silberfarbene Einfassung für Beete verwendet wurde.

Die wichtigsten Pflanzen für eine einigermaßen stilgerechte Beetbepflanzung, die überall erhältlich sind, sind:

Amaranthus caudatus, *Antirrhinum majus* (Löwenmaul), *Alyssum saxatile*, *Calceolaria* (Pantoffelblume), *Clarkia*, *Coreopsis*, Dahlien, *Dianthus chinensis* (Chinesernelken), *Eschscholzia*, Hyazinthen, *Pelargonium*-Zonale-Hybriden, Petunien, Salvien, Lobelien (sowohl die niedrigen blauen Sorten wie die hohen roten), Tulpen, Verbenen, *Primula*-Elatior-Hybriden, Stiefmütterchen und Veilchen.

Die im 19. Jahrhundert am häufigsten verwendeten Pflanzen für Teppichbeete waren *Alternanthera* und *Iresine*, aber einfacher zu beschaffen sind heute Echeverien, *Sedum* und Semperviven.

Rosengarten um die Zeit der Jahrhundertwende

Der englische Rosengarten ist eine Schöpfung des Regency. Rosen gehörten zwar schon seit der klassischen Antike zum Progamm eines Gartens, aber die Anlage ganzer Gartenbereiche speziell für Rosen, entstand vornehmlich zu Anfang des 19. Jahrhunderts, wo auch der erste formale Rosengarten entstand. Seinen Ursprung hatte er natürlich im 18. Jahrhundert in dem als „gardenesque" bezeichneten Stil, der die Tradition des Blumengartens trotz der Dominanz des Landschaftsgartens fortführte.

Zu Beginn des 19. Jahrhunderts waren nur etwa fünfzig Rosensorten bekannt. Sie wurden vor Gebüschen gepflanzt oder in einiger Entfernung vom Haus als eigenes Rosarium. Diese Gartenteile waren formal gestaltet, gelegentlich mit einer Felsenpartie in der Mitte, dem Vorläufer unseres modernen Steingartens. Dort wurden Zwergformen und hängende Sorten gezogen, während man andere Rosen in Gruppen pflanzte, um sie vergleichen zu können, oder als Hochstämme zog. Die große Rosenhysterie setzte um 1800 mit einer sprunghaften Zunahme der Rosensorten ein und mit Humphrey Reptons wiederentdecktem formalen Garten unmittelbar am Haus.

Die Begeisterung für Rosen stieg noch mit der Einfuhr der remontierenden Rosen aus China Ende des 18. und zu Beginn des 19. Jahrhunderts. Aus Kreuzungen dieser Rosen untereinander und mit europäischen Sorten entstanden die Bourbonrosen, die Portlandrosen und die Remontant-Hybriden. 1830 konnte eine Baumschule in London nicht weniger als 1500 Rosensorten anbieten.

Diese sprunghafte Zunahme fiel zusammen mit dem Interesse Reptons am Blumengarten und an der formalen Gestaltung. Repton begann als erster, Sondergärten für verschiedene Pflanzengruppen anzulegen und er war der erste Gartengestalter, der Formen beschrieb, die wir heute als Gartenräume bezeichnen. Mit die berühmtesten Räume dieser Art schuf er in Ashridge, Hertfordshire, wo er 1815 nicht weniger als 15 verschiedene Sondergärten schuf. Dazu gehörte auch ein Rosengarten, dessen Plan er in seinen „Fragments" (1816) veröffentlichte. Der Garten ist rund, mit einem Brunnen in der Mitte und Rosenbeeten, die strahlenförmig wie Blütenblätter davon ausgehen; der Garten ist von einem niedrigen Lattenzaun umgeben, von dem Rosenbögen aufsteigen.

Die Begeisterung für Rosengärten wurde auch angeregt durch den in Frankreich für die Kaiserin Josephine in Malmaison angelegten Rosengarten bei Haute-de-Seine (ab 1798). Jedes Beet enthielt eine andere Rosensorte und die Besucher wurden auf mehreren Wegen so durch den Garten geleitet, daß sie die Beete nacheinander betrachten konnten. Kletterrosen standen anfangs im Vordergrund des Interesses, bekleideten Säulen, Bogen und Pergolen. Trotz der napoleonischen Kriege hatte dieser Garten einen enormen Einfluß auf die Entwicklung und Verbreitung von Rosengärten in England.

Diese frühen in sich geschlossenen Rosengärten waren angefüllt mit alten Sorten, wie sie in den berühmten Stichen von Pierre-Joseph Redouté (1759–1841) abgebildet sind, der in seinem Buch „Les roses" die Rosensorten von Malmaison darstellte. Ihre Farben waren delikat und sanft: blasses Rosa und Weiß, Pflaumenfarben und samtiges Karmesin, dazu kamen um die Mitte des Jahrhunderts zarte Gelbtöne. Dann aber kamen diese Farben aus der Mode, stattdessen kamen nach viktorianischem Geschmack knallbunte Beetblumenfarben auf und der Rosengarten mußte aus der Nähe des Hauses verschwinden. Erst am Ausgang des Jahrhunderts, als die leuchtend orange- und scharlachfarbenen Sorten eingeführt wurden, durfte er wieder seine ehemalige prominente Position einnehmen.

Gertrude Jekyll begann als erste, Rosen ganz anders zu sehen. Sie betrachtete sie nicht als einzelne Exemplare, die man sammeln konnte, sondern als Teil von schönen Gartenbildern. Folglich empfahl sie, gemäß dieser malerischen Auffassung, Rosen immer vor einem dunklen Hintergrund zu pflanzen, um ihre feinen Farben zur Geltung zu bringen. Außerdem sollten Rosen wegen der Schönheit ihres Wuchses, nicht nur wegen der Größe der einzelnen Blüten kultiviert werden. Sie brachte die alten Rosen wieder – die Centifolien, die Alba-, Damaszener- und Gallica-Rosen und sie kultivierte auch Wildrosen. Ihre Gartenpläne enthielten das gesamte Repertoire an Pergolen, Lauben, Säulen, Bogen, Kaskaden und Girlanden und sie bestand weiter darauf, daß strenge architektonische Formen gebrochen werden mußten, indem man Wildrosen und Kletterrosen über Zäune, Mauern, Bäume und Balustraden wachsen ließ. Man sollte nicht vergessen, daß sie die damals neuen kräftigen Flammenfarben, die lebhaften Orange- und Scharlachtöne begrüßte, die heute so überhandgenommen haben, daß wir sie nicht mehr mögen.

Gestaltung nach einem historischen Vorbild

Dieser Garten ist im Geist von Gertrude Jekyll entworfen, das heißt verschiedene Elemente aus Hestercombe in Somerset, einem ihrer berühmtesten Gärten, werden kombiniert.

Hestercombe liegt auf einem Hügel mit weitem Blick über Taunton Deane zu den Blackdown Hills. Erstmals seit ihrer Verbindung mit Sir Edwin Lutyens haben die beiden hier volle Freiheit erhalten, ihre Vorstellungen zu verwirklichen. Der Plan von 1906 konzentrierte sich auf ein großes versenktes Parterre, umgeben von höher gelegenen Wegen und Terrassen mit Pergolen. Es war kein Rosengarten, wenngleich unter den Pflanzen, die die Pergola beranken, auch Rosen sind. Entfernt von diesem Senkgarten und in der Nähe einer schönen Orangerie von Lutyens entwarf Gertrude Jekyll einen sogenannten holländischen Garten mit silber- und graulaubigen Pflanzen, die über formal gestaltete Beete zwischen roh behauenem Naturstein wuchern. Daraus kommt die Anregung für die drei runden Pavillons (1) in den Zwickeln meines Plans, mit einer Lieblingskombination von Gertrude Jekyll, die auch heute noch sehr beliebt ist, nämlich silbergrauen Pflanzen mit Rosen. Der Garten in Hestercombe wird seit 1973 restauriert und ist das derzeit vollständigste und beste Beispiel für ihre Kunst.

Der Garten hier ist ein Kreisviertel. Er ist umgeben von einer Stützmauer (2), etwa 1 m hoch, über die das Land und die Felder dahinter zu sehen sind. An der Ost- und Nordseite ist der Garten nach echter Jekyll-Art von einer Eibenhecke (3) begrenzt, die in Abständen durch Pfeiler (4) gegliedert ist, mit einem Zugang (5) an der Ostseite. Es ist ganz einfach, diesen Plan zu einem Quadrat zu erweitern, indem man einfach einen vierten silbergrauen Pavillon in das leere Feld einfügt. In der Mitte des Gartens steht eine Urne (6) oder ein anderes Gartenornament, eingefaßt von einem Beet mit Katzenminze (7), deren weiches, wogendes graues Laub zusammen mit Lavendelblüten diesen Blickpunkt umspielt und über die niedrige Einfassung aus beschnittenen *Santolina* (8) schwingt. Ein Rasen (9) reicht bis zu einer kreisförmigen Pergola (10) aus einfachen Hölzern, die einen Weg überspannen (11) und zu beiden Seiten mit *Stachys lanata* bepflanzt ist. Die Pergola muß 2 m hoch sein, damit man frei darunter durchgehen kann und die Querbalken über den Zugängen müssen so

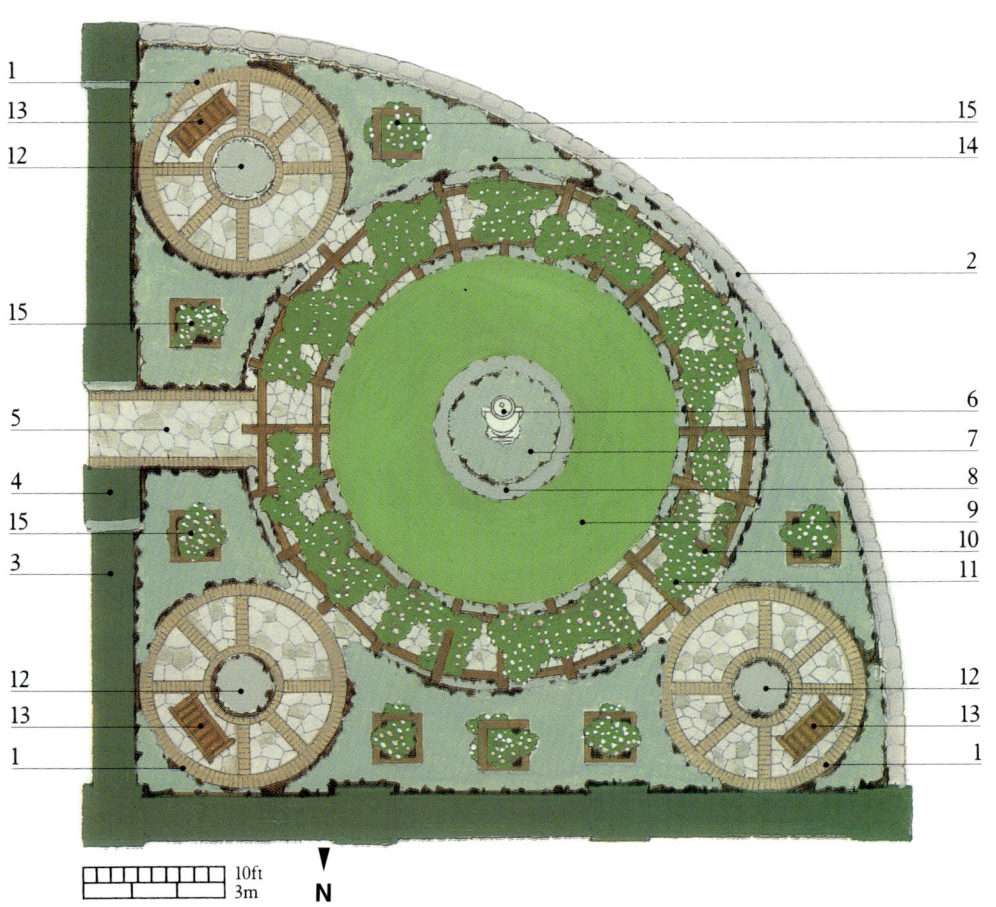

1
13
12
15
5
4
15
3
12
13
1

15
14
2
6
7
8
9
10
11
12
13
1

10ft
3m

▼
N

kräftig und lang genug sein, daß an diesen Stellen keine Stützen nötig sind. Die Farbe der Rosen im Garten beschränkt sich hier auf Rosa, Weiß, Creme oder in diesen Farben gestreifte Formen. Natürlich sind auch andere Farbstellungen möglich. Die drei Rundungen in den Zwickeln sind mit Ziegeln, Naturstein oder Phantasiepflaster belegt und ebenso natürlich der Umgang unter der Pergola. Die Mittelbeete (12) enthalten silbergraulaubige Pflanzen, die den Blick nicht behindern, wie Lavendel, *Ballota* und *Artemisia*, in den Ecken sind Bänke aufgestellt (13), damit man den Blick in Ruhe genießen kann. In den übrigen Beeten (14) stehen Rosen an Rankgittern (15) und die Beete sind mit größeren silbergraulaubigen Pflanzen wie *Senecio* oder *Phlomis* bepflanzt, die das ganze Jahr über gut aussehen.

Alte Rosen der Jahrhundertwende

Um einen Rosengarten aus der Zeit vor 1914 anzulegen, ist es nötig, einen Lieferanten für diese Sorten zu finden. Von den Sorten, die Gertrude Jekyll am häufigsten verwendete, dürften die folgenden auch heute noch erhältlich sein: als Kletterrosen 'The Garland' (1835), 'Mme Plantier' (1835) und 'Aimee Vibert' (1982): für die Rosenbeete 'Blanc Double de Coubert' (1892) und 'Mme Abel de Chanteney' (1895). Beliebt waren außerdem: 'Mme Caroline Testout' (1890), 'Marie van Houtte' (1871), 'Lady Hillingdon' (1910), 'Hugh Dickson' (1905) und 'Frau Karl Druschky' (1901).

Eine gute Baumschule, die sich auf alte Rosen spezialisiert hat, führt mehrere hundert Sorten und ein guter Teil des Vergnügens an der Planung eines stilechten Rosengartens be-

steht in der richtigen Auswahl und Kombination der Pflanzen nach Größe, Farbe, Duft und Blütezeit. Für meinen Plan in Rosa, Creme und Weiß kann ich lediglich eine Liste der Rosen geben, die ich empfehlen kann.

Für die Pergola
'Félicité et Perpétue' (1827), Kletterrose. Große Blütenstände mit ziemlich kleinen, cremeweißen Blüten; je nach Standort immergrün, Blütezeit Hochsommer.

'Mme Alfred Carrière' (1879), Noisette-Hybride, Kletterrose, rosigweiße bis weiße, gefüllte, runde Blüten; gesund; für eine Nordwand geeignet.

'Mme Caroline Testout' (1870), kletternde Tee-Hybride; kräftige, gesunde Sorte, rosa gefleckt mit dunklerer Mitte; große, stark duftende Blüten.

'Mrs Herbert Stevens' (1910), kletternde Tee-Hybride; weiß, duftend, kräftig.

'Sanders White Rambler' (1912), reinweiße Rosettenblüten, kräftiggrünes Laub.

'Tea Rambler' (1904), Kletterrose. Lachsfarbene, kleine, gefüllte Blüten in Büscheln, duftend; kräftig.

'The Garland' (1835), Moschata-Hybride; kräftige, wüchsige Kletterrose. Blütezeit Früh- bis Hochsommer; Mengen kleiner, halbgefüllter, fast margeritenähnlicher Blüten, cremeweiß, rosa überhaucht, stark duftend.

'Gerbe Rose' (1904), Kletterrose; kräftige, große gefüllte Blüten, hellrosa erblühend; schwacher Duft.

'Paul's Lemon Pillar' (1915), kletternde Tee-Hybride; riesige weißliche, zitronengelb überhauchte Blüten; duftend; wüchsig.

'Climbing Souvenir de la Malmaison' (1839), kletternde Bourbon-Rose, liebliche rosa-weiße Blüten mit dunklerer Mitte; duftend; verträgt Regen schlecht.

Für Beete mit einem Stützgerüst
'Blanc Double de Coubert' (1892), Rugosa-Hybride, wunderschöne rein weiße, papierartige Blüten; Hagebutten im Herbst.

Rosa × *alba* 'Maxima' (16. Jahrhundert), cremeweiß mit rosa Flecken im Inneren.

'Boule de Neige' (1867), Bourbon-Rose; glänzendes Laub; cremeweiße, stark gefüllte Blüten; Hagebutten.

'Zephirine Drouhin' (1868), Bourbon-Rose; halbgefüllt, kirschrosa Blüten.

'Louise Odier' (1851), Bourbon-Rose; Kamelienähnliche, kräftig rosafarbene Blüten.

'Great Maiden's Blush', Alba-Hybride, schon vor dem 15. Jh. entstanden; blaugraue Blätter; gefüllte rosa Blüten; starker Duft.

'Mme Hardy' (1832), Damaszener-Rose; gefüllte, fast reinweiße Blüten mit grünem Auge.

Die Gestaltungselemente des architektonischen Gartens

Nun sind die verschiedenen Möglichkeiten zu betrachten, die sich bieten, wenn man heute einen formalen Garten anlegen möchte. Unter Berücksichtigung der Realitäten der heutigen Zeit gehe ich davon aus, daß die verfügbaren Flächen klein sind – kaum größer als 15 ar und oft noch kleiner; daß die finanziellen Mittel beschränkt sind oder über mehrere Jahre verteilt werden müssen; und daß der Eigentümer größtenteils sein eigener Gärtner ist. Dies sind die Voraussetzungen, unter denen ich die Beispiele in diesem Kapitel zusammengestellt habe und ebenso die Gartenpläne im folgenden Kapitel.

Hier sollen einerseits die Gartenelemente vorgestellt werden, die für die Anlage eines formalen Gartens oder Gartenteils geeignet sind und andererseits gesagt werden, unter welchen Bedingungen sie geeignet sind. Ich zeige jeweils eine traditionelle Art der Verwendung und versuche zugleich, Hinweise auf den Arbeitsaufwand und die damit verbundenen Kosten zu geben – beides wichtige Überlegungen bei der Auswahl der Gestaltungsmittel für einen Garten. Figurenbäumchen, beispielsweise, sind dank moderner Geräte heute eine erstaunlich preiswerte und wenig arbeitsaufwendige Gartenkunst, erfordern aber einen erheblichen Aufwand an Geduld; Blumengärten, andererseits, wunderschön und zwar in kürzester Zeit, können kostspielig und arbeitsaufwendig sein.

Weiter sollen hier einige bemerkenswert gut gelungene Beispiele aus neueren formalen Gärten gezeigt werden, die eine besondere Idee oder Aussaage zu einem bestimmten Thema beizutragen haben. Einige Bilder zeigen Gartenansichten, die ganz einfach auf andere Grundstücke übertragbar sind. Die Einfachheit und Frische des kleinen holländischen Wassergartens (Seite 69) ist ein solches Beispiel und ebenso der kleine Rosengarten (Seite 83), dessen Bogen und schlichtes Pflaster den idealen Rahmen für wogende Wolken von rosa und weißen Blüten bilden. Und wer wollte nicht, wenn er einen Gemüsegarten plant, dem Schweizer Bauerngarten (Seite 96) nacheifern, mit seinem Staketenzaun und den zauberhaften Blumen- und Gemüsebeeten? Andere Aufnahmen zeigen besonders hübsche Details, wie die Buchsrauten (Seite 93) voller Küchenkräuter, die auf einem Stückchen Boden vor nahezu jeder Küchentüre nachgemacht werden können, vorausgesetzt, sie liegt an der Südseite.

Wer einen Sitzplatz im Garten hat, wird nur schwer den dem Platz zugeordneten Figurenbäumchen (Seite 66) widerstehen können und außerdem ist eine Fülle von Pflanzbeispielen zu finden, wie die überraschende Kombination von rosa Rosen und *Sedum spectabile* (Seite 77) oder die buntlaubigen *Hosta*, die einen schattigen Weg besonders feinsinnig säumen (Seite 81).

So werden hier einige der gelungensten formalen Gärten, die es heute gibt, gezeigt, lebende Zeugen dafür, daß die Freuden in einem formalen Garten das ganze Jahr hindurch nicht nur vom Frühling bis zum Sommer, sondern bis zum Herbst und Winter dauern. Sie zeigen die Lebendigkeit der Tradition und – was nicht immer erkannt wird – daß der formale Garten sehr wohl zu modernen Wohnformen paßt. Alle hier vorgestellten Gärten wurden in diesem Jahrhundert angelegt, viele während der letzten 15 Jahre und im Grunde genommen sind sie alle innerhalb dieser Zeitspanne zu gestalten. Das sollte wahrlich Anregung genug sein.

Links: Ein prächtiger Durchblick von einem Weg durch eine Laube, zwischen Hecken über eine spiegelnde Wasserfläche zu einer Büste auf einer Säule.
Oben: Eine Skulptur als Blickfang, niedrige Hecken gliedern die Flächen, als interessante Begrenzung zum Nachbarn ein Obstspalier.

Parterres und Knotenbeete

Links: Dieses Knotenbeet, ein Ausschnitt aus einem größeren Garten, ist quadratisch, 4 m breit und lang. Die Bänder bestehen aus grünem und goldfarbenem Zwergbuchs und umschlingen eine Raute aus Gamander (*Teucrium*) und eine kugelige *Phillyrea angustifolia* in der Mitte. An den Stellen, wo die Hecken sich kreuzen, sind sie sorgfältig geschnitten, so daß sie unter- und übereinander zu laufen scheinen.

Rechte Seite: Die Probleme eines langen, schmalen Gartens in der Stadt lassen sich bestens durch ein Parterre lösen, dessen schwingendes Barockmuster aus den Wohnräumen im 1. Stock betrachtet werden kann. Farbe gibt es im Sommer durch die Füllung der Zwischenräume mit Blumen. Die Strenge wird durch die Laubfülle der Bäume und Sträucher zu beiden Seiten gebrochen.

Das Parterre, ein dekorativer Garten in symmetrisch geometrischem Muster auf einer Ebene, gehört seit mehr als 500 Jahren zum Garten-Repertoire und es ist heute noch so effektvoll wie zur Zeit seiner Erfindung. Im 17. Jahrhundert unterschied man verschiedene Formen: das parterre de broderie oder Broderie-Parterre, das meist aus Buchs bestand und mit Rasen oder farbigen Erden ausgefüllt war (Seite 38–39); die englische Form, das parterre à l'anglaise, bestand aus einfachen geometrisch geformten Rasenflächen mit einer Statue in der Mitte. Wenn in den Rasen aufwendige Muster geschnitten waren, nannte man es gazon coupé. Die Parterres wurden durch den Landschaftsgarten im 18. Jahrhundert verdrängt, kamen aber im letzten Jahrhundert wieder auf.

Knoten, die historisch vor den Parterres entstanden, sind Muster aus fortlaufenden, ineinander verschlungenen Pflanzenbändern. Die Pflanzen dafür waren Thymian, Rosmarin, Buchs, Gamander, aber im 16. Jahrhundert konnten die Knoten auch ebensogut aus Knochen, Ziegeln und Kieselsteinen bestehen. Anfang des 17. Jahrhunderts hatte der Begriff seine ursprüngliche Bedeutung verloren und das Knotenbeet stand einfach für ein Viertel eines rechteckigen, von geraden Wegen in vier Teile geteilten Gartens. Heute wird die Bezeichnung für jede formale Gestaltung mit Zwergbuchs oder anderer Bepflanzung verwendet, die in irgendeiner Weise dem alten Knotenbeet gleicht.

Als Gartenform haben Knotenbeet und Parterre auch heute noch ihre Berechtigung, obgleich sie eigentlich immer auf einen historischen Entwurf zurückgehen. Ich habe noch nie ein modernes Knotenmuster gesehen, es wäre aber durchaus möglich, eines zu erfinden. Parterres müssen nicht in schwingenden Barockformen gestaltet sein und ich zeige hier bewußt Entwürfe nach Vorlagen des Art Deco, der Op Art oder abstrakter Malerei (Seite 128–131).

Nicht immer ist es möglich, auf ein Parterre oder ein Knotenbeet hinunterzusehen. Es gehört aber eigentlich dazu und es erleichtert das Erfassen des Musters und der Symmetrie, vor allem wenn die Gestaltung durch eine Frühlings- oder Sommerbepflanzung unterstrichen wird. Man kann aber auch auf eine Bepflanzung ganz verzichten und die Formen zwischen den Hecken mit farbigem Kies oder Sand füllen, oder die Strenge des Musters durch eine freie Bepflanzung auflockern, beispielsweise mit etwas höheren Rosen, die sich über die Hecken neigen und ihre strengen Linien unterbrechen.

Die Lichtwirkung auf den senkrechten und ebenen Flächen eines Parterres ist ausschlaggebend für seine Wirkung. Beobachten Sie den Lauf der Sonne, wenn Sie ein Parterre planen und bedenken Sie die Auswirkung auf Ihren Plan. Das Licht belebt und betont die senkrechten Flächen, die umschlossenen Räume und das gesamte Muster in geradezu aufregender Weise und außerdem kommt im Licht die Oberflächenbeschaffenheit der verschiedenen Heckenpflanzen, das pelzig-weiche Laub von *Santolina* oder die glänzenden Miniblättchen des Buchs erst richtig zur Geltung.

Alle diese Lösungen erfordern unterschiedlichen Pflegeaufwand im Laufe eines Jahres, vom einfachen Knotenbeet, das minimale Düngung und einmaligen Schnitt verlangt bis zum Parterre, das laufend reich bepflanzt werden soll und eine höchst arbeitsaufwendige Angelegenheit ist. Das Angenehme an beiden ist, daß die Muster von Beginn der Pflanzung an schön aussehen. Nach etwa fünf bis acht Jahren sind sie dann zum Kunstwerk herangewachsen.

Rechts: Der Entwurf für dieses ungewöhnliche, informelle sechseckige Knotenbeet ist William Lawsons Werk „The New Orchard and Garden" (1618) entnommen. Das Muster stellt einen sechszackigen Stern dar, der aus zwei Dreiecken zusammengesetzt ist; das eine ist aus grünem Zwergbuchs, das andere aus silbergrauer *Santolina*. Lavendelbüsche verbinden die Spitzen des Sterns. In den Zwischenräumen ist eine lockere, gemischte niedrige Bepflanzung in Rosa, Hellgelb und Weiß. Der kleine Putto in der Mitte käme auf einem Sockel besser zur Geltung.

Links: Strahlenförmig stehen hier Buchshecken um eine Sonnenuhr. Die Hecken bilden eine feste Struktur für eine gemischte Staudenpflanzung in Blau, Rosa und Weiß. Dieses Beetmuster würde sich auch ebensogut für eine flächige Bepflanzung mit Tulpen im Frühling und eine Wechselbepflanzung in den Sommermonaten eignen. Es könnte auch einen hervorragenden Kräutergarten abgeben.

Rechte Seite: Dieses erst kürzlich gepflanzte quadratische Knotenbeet (9 m^2) enthält ganz einfache geometrische Formen: ein inneres und ein äußeres Buchsquadrat, unterbrochen durch einen Kreis und vier Halbkreise. Das ist ein kräftiger Rahmen, für eine Sammlung vornehmlich amerikanischer Pflanzen, die bereits Vater und Sohn John Tradescant, Gärtner unter Karl I. und der Königin Henrietta Maria, bekannt waren.

Oben: Größere vorhandene Bäume können in eine strenge formale Gestaltung einbezogen werden, ohne daß sie störend wirken. Der alte Baum stört hier in keiner Weise die klassische Symmetrie dieses Parterres, dessen Pflegeaufwand minimal ist. Vier mit Buchs umrandete Beete umgeben einen kleinen Springbrunnen und vier massive Eibenkegel wirken monumental durch ihr Gewicht, ihre Form und ihre Höhe. Zugleich bilden sie einen interessanten Kontrast zur Waldlandschaft im Hintergrund jenseits des Zauns. Die Beetviertel sind mit immergrünen Bodendekkern bepflanzt, durch die im Frühling unbehindert Zwiebelpflanzen stoßen können.

Oben links: Herrliche barocke Arabesken zeigen, welche aufregende Wirkung durch Buchshecken in unterschiedlichen Abständen erzielt werden kann. Dabei ist immer sorgfältig zu bedenken, wie die Mäharbeit zu bewältigen ist. Keine Probleme gibt es, wenn man anstelle von Gras farbigen Kies verwendet.

Links: Versuch, ein parterre à l'anglaise vom Ende des 17. Jahrhunderts zu rekonstruieren, kurz nach der Pflanzung. Buchshecken in Doppelreihen umschließen die mit Gras gefüllten Flächen. In diesem Garten sind keine vertikalen Akzente und keine Blumen, sondern seine Wirkung beruht einzig auf seinem flächig angelegten Muster.

Oben rechts: Ein ungewöhnliches, riesiges Buchsparterre umrahmt eine Rasenfläche. Im Grund ersetzt dieses Parterre die an dieser Stelle normalerweise übliche, aber sehr arbeitsaufwendige Gehölz- oder Staudenrabatte durch einen pflegeleichteren Rahmen. Eine solche Wirkung läßt sich auch in kleinerem Maßstab erzielen.

Rechts: Dieses Knotenmuster wurde vor etwa 7 Jahren angelegt. Es besteht aus Buchs und Gamander, umgeben von einer Hecke aus *Santolina*. Es ist interessant, dieses Muster mit dem von Seite 54 zu vergleichen, das nach der gleichen Vorlage entstand, aber völlig andere Größenverhältnisse und Gehölzerziehung aufweist.

Oben: Ein einfaches Buchsparterre unter einem alten Apfelbaum. Die freie Bepflanzung lockert den formalen Rahmen auf. Dieses Muster ist gut auf ein kleines Grundstück übertragbar und würde dort den ganzen Garten ausmachen. Man müßte dann aber durch ein hohes Element in der Mitte den Verlust der alten Bäume ausgleichen.

Darunter: In Amerika haben formale Gärten oft ihren besonderen Reiz in der scheinbaren Formlosigkeit. Hier wird zwar auch der übliche Zwergbuchs verwendet, aber er ist nur leicht beschnitten, so daß die runden Formen ganz anders wirken als die dichten, scharfkantigen und rechtwinkligen Formen, die bei uns üblich sind.

Oben rechts: Kies wirkt in einem Parterre kontrastreicher als Gras, was besonders deutlich wird, wenn man dieses Bild mit dem auf der gegenüberliegenden Seite links unten vergleicht. Das Muster mit senkrechten Akzenten aus einfachem Buchs ist beidseits des Mittelweges gleich.

Darunter: Ein kleines Buchsparterre mit einer Steinurne in der Mitte. Das Barockmuster wird in den vier Ecken jeweils wiederholt. Die Urne würde besser wirken, wenn sie am Fuß etwas üppiger bepflanzt wäre. Auch im Buchsparterre selbst könnten ein paar symmetrisch plazierte Hochstammrosen reizvoll wirken.

Links: Im Sommer liegt das Sonnenlicht warm und mit harten Konturen auf dem Parterre. Das Grün ist frisch und üppig. Blumen bringen ergänzende Farbe, die alljährlich anders sein kann, wenn man Sommerblumen verwendet. Das mit Grasflächen ausgefüllte Parterre erhält hier seine sommerliche Zusatzfarbe durch ein zentrales Beet mit Begonien. In dieser Gestaltung wirken die geschorenen Grasflächen als etwas Besonderes, wie im 17. Jahrhundert, wo kurzgeschorener Rasen niemals betreten, sondern bewundert wurde wie Blumen.

Oben: Zu keiner Jahreszeit kommen die Vorzüge eines Parterres so schön zur Geltung wie im Winter, wo die geometrischen Strukturen auch bei trübstem Wetter wirkungsvoll sind und bei Sonne regelrecht strahlen. Im Winter zeigt sich, wie wichtig skulpturale Elemente im Garten sind, um dem Auge, solange es keine Blumen gibt, etwas zu bieten. Gerade dann wirken auch die kräftigen Hekkenkonturen vor dem gittrigen Muster von Bäumen und Sträuchern besonders kontrastreich, während andererseits die wenigen Farben einige Ansprüche an den Farbensinn des Betrachters stellen. Mit Schnee bedeckt, kann ein Parterre bezaubernd aussehen, als sei es aus Zuckerguß geformt. Buchs ist widerstandsfähig genug, um größere Schneelasten zu tragen.

Formschnitt und Figurenbäumchen

Oben: Klassische Figurenbäumchen, wie sie zur Zeit der Arts and Crafts-Bewegung gezogen und bewundert wurden, flankieren symmetrisch den Zugang zu einem strohgedeckten Cottage. Es dauert zwar mindestens 15 Jahre, bis solche Figuren vollständig ausgeformt sind, aber das Ergebnis ist dann natürlich einzigartig und wird Jahr für Jahr besser, wenn die Belaubung immer dichter wird.

Rechte Seite: Einfache, vollendet geformte geometrische Figuren betonen die Senkrechte in dem Buchs-Parterre. Auch ohne Sommerbepflanzung wirkt der Garten insgesamt wunderbar ausgewogen im Muster wie in der Licht- und Schattenwirkung.

Formschnitt, mit dem englischen Fachbegriff „Topiary" bezeichnet, besteht aus einer Erziehung durch Schnitt. Die Vielfalt an möglichen Formen und verwendbaren Pflanzen ist riesig. Verwendbar sind Bäume und Sträucher wie Lebensbaum (*Thuja*), Wacholder (*Juniperus*), Eibe (*Taxus baccata*), *Phillyrea*, Stechpalme (*Ilex*), Feuerdorn (*Pyracantha*), Liguster und Buchs (*Buxus sempervirens*), aber auch Kleingehölze, die sich gut schneiden lassen, wie Lavendel, Rosmarin, Heiligenkraut, Gamander und sogar Efeu, den man über vorgeformte Drahtrahmen wachsen lassen kann. Formschnitt kann sehr vielgestaltig sein, von den kompliziertesten Figuren eines ganzen Schachspiels aus Eiben bis zu den einfachsten Formen. Leicht übersieht man, daß ja auch jeder Heckenschnitt dazugehört. Formschnitt gehört mindestens seit römischer Zeit zum Gartenrepertoire. Im 1. Jahrhundert v. Chr. berichtete Plinius der Jüngere, daß ganze Szenen aus Zypressen geformt wurden und daß man Buchs verwendete, um den Namen des Eigentümers vor der Villa „anzuschreiben". Die Kunst wurde zwar auch im Mittelalter gepflegt, meist in Form einzelner Figuren in Kübeln, aber eine echte Renaissance erfuhr sie im 15. Jahrhundert in Italien. Das Werk „Hypnerotamachia Polyphili" (1499) enthält die ersten gedruckten Entwürfe für Topiary und sollte beträchtlichen Einfluß auf die Gartenkunst des Jahrhunderts bekommen.

Im Frankreich des 17. Jahrhunderts wird der Figurenschnitt zum wesentlichen Element formaler Gartenarchitektur; dort wurden ganze Gärten aus unterschiedlich hohen Hecken und einzelnen geometrischen Formen aus immergrünen Gehölzen wie Eibe, Stechpalme, Buchs, Lorbeer, Kirschlorbeer und *Phillyrea* gebildet.

Während des folgenden Jahrhunderts, in dem der Stil des Landschaftsgartens in der Gartengestaltung dominierte, war Formschnitt der Inbegriff des Unmodernen. Vieles wurde damals beseitigt, vor allem in England, aber auch im übrigen Europa, obwohl dort die formale Tradition fortbestand. In England kam das Interesse am Formschnitt erst im 19. Jahrhundert wieder auf und die Folge davon ist, daß der Begriff „Topiary" in England heute fälschlicherweise immer mit den grotesken Figuren mancher viktorianischer Gärten in Zusammenhang gebracht wird.

Als Folge der beiden Weltkriege, mangelnder Arbeitskräfte und sich wandelnder Gartenmoden geriet der Formschnitt für mehr als ein halbes Jahrhundert in Vergessenheit. Erst in den vergangenen Jahren wurden ernsthafte Versuche unternommen, diese fast vergessene Gartenkunst neu zu beleben. Glücklicherweise machten sich in Amerika diese Widrigkeiten nicht so bemerkbar und dort entwickelten sich für das Topiary auch dem Klima gemäß eigenständige Ausdrucksformen und Verwendungsmöglichkeiten. Diesbezüglich besonders reichhaltige Gärten, seit Anfang dieses Jahrhunderts neu gestaltet oder restauriert, sind die Villa Vizcaya in Miami, der Garten von Thomas Brayton in Rhode Island und Filoli in Kalifornien.

Im formalen Garten von heute kann der Formschnitt eine ganz unterschiedliche Rolle spielen, vom einzelnen Figurenbäumchen bis zu einer vollständigen Gestaltung mit geschnittenen Hecken. Moderne Geräte erleichtern heute den Schnitt auch komplizierterer Figuren beträchtlich. Die Erziehung einzelner Figuren ist natürlich relativ teuer, aber das Ergebnis wird den Aufwand lohnen.

Rechts: Einfache Buchskegel und niedrige Kugel-Hochstämme bilden senkrechte Akzente in einem Parterre. Die Fingerhüte, die sich überall versamt haben, wirken nicht störend in der Architektur, deren Muster spiegelbildlich zu beiden Seiten eines vom Haus ausgehenden Weges liegen.

Unten: Ein amerikanisches Beispiel ist der restaurierte Garten aus dem 18. Jahrhundert in Williamsburg, Virginia. Die kleinen unprätentiösen Gärten wirken wundervoll frisch und heimelig, was sich beispielsweise in der Mitte des Bildes an der Henne, die auf ihren Eiern brütet, zeigt.

Rechte Seite: Buchskegel und Kugelhochstämme in einem ursprünglich von 1701 stammenden, neu angelegten Parterre. Die mit Buchs eingefaßten Beete sind gefüllt mit buntblättrigem und purpurfarbenem Salbei, *Festuca ovina* var. *glauca, Echium creticum, Calendula officinalis, Lilium pyrenaicum* und *Iberis sempervirens*. Jenseits des Parterres setzt sich die Symmetrie des Gartens mit den vier schirmförmig geschnittenen Kronen von *Prunus lusitanica* fort. Auf kleinere Maße reduziert, könnte dies einen hübschen kleinen Garten ergeben: den pflegeaufwendigen Rasen könnte man durch Pflaster oder Kieswege ersetzen.

Linke Seite: Zwei Buchsspiralen – Meisterwerke des Figurenschnitts – betonen die Symmetrie an diesem Sitzplatz vor einer mit *Clematis* bewachsenen Mauer. Solche Spiralen brauchen Zeit, aber schneller wachsende Eibenkegel oder zwei Spiralen, über die Efeu gezogen wird, können ähnlich wirken.

Unten: Zwei zu Kugelbäumen geschnittene *Prunus lusitanica* flankieren eine Gartenbank, fungieren zeitweise im Lauf des Tages als elegante Sonnenschirme und schaffen ein ausgewogenes Gartenbild. Kugel- oder schirmförmige Bäume sind ausgezeichnete Mittel, um Höhe und Substanz in einen kleinen Garten zu bringen, ohne die Probleme, die der Schatten eines großen, ausgewachsenen Baumes macht.

Links: Ein höchst origineller Torbogen in einer Buchenhecke. Buche ist ein relativ schnell wachsendes Gehölz, das sich besser für den Schnitt eignet, als allgemein angenommen wird.

Links: Die Eibe wird immer die Königin der Heckenpflanzen für immergrüne Architektur bleiben und ein idealer Hintergrund für Blumen. Ein Bild wie dieses braucht 15 Jahre oder länger, bis es vollendet schön ist, aber das Ergebnis entschädigt für die lange Wartezeit.

Links: Der Vogel aus *Lonicera nitida* in einem Kübel zeigt, welche Möglichkeiten bewegliche Figurenbäumchen als Höhepunkt oder Akzent in einer Gestaltung bieten. Holländische und belgische Baumschulen bieten solche wunderlichen mehr oder weniger geschmackvollen Gebilde an.

Wasser

Links: Das Wasser als spiegelnde Fläche, in der der Himmel mit den Wolken und zwei steinerne Fruchtkörbe zu sehen sind, faßt diesen Garten zu einer großen, ruhigen Einheit zusammen. Die ausgewogene Bepflanzung zu beiden Seiten bildet eine vollendete Harmonie.

Rechte Seite: Eine moderne Version des klassischen „parterre d'eau" zeigt mit strengen, rechteckigen Wasserbecken, geschnittenem Buchs und Klinker- und Plattenwegen Anklänge an ein Bild von Mondrian. Durch die Verwendung von Wasser, beispielsweise in einem Miniaturkanal, kann man die perspektivische Wirkung betonen.

Wasser spielt seit der Antike eine wichtige Rolle in der Gartengestaltung, aber erst in der Renaissance, mit den Fortschritten in der Wasserbautechnik wurde es möglich, den Wasserdruck für die anspruchsvollen Wasserspiele oder „giochi d'acqua", wie sie genannt wurden, ausreichend zu erhöhen und damit zu einem wichtigen Gestaltungselement für den formalen Garten zu machen.

Als man die neue Technik mit der neuesten Architektur und Skulptur kombinierte, entstanden innerhalb kürzester Zeit die vielerlei Fontänen, Brunnen, Kaskaden, Grotten und Kanäle. Während der ganzen Renaissance- und Barockzeit war dann das Wasser die Grundlage für jede Gartengestaltung.

Im formalen Garten wurde Wasser auf zweierlei Art verwendet. Entweder in einer ruhigen, zurückhaltenden Form mit ungebrochenen Flächen, die den Himmel und die umliegenden Gebäude widerspiegelten, bekannt als „miroir d'eau" oder „Parterre d'eau". Das berühmte Wasserparterre der Villa Lante in Bagnaia, Italien, aus der Mitte des 16. Jahrhunderts und der Grand Canal in Versailles, Frankreich, aus der Mitte des folgenden Jahrhunderts, waren die glänzendsten Beispiele.

Wesentlich spektakulärer war die andere Art, Wasser zu verwenden: fortlaufend in Bewegung, aufsteigend oder fallend, im Spiel mit dem Licht. Oft war es als fließende Bilder gestaltet; mit Flußgöttern und Quell-Nymphen nahm es den ganzen Garten ein, indem es in schweren Sturzbächen abwärts floß, in feinsten Schleiern niederfiel oder von einem Neptun wieder nach oben geworfen wurde.

Diese grandiosen historischen Wasserspiele sind natürlich nicht auf die kleinen Gärten von heute übertragbar, aber Wasser läßt sich hervorragend auch im einfachsten Gartenplan verwenden. Am wirkungsvollsten ist es wohl, einen „miroir d'eau" zu schaffen, in dem sich der Himmel spiegelt und das Haus oder ein Stück Garten. Das ist eine Verwendungsform nach klassischem Muster, wobei geometrische Wasserflächen nur wegen ihrer Spiegelung Bedeutung hatten. Das typische Beispiel ist der holländische Kanalgarten des 17. Jahrhunderts, in dem sich am einen Ende, zum Vergnügen des Betrachters, eine Laube vollständig im Wasser spiegelte.

Diese Eleganz fehlt heute völlig, wo Teiche normalerweise mit Seerosen und anderen Wasserpflanzen zugepflanzt werden. Die Leidenschaft, Wasser zu flüssigen Blumenbeeten zu machen, ist eine ganz neue Erfindung. Es wäre interessant zu sehen, wie die Wasserbecken auf den folgenden Seiten, die alle irgendwie bepflanzt sind, aussehen würden, wenn die Wasseroberfläche völlig frei wäre. So käme man dem eigentlichen Sinn der Wasserflächen, nämlich das Licht zu reflektieren und die schönsten Gartenformen zu spiegeln, näher. Wenn Sie ein Wasserpflanzenbeet anlegen wollen, legen Sie es an wie jedes andere Blumenbeet, aber im stilechten, formalen Wassergarten hat es eigentlich nichts verloren.

Eine Gestaltung mit Wasser kann in einem kleinen Garten immer nur bescheiden sein: eine Wasser speiende Maske, die in eine Wand eingelassen ist, oder ein Wasserstrahl in einem Wasserbecken. Mit all unserem heute nötigen Zubehör ist die Anlage ziemlich kostspielig und bedarf ständiger Wartung. Aber als besonderen Anziehungspunkt gibt es kaum etwas hübscheres, als den Anblick oder das Geräusch von fließendem Wasser. Der Vorteil bei der formalen Verwendung ist, daß es nie vorgibt, anders als künstlich zu sein.

Unten: Die Schönheit eines kleinen Wasserbeckens wird hier durch ein Pflanzengewirr in seiner Spiegelwirkung und seiner Symmetrie gestört. Wenn die Venus im Hintergrund entfernt würde, könnte die Blickachse verbessert werden.

Links: Ein Wandbrunnen in Form eines Obelisken, bewachsen mit Efeu, bildet hier den perfekten Abschluß einer Blickachse. Wandbrunnen können ideal sein, um Wasser in einen kleinen Garten zu bringen, denn im Gegensatz zu Springbrunnen sind sie immer klein.

Rechts: Ein einfacher Wasserstrahl bringt Leben in einen Gartenbereich mit einer halbkreisförmigen Hecke, einer Büste auf einer Konsole und flankierenden Eibenpyramiden. Das blitzende Sonnenlicht auf dem Wasserstrahl steigert die Bildwirkung.

Unten: Wasser ist hier, um das Licht zu spiegeln, einem Fenster des Hauses zugeordnet. Von diesem Fenster aus betrachtet, wird die formale Gestaltung, die durch die symmetrisch aufgestellten Töpfe, die Buchskugeln und die zurückhaltende graugrüne Bepflanzung betont wird, deutlicher. Sehr hübsch ist auch der Blick auf die Gartenbank.

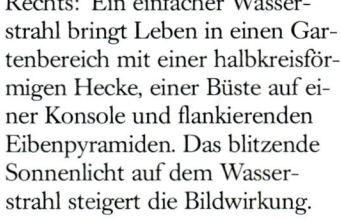

Rechts: In diesem Garten von äußerster Schlichtheit bilden beschnittene Linden eine strenge Allee. Dazu ist ein Kanal als Querachse so angelegt, daß sich die Allee darin spiegelt. Der Kontrast von glänzendem Wasser und mattem Grün steigert die Wirkung.

Unten: Eine höchst wirkungsvolle formale Gestaltung eines Beckens, das man als Wasserblumenbeet bezeichnen könnte, mit einer Buchshecke. Gegen diese Gestaltung ist ansich nichts einzuwenden, aber sie nutzt so gut wie gar nicht die Besonderheit des Wassers als Spiegel.

Rechte Seite: Blick durch ein Fenster. Trittsteine leiten über einen kleinen Wasserlauf, der an einer Seite des Hauses entlangführt. Das Bild gewinnt durch die symmetrische Bepflanzung an Tiefe.

Unten: Ein rechteckiges Wasserbecken ist von der Anlage her als Becken für Wasserpflanzen konzipiert und nimmt die Form der umgebenden Blumenbeete auf.

Blumengärten

Oben: In diesem formalen Ziergarten sind die Beete mit weißen und violetten Blütenpflanzen gestaltet, die das geometrische Grundmuster betonen. Eine einfarbige Bepflanzung würde langweilig wirken. Die weißen Blüten machen die Gestaltung lebendig und verstärken die blassen Blautöne. Die Wirkung als Muster ginge verloren, wenn die Pflanzen ganz unterschiedlich hoch wären.

Rechte Seite: Die frei gestaltete bunte Rabatte nach Jekyll-Art erhält eine strenge Gliederung durch beschnittene Koniferen. Sie setzen formale Akzente und betonen die Blickrichtung. Ohne die grünen Säulen wäre die Rabatte kontrastarm und die Linienführung schwach.

Der Blumengarten hat sowohl in formaler wie in freier Gestaltung Geschichte. Die Geschichte des streng formalen Gartens ist untrennbar mit der des Parterres verbunden, denn in jeder Gartengestaltung des 17. Jahrhunderts wurden Blumen nur in Parterres gezogen oder in den schmalen Beeten, die es umgaben, bis in der viktorianischen Zeit die geometrischen Beete wieder Mode wurden. Die Geschichte des frei gestalteten Blumengartens begann im 18. Jahrhundert mit einer neu erwachten Freude an Blumen als Reaktion auf die Auswüchse des Landschaftsgartens, in dem man Blumenbeete beseitigt und das Gras bis vor die Fenster des Hauses gezogen hatte. Auch die neuen, frei gestalteten Blumengärten entstanden teilweise als Folge einer Übertreibung des Naturgedankens durch den französischen Philosophen Rousseau. Das berühmteste Beispiel war Nuneham Park in Oxfordshire, England, (begonnen 1771), in dem unregelmäßig geformte Beete, dicht bepflanzt mit Blumen, unter Bäumen verstreut in den Rasen eingelassen waren. Die Begeisterung für Blumen erhielt dann im folgenden Jahrhundert weitere Nahrung, einmal durch die Trophäen der Pflanzensammler, die tausende neuer Pflanzen aus aller Herren Länder nachhause brachten und zum anderen durch Loudons Appell, den formalen Garten mit seinen geometrischen Pflanzmustern neu zu beleben. Der Stil gelangte schließlich durch William Robinsons (1838–1935) Buch „The English Flower Garden" (1883) zum Durchbruch, in dem er die Vorzüge des frei bepflanzten Gartens mit Staudengruppen in sanften Farben und mit Kletterpflanzen an den Mauern preist. Dieses Buch erreichte 16 Auflagen, die letzte erschien 1956. Sein enormer Einfluß wurde durch seine große Schülerin, Gertrude Jekyll mit den über 300 von ihr gestalteten Gärten noch verstärkt.

Man kann sich fragen, ob man überhaupt zwischen einem Parterre und einem Blumengarten unterscheiden soll; aber es ist immerhin sinnvoll, zu unterscheiden, ob es auf die architektonischen, geometrischen Strukturen eines formalen Gartens ankommen soll oder nur auf einen strengen Rahmen für eine Blumenrabatte im Stil von Robinson und Jekyll. Es sei daran erinnert, daß die traditionelle Rabatte immer als Gestaltungselement des formalen Gartens galt. Sie lag grundsätzlich zu beiden Seiten eines Weges und bildete damit ihrerseits eine Blickachse, und sie hatte immer einen Hintergrund aus festen Wänden oder Hecken, die die Blumen zur Wirkung brachten. Innerhalb der Rabatte war mit einer überlegten Gruppierung der Blütenmengen eine feine Abstimmung der Farbtöne zu erreichen. Daraus kann man bei der Verwendung von Blumen für die Gestaltung eines formalen Gartens auch heute noch lernen. Ein Weg wirkt beispielsweise optisch stärker, wenn er beidseitig gleich, beispielsweise mit Katzenminze oder Lavendel und dahinter mit Schwaden blauer Blüten – *Geum*, Veilchen, Rittersporn, Skabiosen und Lupinen – bepflanzt ist. Formale Akzente kann man in jede Staudenrabatte bringen, indem man einfach Gruppen einer ausdrucksvollen Staude in gleichmäßigen Abständen wiederholt.

Blumengärten sind nur etwas für den hingebungsvollen Gärtner. Sie bedeuten harte – wenn auch lohnende – Arbeit, erfordern ständige Aufmerksamkeit für einzelne Pflanzen, damit während der Sommermonate mit einer steten Blütenfolge das Gartenbild immer ausgewogen bleibt. Robinson und Jekyll wußten, daß diese Ausgewogenheit in einem formalen Rahmen leichter zu erreichen ist.

Linke Seite: Ein seltenes Beispiel für einen formalen Garten, der fast ausschließlich mit Sommerblumen gestaltet ist. Akzente bilden kompaktere strauchige Pflanzen. Im Winter sind hier die formalen Strukturen weniger deutlich. Im Sommer bilden die Blumen eine lichte, wogende Hecke zwischen den Rasenflächen. Die weichen Farben tragen wesentlich zur Wirkung bei.

Links: Eine Eibenhecke umgibt den einfachen Garten, dessen Beete mit Buchshecken eingefaßt und mit einer höchst ungewöhnlichen Kombination aus rosa Rosen und *Sedum spectabile* bepflanzt sind. Die Wirkung dieses kleinen Gartens beruht vor allem auf dem Kontrast der streng formalen Gestaltung zu der natürlich Waldlandschaft dahinter. Ohne diesen aufregenden Gegensatz müßte die Bepflanzung wesentlich vielseitiger sein.

Oben: Die zurückhaltende, gemischte Bepflanzung aus Rosen und Stauden wie Fingerhut und Lupinen erhält Ordnung und räumliche Gliederung durch die Hecke und den Kiesweg. Weite entsteht durch den Blick auf blaue und hellgelbe Farbtöne mit rosa Blüten zu beiden Seiten im Vordergrund. Zu beachten ist auch, mit welcher Sorgfalt Pflanzen in der Höhe gestaffelt wurden, und zwar sowohl die der dauerhaften wie der jahreszeitlich wechselnden Formen, um die Staffelung nach hinten zu betonen.

Links: Dieser winzige formale
Blumengarten wurde mit den
einfachsten Mitteln gestaltet: vorgefertigte Waschbetonplatten für
den Weg, ein einfacher Terra-
cotta-Kübel als Mittelpunkt und
eine Holzbank als Abschluß. Die
Blumenbeete sind mit Lavendel
eingefaßt und mit Rosen sowie
verschiedenen krautigen Pflanzen
gefüllt.

Oben: Nochmals ein entzücken-
der Blumengarten, ebenfalls mit
dem Blick auf eine Bank. Er ist
von einer Hecke aus frischem
Grün umgeben, dem idealen
Hintergrund für die symmetrisch
mit vielfarbigen Frühlingsblumen,
Kaiserkronen, Tulpen, Narzissen,
bepflanzten Beete.

Linke Seite: Dieser Weg bildet mit seiner symmetrischen Bepflanzung aus roten und weißen Rosen und der großzügigen Lavendelkante eine einladende Blickachse. Dabei bedient sich die Gestaltung der beiden prächtigen alten Eiben, die um Jahrzehnte älter sein dürften als der Weg. Ohne diese Eiben bräuchte der Weg ein aufwendiges Gartentor oder Eingangspfeiler, um den Blick den Weg entlang zu lenken.

Links: Das Besondere an dieser wunderschönen und ungewöhnlichen Gartenansicht sind die vielen verschiedenen, flächig gepflanzten *Hosta* rechts und links des Weges. Es dürfte nur wenige Schattenpartien geben, die stilvoller und geschmackvoller bepflanzt sind.
Es ist ein Bereich aus einem großen Garten. In einem kleinen könnte man das Bild im Frühjahr mit Schneeglöckchen und Krokusse und im Herbst durch Gruppen von *Cyclamen* erweitern.

Rosengärten

Links: Ein Rosengarten in der Form eines Buchsparterres, gefüllt mit hellrosa Rosen. Formbäumchen aus Buchs bilden einen symmetrischen architektonischen Rahmen und vertikale Akzente, während die Pergola zusätzlich die Höhen- und Tiefenwirkung betont.

Rechte Seite: Ein Rosengarten mit Klinkerwegen und Buchswürfeln, überkreuz aufgestellten, von *Clematis* bewachsenen Bogen und einem kräftigen Kübel als Mittelpunkt. Die Farben sind auf Weiß und Rosa beschränkt und heben sich sehr schön gegen die dunkelgrüne Hecke ab.

Rosengärten sind eine Erfindung des 19. Jahrhunderts (siehe Seite 50). Wie beim Kräutergarten ist ihre Wirkung auf eine Jahreszeit beschränkt. Wenn die Pflanzung aus alten Rosen besteht, wie Alba- oder Gallica-Rosen, beschränkt sich die Blütenpracht nur auf vier bis sechs Wochen. Selbst mit remontierenden Rosen, wie Remontant-Hybriden oder modernen Sorten, reicht die Blütezeit nicht über den Herbst hinaus. Rosen ohne Blätter sind unansehnlich (daher der traditionell abseits des Hauses gelegene, in sich geschlossene Rosengarten); deshalb ist es wichtig, Rosen in eine Gestaltung einzufügen, die ihrerseits außerhalb der Rosenblüte wirkungsvoll ist. Eine formale Gestaltung ist die ideale Lösung, denn Stützgerüste und immergrüne Architektur sind zu allen Jahreszeiten schön.

Eine dunkelgrüne Hecke, vorzugsweise aus Eiben, ist der ideale Hintergrund für die meisten Farben, vor allem aber für weiße, rosa und hellgelbe Blüten. Auch Formbäumchen und Hecken aus Buchs bieten das ganze Jahr einen frischen Kontrast und strenge architektonische Formen. Das gleiche gilt für schöne Pergolen und Rankhilfen in Form von Bogen, Obelisken, Girlanden für Kletter- und Parkrosen. Viele dieser Kletterhilfen werden heute serienmäßig hergestellt und sind in verschiedenen Größen und Formen erhältlich. Als zusätzliche Akzente oder zur Betonung einer Blickachse wären eine geschickt plazierte Amphore, eine Pflanzschale oder eine Gartenplastik denkbar.

Besondere Sorgfalt erfordert die Auswahl der Farben und ihre Verteilung in den Beeten, damit ein harmonisches Bild entsteht. Die leuchtenden Rot- Gelb- und Orangetöne einiger neuerer Sorten wirken unruhig, es sei denn sie werden sehr zurückhaltend verwendet und mit üppigen Mengen weißer und cremefarbener Blüten durchsetzt. Wenn keine anderen hohen Gestaltungselemente vorgesehen sind, bieten sich symmetrisch gepflanzte Hochstammrosen an. Alle anderen Pflanzen sollten die Wirkung der Rosen heben, solange diese blühen und ihre eigene Wirkung erst außerhalb der Zeit der Rosenblüte voll entfalten. Die klassische Kombination ist noch immer mit silber- und graulaubigen Pflanzen: Lavendel, *Santolina chamaecyparissus*, Katzenminze (*Nepeta*) oder *Stachys lanata* 'Silver Queen' als Randbepflanzung oder um die Beete zu trennen und *Helichrysum*, *Artemisia*, Salvien, vornehmlich *Salvia officinalis* 'Purpurascens' für innen. Eine andere Möglichkeit sind lindgrüne *Alchemilla mollis* mit ihren Blättern voller Tautropfen als Bodendecker und, wenn Klettergerüste vorhanden sind, *Clematis*. Um die Blütezeit zu verlängern, können unter den Rosen Schneeglöckchen (*Galanthus nivalis*), Krokusse (*Crocus tommasinianus*) und botanische Tulpen (*Tulipa kaufmanniana*) gesetzt werden, die sich schnell vermehren, wenn man sie in Ruhe läßt.

Das große Angebot an Containerpflanzen führt leicht zu der Meinung, ein Rosengarten könne von heute auf morgen entstehen. Ein schöner formaler Rosengarten ist aber eine Angelegenheit von zehn bis fünfzehn Jahren, denn die immergrünen Elemente sind ebenso wichtig wie die Rosen selbst. Es gibt kaum einen tristeren Anblick, als Rosenbeete ohne grüne Architektur, die sie richtig zur Wirkung bringt; und es gibt kaum etwas faszinierenderes, als einen gut gestalteten Rosengarten in voller Blüte. Im Duft einer Rosenlaube sitzen zu können, umgeben von Rosen in den unterschiedlichsten Höhen, Farben, Formen, Düften, die unsere Sinne berauschen, entschädigt für die nur kurze Pracht und die Arbeit mit dem Schnitt, dem Aufbinden, Düngen und Spritzen.

Linke Seite: Die prachtvolle, von Rosen überwölbte Sonnenuhr als Mittelpunkt und Blickfang ist stark genug, um jeden formalen Rosengarten optisch zusammenzufassen.

Unten: Die Symmetrie der Beete und die Buchseinfassung geben die nötige Struktur für die kräftige gemischte Bepflanzung mit roten Rosen an den Vorderseiten. Die einzelne Hochstammrose ist ein zu schwaches Element in dieser Gestaltung.

Links: Ein Rosenparterre, ursprünglich von Sir Edwin Lutyens entworfen und von Gertrude Jekyll bepflanzt, inzwischen aber neu in einheitlichen Farbblöcken gestaltet. Ein sehr stilvoller Garten mit einem wundervollen Zugang, der die perspektivische Wirkung noch erhöht und den Blick in die umgebende Landschaft lenkt. Ein urnenartiges Gefäß dient als Blickfang. Ein paar Hochstammrosen in den Eckbeeten könnten noch etwas Höhe in die Gestaltung bringen.

Rechts: Ein frei bepflanzter Rosengarten in feinen Rosa- und Gelbtönen. Zwei Eiben *Taxus baccata* 'Fastigiata' am unteren Ende bilden den Zugang zur Rasenfläche. Buchshecken und Figurenbäumchen flankieren den Weg und lenken den Blick nach vorne.

Unten: Die Gesamtansicht des Gartens von Seite 83 zeigt wesentlich besser, wie elegant er gestaltet ist: Die geschickte Verwendung von Pflanzkübeln als bewegliche Akzente unter den mit *Clematis* bewachsenen Bogen, die bewußte Plazierung von ausschließlich weißen Rosen in den mittleren Beeten und von rosa Rosen in den äußeren und der wichtige immergrüne Hintergrund. Alle Blickachsen in diesem äußerst einfachen Garten sind interessant.

Links: Die Bogenreihe aus Eisen
mit roten Kletterrosen bildet einen reizvollen Durchblick. Die
formale Gestaltung wird durch
die beiden symmetrisch aufgestellten Kübel mit den hohen
Buchskegeln noch betont und die
paarweise aufgestellten Versailles-
Kübel mit Fuchsienhochstämmen
lenken den Blick weiter.

Gartenhöfe

Oben: Aus einem gepflasterten Durchgang wurde ein kleiner Garten mit beranktem Lattenwerk, Gehölzen in Kübeln und dreistufigen Formbäumchen.

Rechte Seite: Ein wunderschöner Gartenhof. Der Blick geht durch riesige Euphorbien auf einen steinernen Früchtekorb in einem Beet mit *Lamium.* Leichte Pflegbarkeit war die wichtigste Forderung bei der Planung dieses Gartens mit seiner reichen Staudenbepflanzung, wobei ein großer Teil immergrün ist. Die Farbpalette beschränkt sich auf Grün, aber in allen Tönen vom Lindgrün der *Alchemilla mollis* bis zum tiefen Dunkelgrün des Efeus und erhöht damit den Eindruck von Harmonie und Ruhe.

Kleine Gärten, die ganz oder fast ganz gepflastert sind, sind ein nicht ganz eindeutig zu bezeichnender, aber doch beschreibbarer Gartentyp. Er reicht vom kleinen gepflasterten Höfchen eines Terrassenhauses der kühleren Länder über vielerlei Vorgärten, die oft vollständig gepflastert sind, bis zu den größten Meisterwerken der islamischen Gartenkunst mit ihrer delikaten Verwendung von Rinnsalen, Brunnen und Wasserflächen. Aber der eigentliche Gartenhof ist vor allem für die Gegenden typisch, wo das Klima keinen Rasen zuläßt und wo die wichtigsten Aufgaben, nämlich Schutz vor Sonne und kühler Schatten vorzüglich durch gepflasterte Innenhöfe oder Arkadenhöfe erfüllt werden.

Die Entscheidung, den größten Teil eines Gartens zu pflastern, kann praktische wie ästhetische Gründe haben, beispielsweise, wenn die Pflege eines noch so kleinen Rasenstückes wegen großer Hitze und Wassermangel größte Schwierigkeiten bereiten würde. Unabhängig vom Klima hat die Pflasterung den Vorteil, so gut wie keine Arbeit zu machen und in kleinen Gärten, in denen durch ein ständiges Kommen und Gehen erheblicher Verkehr entsteht, kann die Pflasterung die beste Lösung sein.

Ein Pflaster kann ebenso schön sein wie Gras. Das Spiel des Lichts und der Wechsel der Jahreszeiten sind, wenn auch auf andere Weise, darauf erkennbar und nicht weniger bezaubernd. Bei sorgfältiger Wahl des Materials und wohlüberlegter Verwendung kann mit minimalem Aufwand von Pflanzen ein sehr vornehmer Garten entstehen. Es versteht sich fast von selbst, daß solche Gärten mehr oder weniger regelmäßig sind und es lohnt sich, wo immer möglich, das Formale zu betonen und eine harmonische Gestaltung anzustreben.

Ein großes Angebot an verschiedenstem Material steht zur Verfügung. Bei der Planung sollte man die beste Qualität wählen, die man sich finanziell leisten kann. Dabei sollte nicht nur nach ökonomischen und praktischen Erwägungen, beispielsweise Frostbeständigkeit, entschieden werden, sondern auch nach ästhetischen Überlegungen. So sind Farbe und Material des Hauses zu berücksichtigen und wie sie am besten zu ergänzen sind – durch Angleichung oder durch Kontrast. Natürliche und künstliche Materialien können durchaus wirkungsvoll kombiniert werden, können sich gegenseitig steigern, aber letztere sind mit Vorsicht zu verwenden, denn was angeboten wird, ist oft von recht fragwürdigem Geschmack.

Beim Entwurf eines Gartenhofes kann das Verhältnis zwischen gepflasterter Fläche und Beeten für Blumen und andere Pflanzen je nach Bedarf und verfügbarer Zeit variieren. Selbst in einem kleinen Gartenhof ist meist Platz für Beete mit Gehölzen, Rosen oder andere Blumen, für Kräuter, ja sogar für Gemüse und Obst. Besonders schön ist in jedem Gartenhof die Verwendung von Wasser.

Bei der Planung eines Gartenhofes ist sorgfältig und selbstkritisch zu überlegen, wieviel Zeit man dafür aufwenden kann. Wer minimale Mühe haben möchte, sollte das Pflaster möglichst interessant gestalten und die gärtnerischen Bemühungen auf Bodendecker und auf Pflanzen beschränken, die von alleine wachsen. Verwenden Sie Pflanzen, die das originelle Muster oder Mosaik des Pflasters betonen. Wenn Sie aber viel Zeit haben, machen Sie das Gegenteil: verwenden Sie ein einfaches Pflaster, aber machen Sie eine vielgestaltige und prächtige Bepflanzung mit Blumen und Blattwerk.

Rechte Seite: Der Blick in diesen kleinen südländischen Gartenhof führt zwischen weißen Blüten über einen wunderschön gefliesten Weg zu einem schattigen Pavillon. Dort ist ein Spiegel so angebracht, daß er Licht in den Raum reflektiert und ihn zugleich optisch verlängert.

Links: Die von Buchs umsäumte Terrasse ist ein Speisezimmer im Freien. Das Lattenwerk belebt die langweilige Wand. Die Buchshecke bezeichnet die räumlichen Grenzen des Speisezimmers, die Kegelformen seine Türe.

Unten links: Ein Gartenhof mit Kieswegen, buchsumrandeten Beeten und einem Wassergraben entlang dem Haus.

Unten: Das Wasserbecken mit Rand zu gemütlichem Sitzen ist das zentrale Element dieses Gartenhofes. Die Rundung des Wasserbeckens wiederholt sich im Schwung des Eingangsbogens.

Kräutergärten

Oben: Dieser Kräutergarten füllt eine große, von einer Mauer umschlossene Fläche auf einfachste Weise: Der Raum ist symmetrisch durch Kieswege in Rechtecke aufgeteilt. Der Bogen über dem Mittelweg ist von Geißblatt überwachsen. Bänke stehen an allen Stellen, die einen schönen Ausblick bieten. Die großen Beete, mit einer kräftig wirkenden Buchshecke eingefaßt, enthalten Heilpflanzen, die traditionellen Kräuter, aber auch Rosen und Blumen, wie zur Zeit der Anlage des ursprünglichen Gartens zu Ende des 17. Jahrhunderts.

Rechts: Dieser Kräutergarten ist Teil eines wesentlich größeren Gartens, der Plan ist aber leicht zu übernehmen: ein schmaler Streifen, 14 m lang, 1,80 m breit, an einem Weg, der zur Küchentüre führt. Die Kräuter stehen in einem einfachen, sich wiederholenden Muster aus rautenförmig angeordneten Buchshecken mit 60 cm hohen Buchswürfeln jeweils an den Ecken, um die Senkrechte zu betonen. Jedes Beet enthält mehr als eine Pflanzenart.

Der Kräutergarten geht auf die klassische Antike zurück und war eine der wenigen Gartenformen, die das dunkle Zeitalter überlebt haben. Da Kräuter vornehmlich wegen ihrer medizinischen und geschmacklichen Eigenschaften gezogen wurden, fanden sie im Klostergarten Aufnahme, zusammen mit einigen anderen Pflanzen, wie Rosen und Geißblatt, die wegen ihres Duftes und als Zierde gezogen wurden. Angepflanzt wurden Kräuter wie Rosmarin, Majoran, Thymian, Salbei , Petersilie und Minze. Größere Sammlungen konnten neben vielen anderen auch Estragon, Fenchel, Dill, Kerbel, Liebstöckel, Raute, Zitronenmelisse enthalten. Von Anfang an waren diese Pflanzen formal, in geometrischen Beeten gepflanzt und häufig mit Hecken eingefaßt. Von der Zeit der Renaissance an wurden Kräuter Bestandteil des Apothekergartens und des Gemüsegartens – eine Tradition, die wir heute noch in den großen Apothekergärten Europas sehen können, wie in Padua aus der Mitte und in Montpellier vom Ende des 16. Jahrhunderts.

Erst in diesem Jahrhundert kam die Mode auf, gesondert dekorative Kräutergärten anzulegen. Die eigentliche Anregung dazu entstand zwischen den beiden Weltkriegen durch die Schriften von Eleanour Sinclair Rohde (1882–1950) über die medizinische Bedeutung der Gärten des 16. Jahrhunderts. Sie pflanzte den ersten als formal bezeichenbaren Kräutergarten, ein Schachbrettmuster, in Lullingstone Castle, Kent. Vita Sackville-Wests Kräutergarten in Sissinghurst, Kent, der 1947 angelegt wurde, wurde noch einflußreicher. Darin zeigt sich die neue Wertschätzung der besonderen Eigenschaften der Kräuter, aber auch die neue Freude am Kochen und ein neues Interesse an Düften im Garten.

Kräuter wirken oft unordentlich und da einige der wichtigsten einjährig oder zweijährig sind, sind gelegentliche Lücken in einem Kräutergarten geradezu zwangsläufig. Gerade dann können formale Strukturen und gute dauerhafte Elemente wichtig sein, um Ordnung in die ungleichmäßig wachsenden Pflanzen zu bringen und im Winter offene Stellen auszugleichen.

Die Schönheit eines Kräutergartens liegt zum großen Teil in seinen zarten Farbmischungen: dem Grau, Grün, Blau und Gelb des Laubes, das panaschiert sein kann und auch unterschiedliche Formen aufweist. Kräuter brauchen Sonne, gut durchlässigen Boden und – außer im warmen Süden, wo viele wild wachsen, Winterschutz. Wie das Parterre, kann auch der Kräutergarten jede Größe haben, von der kleinen Gestaltung in einem einfachen Grundmuster aus niedrigen Hecken nahe der Küchentüre bis zum großen, vielgestaltigen Entwurf, der einen Garten für sich ergibt.

Bei der Planung eines Kräutergartens ist es zwingend, mit einem streng symmetrischen Grundriß zu beginnen. Alle Beispiele in diesem Buch für Gemüsegärten und für Parterres würden sich auch für Kräuter eignen. Wichtig ist dabei, das Bild optisch durch Achsen zusammenzuhalten, die auf einen zentralen Punkt wie eine Sonnenuhr, eine große Kübelpflanze oder ein Formbäumchen bezogen sind. Weitere Blickpunkte können Bänke sein, die immer in der Nähe von duftenden Kräutern stehen sollten. Auch altmodische Blumen, wie Chabaud-Nelken und Ringelblumen dürfen nicht fehlen, wobei aber immer zu bedenken ist, daß ein Kräutergarten bei all seinen unzweifelhaften Freuden kein müheloses Unternehmen ist.

Linke Seite: An diesem formalen Kräutergarten auf seinem sommerlichen Höhepunkt ist zu sehen, wie schnell jegliche Einfassung und jeder noch so strenge Entwurf unter üppigem Wachstum verschwinden kann. Rigoroser Rückschnitt oder Neupflanzung sind im folgenden Winter nötig, wenn die Gestaltungslinien nicht verlorengehen sollen.

Links: Dieses Detail eines Kräutergartens, 1961 von John Codrington entworfen, lebt aus dem seltenen Gegensatz einer klassischen Gestaltung in modernem Rahmen, denn das Muster ist typisch fünfziger Jahre.

Unten: Dieser kleine Kräutergarten besteht aus vier symmetrischen, mit *Santolina* eingefaßten Beeten, und einem Beet in der Mitte, in dem eine große Terracottavase, die von Raute eingefaßt ist, der Komposition Höhe gibt und einen Akzent setzt.

Obst- und Gemüsegärten

Links: In der Schweiz ist die Tradition des Bauerngartens der Renaissance noch lebendig. Das Grundstück ist umgeben von einem Staketenzaun und durch Kieswege in vier symmetrische, mit Buchs umrandete Abschnitte geteilt. Kleine Beete in der Mitte sind mit Blumen bepflanzt und bilden einen zentralen Schwerpunkt.

Rechte Seite: Die europäische Tradition des Bauerngartens kam auch in die USA und nahm dort eigene Formen an. Dieser Garten in Williamsburg, Virginia, ist durch Klinkerwege gegliedert, hat als Mitte ein stattliches Formbäumchen und ein im Kreis darum gezogenes Obstspalier. Ein Weg läuft auf eine Holzbank zu.

Das derzeitige Interesse an formalen oder dekorativen Bauerngärten entstand mit der Wiederentdeckung dieser europäischen Tradition, die in die Renaissance zurückreicht. Französische Landhausgärten sind noch heute häufig zweigeteilt, in das Parterre und den Gemüsegarten, so wie es Charles Etienne und Jean Liébault in ihrem Werk „L'Agriculture et la Maison Rustique" (1. Auflage 1564) beschrieben haben. Sie empfahlen, den Gemüsegarten mit Hecken oder Mauern zu umgeben oder mit einem Laubengang, der mit duftendem Jasmin und Moschusrosen bewachsen ist oder als Rankhilfe für Gurken und Hopfen dient. Das Innere war mit Hochbeeten in einem symmetrischen Muster gestaltet. Jacque Boyceau beschreibt in seinem „Traité du Jardinage" (1638) die dekorative Art, Gemüse zu pflanzen: Artischocken, zum Beispiel als Einfassung für kleinere Pflanzen wie Erdbeeren. Ihren Höhepunkt erreichte diese Pflanzweise mit dem Werk von Jean-Baptiste de la Quintinie (1626–1688), dem Schöpfer des Potager du Roi in Versailles (1677–1683), dessen Buch „Instructions pour les Jardins Fruitiers et Potagers" (1690) zum wichtigen Handbuch wurde. Er stellte fest, die einzig richtige Form für einen Gemüsegarten sei das Quadrat, was er nicht nur aus praktischen, sondern auch aus ästhetischen Überlegungen ableitete.

Dieses Buch wurde 1693 von John Evelyn (1620–1705) ins Englische übersetzt, wo er auf einer ähnlich starken Tradition aufbauen konnte. Ein halbes Jahrhundert zuvor hatte William Lawson in seinem „The Countrie Housewife's Garden" (1617) den Unterschied zwischen den beiden Gartenteilen aufgezeigt: „wenn auch der Blumengarten für das Auge von exquisiter Schönheit sein muß, so sollte der Bereich, in dem die Küchenkräuter wachsen, doch nicht vernachlässigt werden". Diese bescheidenere englische Form des Kü-

chengartens wurde in die Neue Welt übernommen und heute in den rekonstruierten Gärten von Williamsburg, Virginia, wieder aufgenommen. Sie ist auch Vorbild für die derzeit wieder aufgekommene Mode der bäuerlichen Gärten und weniger die höchst arbeitsaufwendigen Küchengärten der großen Landhäuser aus dem 18. und 19. Jahrhundert.

Wie der Kräutergarten, erfordert auch der Obst- und Gemüsegarten einen festen, aber praktischen Grundriß mit Elementen, die das ganze Jahr über attraktiv sind, und für die leeren Beete im Winter und die abgeernteten im Sommer entschädigen. Wie der Kräutergarten, braucht auch der Gemüsegarten eine geschützte Lage für die Gemüse und ein Kleinklima, um die Wachstumsperiode zu verlängern. Dafür braucht man Mauern, Hecken oder geeignete Zäune, die Spalierobst tragen können. Innen ist die Fläche durch Wege aufzuteilen und ein optischer Schwerpunkt in Form einer Pyramide aus Lorbeer oder einer Sonnenuhr, einer Terracottavase oder auch eines kleinwüchsigen beschnittenen Obstbaums in der Mitte zu setzen.

Am Ende der Wege wird man auch einen Torbogen oder eine Bank anbringen wollen. Die Wege sollten in einem symmetrischen Muster so angelegt werden, daß sie breit genug sind für einen Schubkarren und die Flächen für die Arbeiten gut zugänglich werden. Das geometrische Muster läßt sich dann im Verlauf der Monate durch die Pflanzung der Gemüse weiterentwickeln. Spinat, Rote Bete, Blumenkohl, Pastinaken, Kartoffeln, Zwiebeln, Bohnen und Kohlsorten sehen alle unterschiedlich aus, deshalb ist sorgfältig zu bedenken, wie sie, abgesehen von rein praktischen Erwägungen, anzuordnen sind, damit sich immer ein hübscher Farb- und Formkontrast ergibt.

Oben links: Als Spalier gezogene Obstbäume bilden eine durchsichtige Wand und auch bei Schnee eine dekorative Struktur in einem Gemüsegarten. In kleinerem Maßstab könnte eine solche Wand einen kleinen Garten in zwei Bereiche unterteilen, einen nahe dem Haus für Blumen und einen weiter entfernt für Gemüse. Obstbäume können die beiden Teile in idealer Weise verbinden, denn sie vereinen Blüte im Frühling mit Früchten im Herbst.

Oben rechts: Ein wunderschön gezogenes Birnenspalier in Blüte. Es braucht viele Jahre mühevoller, wenn auch lohnender Erziehungsarbeit, um diese Perfektion zu erreichen. Aber ein vergleichbarer Effekt ist auch in kürzerer Zeit in kleinerem Maßstab mit zwergwüchsigen Obstgehölzen zu erreichen. Wenn Sie so glücklich sind, eine Südwand zu haben, kann ein Obstspalier Ihrem Garten eine besondere Note geben.

Rechte Seite: Eine Folge von Bogen mit Spalierobst bildet einen frappierenden Blick über die ganze Länge des Gartens. Die Baumblüte im Frühjahr und die Früchte im Herbst können diesen Anblick nur noch steigern. Diese Idee ist auch auf kürzere Wege einfach zu übertragen und auch ein Tunnel wäre machbar, indem mehr Bogen verwendet werden. Ein Laubengang aus Obstbäumen ist eine ungewöhnliche und nützliche Alternative zu einer Pergola mit Kletterpflanzen.

Oben: Dieser Gemüsegarten zeigt, wie wichtig es schon bei der Planung ist, an eine Blickrichtung zu denken. Hier entsteht sie durch den Klinkerweg mit Lavendel und Stachelbeerhochstämmen zu beiden Seiten, der auf einen Buchskegel und einen Torbogen dahinter zuführt.

Links: Auch der kleinste Gemüsegarten braucht einen Mittelpunkt und Höhe. Hier ist es ein Stachelbeerhochstamm.

Linke Seite: Blumen können Achsen und Mittelpunkt im Gemüsegarten bilden. Kreise mit geschnittenen Buchshecken führen weiter zu einem Weg, der von Dahlien flankiert wird. Der große Obstbaum in dem einen Beet stört das ausgewogene Bild keineswegs und die starken, warmen Farben der Blumen finden ihren Ausgleich in dem frischen Grün der Gemüse.

Planungsbeispiele für architektonische Gärten

Die illustrierten Gartenbücher der Vergangenheit waren als Musterbücher konzipiert, aus denen man sich einen interessanten Garten zusammenstellen konnte. Ich kann diese Bücher nie anschauen, ohne mich über die Hunderte von Möglichkeiten zu begeistern, die sie für alles bereit halten, von Einzäunungen bis zu Mustern für Rosenbeete. Dieses Buch hat ein ähnliches Ziel: die Kreativität des Lesers zu wecken. Die hier folgenden Gartenpläne sollen nicht einfach kopiert werden. Niemand hat genau das gleiche Grundstück wie in den Beispielen, aber mancher hat vielleicht ein ganz ähnliches und alle Entwürfe lassen sich sowohl bezüglich der Grundstücksform als auch der Zusammensetzung der Einzelteile verändern. Deshalb empfiehlt es sich, alle Beispiele sorgfältig zu studieren, und erst dann einen eigenen Plan zu machen. Ein Garten ist schließlich eine der großen, ganz persönlichen Schöpfungen, die im Leben möglich sind.

Das einzige, was bei der Planung zu beachten ist, sind ein paar ganz einfache Grundregeln. Sie betreffen die Grundsätze der Geometrie und wurden im ersten Kapitel besprochen. Kein Plan in diesem Buch zeigt, aus verständlichen Gründen, eine Ansicht des Hauses und doch ist das Haus Ausgangspunkt für jede Gartenplanung, denn Ziel des formalen Gartens ist, beides so eng miteinander zu verbinden, daß es eine gestalterische Einheit bildet. Man beginnt mit der Architektur des Hauses an der Gartenfront, arbeitet von dort nach außen und schafft Blickachsen aus den Fenstern und Türen. Der Stil und der Standort eines Hauses, sei es in der Stadt oder auf dem Land, alt oder neu, wird auch den Stil des Gartens bestimmen, der dazu paßt. Die Gartenpläne sind für Grundstücke in der Stadt wie auf dem Land und für Gärten in warmem und in kaltem Klima und natürlich für den einen oder anderen Bedarf abzuwandeln. Oft muß nur die Bepflanzung geändert werden, um den Plan für ein anderes Klima, einen anderen Boden oder eine andere Lage geeignet zu machen.

Drei weitere Überlegungen sind wichtig: die erste ist das Engagement: Sind Sie passionierter Gärtner oder wollen Sie sich wenig Mühe machen? Darüber müssen Sie sich von Anfang an klar sein. Nicht jeder ist eine Gertrude Jekyll. Das nächste sind die Kosten. Mancher formale Garten ist relativ teuer, mancher anspruchsvolle kann aber auch in Etappen über mehrere Jahre ausgebaut werden. Aber geizen Sie nicht bei Ihrem Garten. Unsägliche Summen werden für die Inneneinrichtung von Häusern ausgegeben und wenn es um die Anlage des Gartens geht, greift plötzlich sinnlose Sparsamkeit um sich. Und als letztes: Es ist wichtig, wie lange es dauert, bis ein Ergebnis erkennbar wird. Jede Gartengestaltung ist eine Investition von Zeit, ein gutes Stück eigener Lebenszeit. Ein Vorteil des formalen Gartens ist, daß das Ergebnis fast sofort erkennbar ist, vorausgesetzt, man kann sich den Aufwand an baulichen Einrichtungen leisten. Die Pflanzung benötigt, zugegebenermaßen, zehn bis fünfzehn Jahre, bis sie wirklich herangewachsen ist. In der Vergangenheit hatte niemand etwas dagegen und die Leute lebten weniger lang. So sollten auch wir uns damit abfinden, zumal es besonders schön ist, zu beobachten, wie ein Garten wächst und Gestalt annimmt. Und ein Rat zum Schluß: Gehen Sie mit offenen Augen an die Arbeit, wenn Sie einen Garten gestalten und gehen Sie mit Freude daran. Wenn er zur Last wird, wird das am Garten erkennbar. Wenn Ihnen der Garten aber Freude macht, wird das jeder Besucher spüren.

Linke Seite: Ein vom Haus abfallendes Gelände, das auf drei Ebenen terrassiert ist und damit drei Gartenbereiche bildet (siehe folgende Seiten).
Oben: Ein Bogen aus Lattenwerk über einem Pflanzentrog mit Sommerblumen kann Abschluß einer Blickachse in einem kleinen Garten sein (siehe Seite 145).

1. Terrassen an einem Hang

N

Das Grundstück ist etwa 18 m breit, 17 m tief bei einem Höhenunterschied von 3 m.

Dies ist ein Plan für einen Garten, dessen Haus, wie häufig in warmen Gegenden, an einen Südhang gebaut ist; die Vorschläge, die hier gemacht werden, sind aber für jedes beliebige Hang-Grundstück verwendbar. Wichtig ist, daß das Gelände terrassiert werden muß. Ein Höhenunterschied von 3 m zwischen der Pergola am Haus und der äußeren Grundstücksgrenze an der Straße gestattet die Anlage von drei Ebenen. Eine Terrasse schließt unmittelbar an das Haus an und ist von einer Pergola überdacht, von dort sieht man hinunter auf ein doppeltes Parterre und geht von dort weiter hinunter zu zwei Rabatten mit Gehölzen.

Das ist, wenn man ihn völlig neu anlegen muß, ein kostspieliger Garten. Es bedarf eines professionellen Landschaftsgärtners für den Bau der Mauern (wobei auch Drainageprobleme zu bedenken sind), für die Pflasterung und die Balustraden. Nach den Bauarbeiten und der Bepflanzung sind die Kosten dann gering und der Unterhalt erfordert einen mäßigen Arbeitsaufwand für die jahreszeitliche Wechselbepflanzung der Parterres (wobei diese auch mit Bodendeckern bepflanzt werden könnten), für den Schnitt der Gehölze und Kletterpflanzen und vor allem, um die Kübelpflanzen und bei Trockenheit auch alle anderen Beete zu wässern.

Es ist ein Garten mit Blick nach draußen, denn schon durch seine Lage darf ein Ausblick vorausgesetzt werden. Die Pergola bildet einen Raum im Freien, von dem die Aussicht zu genießen ist und in dem Mahlzeiten eingenommen werden können. Sie ist zugleich Rankgerüst für einige schöne Kletterpflanzen, die sie stilvoll überwachsen. Der Plan bietet die klassische Kombination einer Terrasse mit Blick auf das Parterre darunter. Wie fast alle Elemente dieses Gartens sind die Parterres – eines aus Buchs, das andere aus *Santolina* – das ganze Jahr über ansehnlich. Selbst im Winter, ohne Blumen, ist ihr Muster, betont durch symmetrisch aufgestellte Terracottakübel mit beschnittenen immergrünen Gehölzen und durch die geometrische Pflasterung interessant genug. Mit einem Feigenbaum und seinen sorgsam gezogen Ästen an der Wand unter der Balustrade kommt noch ein weiteres Muster hinzu. Noch eine Treppe tiefer schützen zwei einfache Beete mit immergrünen Gehölzen vor Blicken von draußen.

Die Zeichnungen unten zeigen vier weitere Entwürfe für Parterres und alle sechs können auch anderweitig verwendet werden. So wäre diese ganze Gestaltung ebenso gut für ein völlig flaches Gelände geeignet. In diesem Fall sollte man nur versuchen, die Terrasse mit der Pergola wenigstens um ein paar Stufen über das Gelände anzuheben, um ein wenig Höhe über das Parterres zu gewinnen. Auf die zweite Balustradenreihe zwischen den Parterres und den Gehölzbeeten kann man dann verzichten und die zentrale Blickachse könnte man sehr dekorativ durch einen Wandbrunnen abschließen.

Die Pergola

Die Pergola besteht aus sechs Steinsäulen (1), von denen Holzsparren direkt ans Haus (A) führen. Die Säulen sind 2,70 m hoch und tragen vier in gleichmäßigen Abständen auf der unteren Ebene dicht an die Wand gepflanzte Kletterpflanzen. Die beiden äußeren sind Wilder Wein (2), die im Sommer durch ihr Laub Schatten geben und im Herbst rotgoldene Laubfärbung haben. Rechts und links der Treppe rahmen *Wisteria sinensis* (3) den Zugang und kontrastieren mit ihrem Laub und violetten Blüten im Frühsommer. Balustraden verbinden die Säulen. Darauf und zu beiden Seiten der Türe (5) ist Platz für Blumentöpfe (4).

Das Parterre

Die beiden Parterres sind in Pflaster eingelassen, das die Geometrie betont (6). Bei beiden steht an der Wandseite eine fächerförmig gezogene, braune Türkische Feige (7). Die Muster der beiden Parterres könnten auch identisch sein; sie erhalten Höhe durch große Terracottakübel an den Ecken (8). Die Kübel sind zu groß, um im Winter nach drinnen genommen zu werden, und müssen deshalb mit etwas einigermaßen Robustem bepflanzt werden. Ein Parterre ist mit Zwergbuchs (9), das andere mit *Santolina* (10) gestaltet. Jedes der unten skizzierten Muster (17, 18, 19, 20) ist gleich gut geeignet. Die Farben innerhalb können von Jahr zu Jahr wechseln. Jedes Jahr sollte neu geplant werden, beginnend mit dem Setzen von Zwiebeln im Herbst für den Frühling, gefolgt von Sommerblumen mit möglichst langer Blühdauer. Hier sind *Impatiens* in zwei Farben gepflanzt (11 und 12).

Der untere Garten

Die Stützmauer könnte Pflanzlöcher für *Aubrieta* und *Erigeron karvinskianus* haben, was die Architektur mildern würde. Hier wurden stattdessen zwei Beete in das obere Pflaster eingelassen (13) für zwei *Cotoneaster dammeri*, die als Kaskade nach unten fallen. Die beiden Beete (14) sind im warmen Klima mit mediterranen und subtropischen Gehölzen bepflanzt, hier Berberitzen, *Hebe*, *Senecio greyi*, *Fatsia japonica*, *Phormium*, Cistrosen und *Cordyline*. Duftpflanzen rechts und links des Mittelweges, an denen man sich immer bei der Ankunft freuen kann, wären hier schön. Es ist wichtig, daß die Beete ein paar vertikale Akzente erhalten, die eine Beziehung zum Haus herstellen. Hier sind es sechs schmale Säulenzypressen (15), aber auch eine Palme auf jeder Seite wäre geeignet. Das ganze ist von einer immergrünen Hecke eingefaßt (16), die in vielerlei Formen geschnitten sein kann (siehe Seite 138).

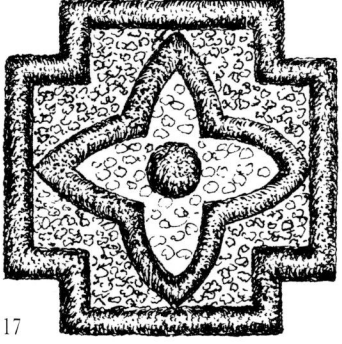

17

18

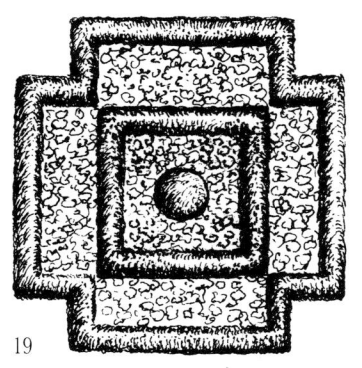

19

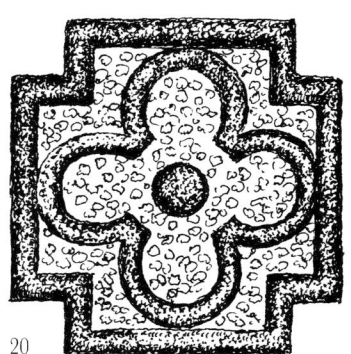

20

2. Geometrie im Neu-England-Stil

Dieser Garten hat seine Vorbilder an der Ostküste der Vereinigten Staaten, wo die englische Gartentradition des 17. Jahrhunderts in einfacher, hübscher Form lebendig geblieben ist.

Die Anregung zu diesem Plan stammt aus einem Garten in Virginia. Die Veranden oder Höfe an der Rückseite dieser Häuser verlangen ein Gartenmuster, das von oben eingesehen werden kann, wie die Parterres früherer Zeiten. Dieser Garten ist für ein altes Haus mit Holzverschalung gedacht, er paßt aber auch zu einem Haus aus Stein, Klinker oder verputztem Mauerwerk. Er könnte in einem Vorort oder in einer ländlichen Gegend liegen und könnte durch eine Mauer oder Hecke auch ganz nach innen ausgerichtet sein.

Der Garten enthält einige spezifisch amerikanische Elemente: den offenen Staketenzaun, der demonstriert, daß man nach außen schaut und sich nicht absondert; die Verwendung von Kieswegen statt Gras (das in der sengenden Hitze schwer zu pflegen wäre); und die Bodendecker im Parterre, um die Arbeit zu verringern. Aber am auffälligsten ist vielleicht das Fehlen jeglicher Skulpturen – ein Beweis, daß ein formaler Garten auch ohne dieses oft irrtümlicherweise als unverzichtbar bezeichnete Element möglich ist.

Die fehlenden Skulpturen werden durch ein anspruchsvolles Formbäumchen als Mittelpunkt ersetzt. Wenn Sie sich auch, wie von mir vorgesehen, für die silberfarbene Stechpalme entscheiden, dauert es mindestens zehn Jahre bis sie fertig ausgeformt ist. Aber schon im fünften Jahr wird die Form durchaus erkennbar und wenn Sie einen Stab hineinstecken, der die endgültige Höhe markiert, wird das Vorhaben

auch für die Besucher klar, die es noch immer nicht begriffen haben. Ein weiterer Reiz des amerikanischen formalen Gartens liegt in seiner Zwanglosigkeit. Die Beeteinfassungen sind nur wenig beschnitten, so daß sie sich mehr um die klare Beetform herumzuranken scheinen, anstatt sie scharfkantig einzufassen. Dieser Eindruck wird verstärkt durch die Bäume in den Beeten und durch die Büsche, die sich über die Wege neigen. Es sind in meinem Plan Kieswege, was gut zu der Zwanglosigkeit paßt und nicht viel kostet. Sie könnten natürlich auch gepflastert sein, dann bedarf es aber an den Kreuzungen eines interessanten Musters aus verschiedenen Materialien, vor allem in der Mitte.

Es ist ein formaler Garten ohne Allüren, eine Form, die es verdient, über den Atlantik zurück exportiert zu werden, denn sie entspricht genau den heutigen Forderungen nach kleinen, stilvollen Gärten ohne großen Aufwand. Die lange Zeit, bis der Mittelpunkt herangewachsen ist, mag abschreckend sein, aber der ganze übrige Garten ist in wenigen Jahren voll eingewachsen. Es ist auch ein preiswerter Garten, denn statt des Gartenhäuschens kann man auch einfach eine Bank aufstellen.

Der andere Plan (rechts unten) stellt die gleichen Anforderungen und beide sind auch als Rosen- oder Kräutergärten geeignet. Als Rosengarten sollte die Bepflanzung der äußeren Beete gleich bleiben und die inneren Beete sollten einheitlich mit nicht mehr als zwei verschiedenen Farben von Rosen bepflanzt werden und mit Hochstämmen anstelle der Bäume. Für den Kräutergarten wären formale Elemente aus Buchs oder Lorbeer nötig und in beiden Fällen würde ich das Formbäumchen in der Mitte durch ein festes Element ersetzen.

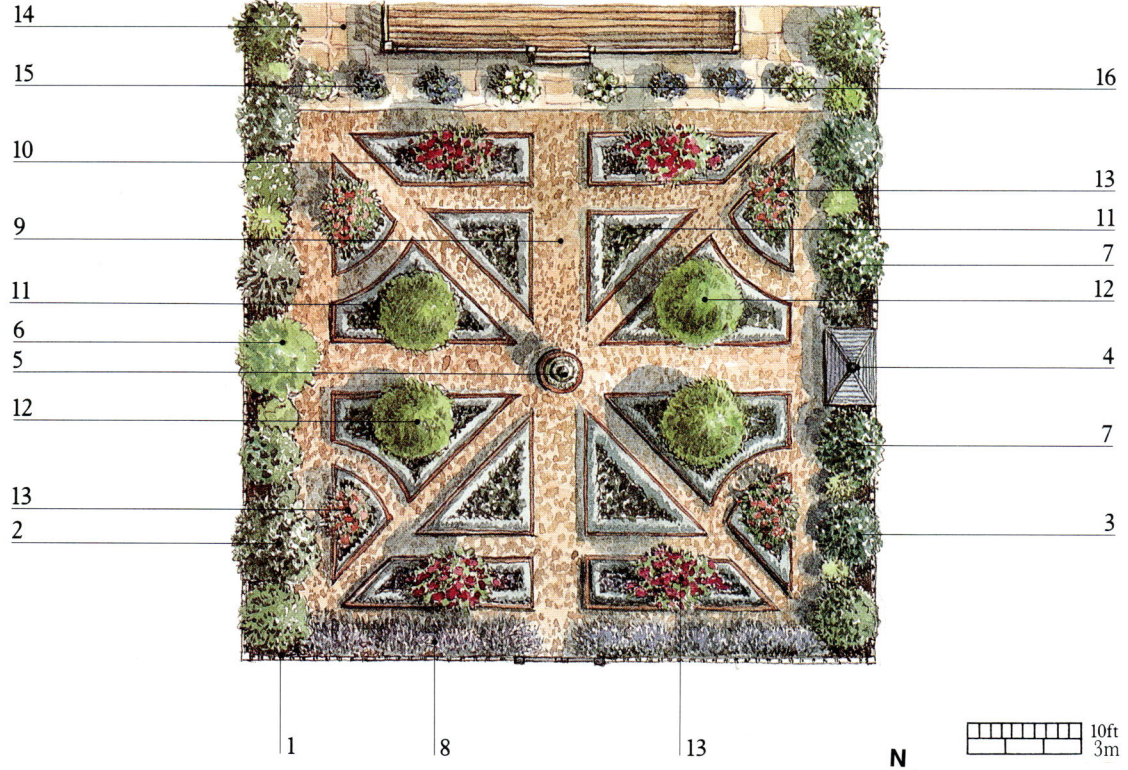

Der Garten

Der Garten ist an drei Seiten von einem Lattenzaun umgeben (**1**). An zwei Seiten sind Büsche (**2** und **3**) gepflanzt, immergrüne vermischt mit Laub abwerfenden wie *Viburnum opulus, V. davidii, Daphne mezereum, Ceanothus* 'Autumnal Blue', *Skimmia japonica, Hibiscus syriacus, Choisya ternata* und *Cornus alba*. In der Mitte der südwestlichen Hecke ist ein Gartenhäuschen als Schattenplatz, mit Blick durch die Hauptachse auf das Formbäumchen in der Mitte (**5**) und im Gehölzrand gegenüber auf einen schönen kleinen Baum (**6**), beispielsweise einen *Prunus sargentii* wegen seiner frühen Herbstfärbung. Zu beiden Seiten des Häuschens ist ein duftender *Philadelphus* (**7**). Entlang dem Zaun an der Eingangsseite sind Frühlingszwiebeln gepflanzt, die im Sommer von lavendelblauer Katzenminze (*Nepeta*) abgelöst werden (**8**).

Der Garten ist von Kieswegen durchzogen (**9**). Den Mittelpunkt (**5**) bildet eine schöne silberlaubige, zu Scheiben geformte

10ft
3m

N

Das Grundstück ist etwa 17 m lang und breit.

Stechpalme (*Ilex aquifolim* 'Silver Queen') mit einer Kugel als Spitze. Diese erreicht allmählich eine Höhe von 2,40 m. Eine Eibe (*Taxus baccata*) würde schneller wachsen, aber ihr Laub ist weniger interessant. Wer es eilig hat, kann auch Goldliguster (*Ligustrum ovalifolium* 'Aureomarginatum') verwenden, der aber nur eine lockere Form ergibt. Für Leute ohne Geduld bringt eine Statue sofort Erfolg, zerstört aber die besondere Einfachheit dieses Gartens.

Die Beete sind mit Heiligenkraut (*Santolina chamaecyparissus* var. *corsica*) eingefaßt (**10**), das wenigstens einmal im Jahr geschnitten werden und alle fünf bis acht Jahre durch neue Stecklinge ersetzt werden muß. Aber auch Zwergbuchs ist möglich (*Buxus sempervirens* 'Suffruticosa') oder Gamander (*Teucrium*). Die acht inneren Beete (**11**) sind mit hübschen Bodendeckern bepflanzt, einer Form von *Vinca minor* mit blauen Blüten im Frühsommer und die nötige Höhe bringen vier kleine Bäume (**12**), dekorative Weißdornarten wie *Crataegus ×*

lavallei oder *C. × prunifolia*, zu Kugeln geschnitten. Sie haben Blüten im Frühjahr und leuchtende Früchte im Herbst, die bis in den Winter an den Zweigen bleiben.

Die acht äußeren Beete (**13**) sind mit *Rosa rugosa* bepflanzt, robusten, krankheitsresistenten Gehölzen, die nur im Spätwinter zurückgeschnitten werden müssen. Die Farben wurden so gewählt, daß sie mit den anderen Farben

im Garten harmonieren: die rosafarbene Rose 'Frau Dagmar Hastrup' und die purpurfarbene 'Roseraie de l'Hay'. Darunter wäre noch Platz für einen Teppich aus Stiefmütterchen. Die Terrasse (**14**) vor dem Haus (**A**) bietet Platz für Kübel mit Sommerblumen. Mir könnten violette Petunien (**15**) und weiße Hortensien (**16**) gefallen. Auch Fuchsienhochstämme könnten recht eindrucksvoll sein.

Eine Alternative

Dieser Grundriß mit einem eingeschriebenen Kreis könnte die gleiche Bepflanzung aufnehmen, ich würde aber die Zahl der Kugelbäume verdoppeln, damit das Muster symmetrisch bleibt.

3. Geheimer Garten und Garten für die Familie

Die Möglichkeit, einen Garten in zwei getrennte und ganz verschiedene Bereiche zu teilen, ist der besondere Vorteil eines formalen Gartens. In diesem Garten wird ein großer offener Bereich mit einer geräumigen Rasenfläche und einem Gartenhaus für die Familie kombiniert mit einem geheimen, eleganten Gartenparterre. Es ist eine Unterteilung, die sehr hilfreich zwischen „du darfst" und „du darfst nicht" unterscheidet, etwa für Kinder.

Eine große Terrasse über die volle Länge des Hauses und die große runde Rasenfläche bieten reichlich Raum für Betätigungen vom Fahrradrennen bis zum Ballspiel. Der Zutritt zum Geheimen Garten dagegen sollte verschlossen sein.

Beide Gärten blicken nach innen und eine kräftige Hecke als Trennung ist wichtig. Eiben, die etwa zehn Jahre brauchen, bis sie zugewachsen sind, sind ideal. Mit anderen, moderneren Koniferen gelangt man schneller zum Ziel, aber die Wirkung ist entfernt nicht die der dunkelgrünen Dichte, die die Eiben bieten.

Der Garten der Familie ist geometrisch, aber ganz zwanglos bepflanzt, in den Zwickeln mit verschiedenen krautigen Pflanzen in zarten Farben, die überhängen und die Kanten umspielen. Vier spitze, immergrüne Säulenwacholder in den Ecken geben den Rabatten Höhe; die Zugänge zum Rasen sollten durch eine symmetrische Bepflanzung betont werden. Es macht sich gut, wenn der Rasen abgesenkt ist, es ist aber nicht unbedingt nötig. Nur wenigstens eine Stufe nach unten gibt der Gestaltung mehr Reiz.

Der Geheime Garten sollte den Eindruck von Geschlossenheit machen und die ruhigen, geometrischen Beetmuster sollten ein Ort erhabener Ruhe und Harmonie sein. Muster für solche Parterres oder Knotenbeete, gibt es in unendlicher Zahl (siehe Seite 32–34 und 104–105). Sie sehen das ganze Jahr über hübsch aus und können im Frühling mit Zwiebelblumen, im Sommer mit Sommerblumen farbig bepflanzt werden. Der ganze Garten ist von einem dichten Gebüsch umgeben, vor allem immergrünen Laub- und Nadelgehölzern, um den Blick hinein abzuschirmen und den unschönen Zaun zu verdecken, teilweise aber auch mit laubabwerfenden Gehölzen mit Blüten, Früchten und farbigem Herbstlaub.

Der Garten bietet viele schöne Ausblicke: vom Haus zum Gartenhaus, von der Terrasse zur Statue und von der Bank im Geheimen Garten zum kleinen Wandbrunnen im Familiengarten. Vor allem diese Blickachsen verbinden die beiden Gartenteile miteinander, aber auch der Blick zurück aufs Haus sollte sorgfältig bedacht werden.

Die Bauten im Garten sind wichtig und kostspielig, aber nicht alle sind unbedingt nötig und manche können vereinfacht werden. Auf die Obelisken im Geheimen Garten kann man verzichten; dann müssen die Buchshecken geändert und das innere Muster muß angepaßt werden. Anstelle der Kugel in der Mitte muß dann ein aufrechter Kegel stehen, um den Beeten Höhe zu geben. Auch die Balustraden entlang der Terrasse sind nicht nötig oder können später einmal ergänzt werden. Aber im Familiengarten sind rechts und links des Terrassenzugangs so etwas wie Steinvasen oder Kübel nötig. Die anspruchsvolle Pflasterung kann auch vereinfacht werden, ein Belag mit Industriepflaster würde allerdings gewöhnlich wirken. Wenn die Finanzierung schwierig ist, kann man die Bauarbeiten staffeln. Erst wird die trennende Hecke gepflanzt, dann der Familiengarten und erst wenn alles fertig ist, der Geheime Garten.

Beide Gärten machen eher wenig als viel Arbeit. Jeder wäre auch für sich allein möglich. Der Geheime Garten gäbe – mit kleinen Änderungen – einen prächtigen Garten für ein Stadthaus und beide sind in einem Vorort oder auf dem Land denkbar.

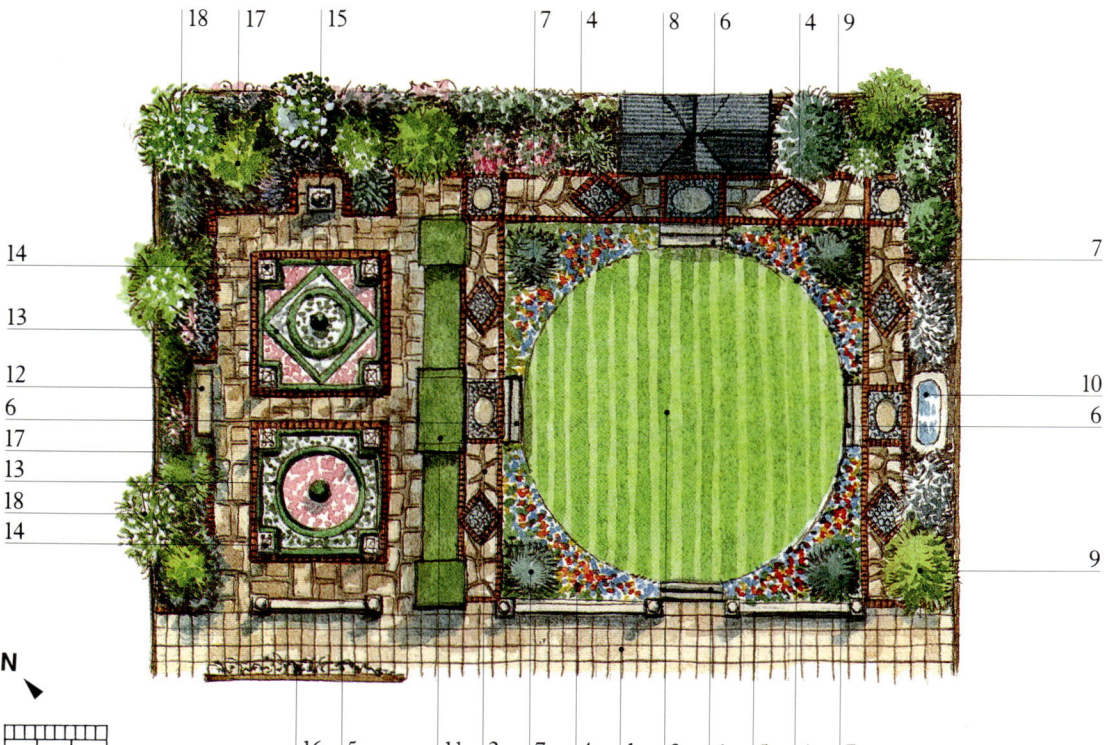

Der Garten der Familie

Außerhalb des Hauses (A) führt eine gepflasterte Terrasse (1) auf einen Plattenweg (2) mit Klinkerkante und Kieselmustern. Er umschließt eine runde Rasenfläche (3) mit Beeten (4) in den Zwickeln. Die Terrasse ist hübsch mit Balustraden begrenzt (5) und der Zugang zum Rasen geht über kleine Treppen (6) an allen vier Seiten. Die Bepflanzung in den Beeten (4) kann aus krautigen Pflanzen und einer Frühlingspflanzung aus Tulpen und Vergißmeinnicht bestehen, aber auch aus Rosen und graulaubigen Pflanzen. In den vier Ecken stehen hohe Säulenwacholder (*Taxus baccata* 'Fastigiata') (7) man könnte aber auch eine andere interessante Säulenkonifere wie *Juniperus virginiana* 'Skyrocket' oder *Chamaecyparis lawsoniana* 'Columnaris Glauca' verwenden. Am hinteren Ende steht ein Gartenhaus (8). Zwei Seiten sind mit

Insgesamt ist der Garten
24 m breit und 16,50 m tief
und der Familiengarten, von
der Hecke gemessen, ist
14,60 m breit und 16,50 m
tief.

Büschen bepflanzt und mit
Kletterpflanzen (**9**) wie *Euonymus*, *Spiraea × arguta*, *Hydrangea quercifolia*, *Choisya ternata*,
Philadelphus, *Elaeagnus × ebbingei*, *Skimmia japonica*, *Garrya elliptica*, *Daphne retusa*, unterpflanzt mit *Hosta*, Bergenien
und *Anaphalis triplinervis*. Der
Blick aus dem Geheimen Garten geht auf einen einfachen
Wandbrunnen (**10**).

Der Geheime Garten

Man erreicht ihn vom Familiengarten durch einen Torbogen in
der dicken Eibenhecke (**11**). Am
Ende und zwischen den beiden
Parterres (**13**) aus Zwergbuchs
(*Buxus sempervirens* 'Suffruticosa')
mit steinernen Obelisken (**14**) an
den Ecken steht eine Bank (**12**).
Beide Parterres können jährlich
anders bepflanzt werden. Hier
sind sie mit weißen und rosa Tulpen bepflanzt. Danach könnten

im Sommer Reseden und Ringelblumen folgen. Die Arbeit wäre
zu verringern, indem Teile der
Knotenbeete mit mehr oder weniger dauerhaften Pflanzen gefüllt
werden, wie *Santolina* oder Salbei.
Der Blick von der Terrasse führt
zu einer Statue (**15**) und in der
entgegengesetzten Richtung auf
ein Lattengitter vor der Garage
(**B**) mit Kletterpflanzen (**16**). Die
beiden Seiten (**17**) sind mit Gehölzen bepflanzt und mit je zwei
Holzäpfeln (**18**), *Malus* 'John
Downie', die die nötige Höhe,
Farbe und schöne Früchte haben.

Wegebelag

Als Belag auf den Wegen bieten
sich vielerlei Möglichkeiten, sowohl bei der Wahl des Materials
wie in der Art der Verlegung. Besonders geeignet ist Klinker, den
es in vielen Farben gibt, der dem

Stil des Hauses angepaßt und in
vielerlei Mustern verlegt werden
kann. Hier drei Möglichkeiten,
die für jeden Garten geeignet
sind. Zwei sind aus Klinker, eine
aus Klinker und Kieselsteinen in
Beton.

4. Ein Garten mit Pergola

Ein gleichmäßiges Rechteck ist eine ausgezeichnete Form für einen Garten an der Rückseite eines Hauses, eines Reihenhauses in der Stadt oder in einem Vorort, und schon durch seine Lage ist es ein nach innen gerichteter Garten. Ein solches Grundstück kann leicht langweilig wirken, wenn es nicht so unterteilt wird, daß es ein wenig geheimnisvoll und größer wirkt, als es wirklich ist. Hierfür bietet sich die Teilung durch eine Pergola an, mit unterschiedlichen Gartenräumen zu beiden Seiten.

Die Pergola ist schon für sich ein schönes architektonisches Gartenelement, läßt sich mit Kletterpflanzen beranken und bietet einen angenehmen schattigen Sitzplatz für warme Tage. In warmem Klima ist der Schatten ein wichtiger Faktor, aber in kühleren Gegenden ist es meist besser, Pergolen nur locker beranken zu lassen. Mit ein wenig Geschick läßt sich ein Geräteschuppen darin unterbringen und wenn die mittleren Pfosten der Pergola weit genug auseinanderstehen, kann die Pergola die Hauptblickrichtung durch den Garten einrahmen.

Eine Pergola kann als Brücke zwischen vielerlei unterschiedlichen Gartenräumen dienen. Hier besteht der Kontrast in einem formalen gepflasterten Kräutergarten und einem ruhigen Rasenbereich, der von einer immergrünen Hecke umschlossen ist. Damit wird eine angenehme Folge unterschiedlicher Stimmungen hervorgerufen. Zunächst kommt der gepflasterte Hof, in den Beete eingefügt sind, eine Sonnenuhr mit einer vergoldeten Kugel und einer Fülle von Kräutern und Blumen darum herum. Dann folgt die Pergola, die reichlich Raum bietet für vielerlei Kletterpflanzen und schließlich der kühle grüne Bereich, der nach Belieben noch weiter ausgestaltet werden kann, wenn die Mittel vorhanden sind. Der Bodenbelag, die Pergola und die Dekorationsstücke sind alle ziemlich kostspielig, so daß Sie sich vielleicht wenigstens zu Beginn in diesem Teil des Gartens auf die einfache, nur mit Nischen versehene, geschnittene Hecke und eine einzige große Steinvase als Blickfang beschränken werden. Ein Akzent ist an dieser Stelle nötig. Wenn die Kosten eine Rolle spielen, ist dieser Akzent sogar wichtiger als die Sonnenuhr, die auch durch einen großen, schön bepflanzten Kübel ersetzt werden könnte.

Insgesamt ist dieser Garten mit einem mäßigen Arbeitsaufwand verbunden. Der kleine formale Garten könnte auch als Rosengarten genutzt werden und er wäre an dieser Stelle, unmittelbar am Haus, auch durch jedes andere Parterremuster ersetzbar, beispielsweise durch die Parterres von Seite 128 und 129.

▶ N   Ⓐ   [Maßstab] 10ft / 3m

Der Kräuter- und Blumengarten

An das Haus (A) schließt eine Terrasse (1) an mit Gehölz-Rabatten (2) zu beiden Seiten aus *Fatsia japonica*, *Choisya ternata*, Deutzien, *Mahonia*, Flieder, *Camellia × williamsii* 'Donation' *Spiraea × arguta*, *Paeonia lutea* var. *ludlowii*, *Daphne × burkwoodii* und *Viburnum opulus*. Sie sind unterpflanzt mit schattenverträglichen Stauden. Die Mitte ist schachbrettartig mit Steinplatten und Klinker gepflastert (3). Den Mittelpunkt bildet eine Sonnenuhr mit einer vergoldeten Kugel an der Spitze (4). Wenn stattdessen etwas anderes an dieser Stelle kommen soll, ist darauf zu achten, daß es nicht den Hauptblickpunkt am anderen Ende des Gartens (11) wiederholt oder entwertet. Fünf Beete (5) enthalten Kräuter, im mittleren ist um die Sonnenuhr Rosmarin gepflanzt, in den anderen sind Buchspyramiden von Küchenkräutern umgeben. Die vier Beete mit Zwergbuchshecken (6) enthalten verschiedene Sommerblumen und Stauden.

Die Pergola

Die Pergolapfeiler sind aus Ziegeln gebaut und tragen Sparren aus Holz. Sie stehen auf einer etwas erhöhten (7) Fläche, die mit Bruchstein, strengen Klinkerkanten und einem dekorativen Muster in der Mitte (8) gepflastert ist. Von dort führen Stufen auf den Rasen. Neben den Pfeilern müssen Pflanzlöcher für die Kletterpflanzen offen bleiben. Die Pergolakonstruktion selbst ist aus Holz. Die Bepflanzung hängt von der Himmelsrichtung der Pergola ab und sollte über eine möglichst lange Vegetationsperiode kontrastreiches Laub und Blüten haben. Hier öffnet sich die Pergola nach Osten und Westen und ist deshalb für viele Pflanzen geeignet. Sie ist mit *Wisteria sinensis* bepflanzt. An der Südseite steht eine Bank (9) und an der Nordseite ist ein Geräteschuppen verborgen (10).

Der Rasengarten

Er besteht aus einem schlichten Rasen, der von einer Hecke umgeben ist und hinten in der Mitte steht als Hauptblickpunkt eine Statue (11). Die Hecke (12) ist aus Feuerdorn (*Pyracantha rogeriana*) die im Frühjahr und im Sommer geschnitten werden muß. Es dauert etwa zehn Jahre, um die Bogen zu gestalten, aber dann ist der

Anblick prächtig mit weißen Blüten im Sommer und orangeroten Beeren im Herbst. An der Rückseite der Bogen stehen weiß gestrichene Lattengitter (**13**), vor denen jeweils Steinvasen mit Sommerblumen stehen (**14**).

Eine Alternative

Einfacher ist der Rasengarten mit einer Steinvase (**15**) anstelle der Statue als Blickpunkt und stufig geschnittenen, durchgehenden Hecken (**16**). Ein schmaler Streifen mit Kies oder Pflaster (**17**) vor der Hecke hebt die Wirkung der Rasenfläche. Die Stufen in der Hecke lassen sich vielleicht einfacher aus *Thuja plicata* × *Cupressocyparis leylandii* oder Eibe schneiden. In jedem Fall ist darauf zu achten, daß zwischen der Hecke und der Grundstücksgrenze ausreichend Platz ist, um die Hecke schneiden zu können.

Der Garten ist etwa 12 m breit und 23 m lang. Davon mißt der Kräutergarten etwa 9 m, die Pergola 3 m und der Rasengarten 11 m.

5. Rasengarten und ein Spiel mit der Raumwirkung

Ein nach innen gerichteter, formaler Garten, der auf den Beschauer durch einen raffinierten optischen Trick nach wesentlich mehr aussieht, als er wirklich ist. Das Rezept ist das gleiche wie bei einer Peepshow, wobei der Blick durch den einen Garten hindurch mitten durch den zweiten führt, in diesem Fall einen verborgenen Gemüsegarten. Kurz geschorener Rasen, von einer Obstbaumallee flankiert, führt im Hintergrund zu einer Steinvase auf einem Sockel, die von einer halbkreisförmigen geschnittenen Eibenhecke umrahmt wird. Irgendein Blickpunkt ist an dieser Stelle nötig, es könnte auch eine Büste auf einer Säule sein, eine Figur oder ein Obelisk. Die beiden spitzen Bäume im Hintergrund verstärken die Täuschung.

Im Frühling bietet sich ein wogendes Blütenmeer aus verwilderten Narzissen in der Allee. Im Herbst sind die Bäume voll rötlicher Früchte.

Der Geheime Garten ist hier ein ganz gewöhnlicher Gemüsegarten mit Geräteschuppen und Komposthaufen. Ebenso ließe sich hier irgendeine unverzichtbare Versorgungseinrichtung wie eine Garage, eine Werkstatt oder ein Kinderspielplatz verbergen. Man könnte die Fläche aber auch vollständig mit Gemüsebeeten nutzen, etwa in der Art von Garten 6 (Seite 114–115) oder Garten 9 (Seite 124–125). Wenn kein Gemüse gebraucht wird, könnte der Garten wie der Gartenbereich mit naturnaher Pflanzung von Garten 6 gestaltet werden. Der Klinkerweg aus dem Rasengarten könnte auch bis zur Vase weitergeführt werden und diese könnte auch auf einem erhöhten, gepflasterten Podest stehen. Die Illusion von Weite wird verstärkt, wenn der Weg in Abständen flache Stufen erhält und leicht ansteigt und noch mehr, wenn er nach hinten geringfügig schmäler wird.

Der Rasengarten ist ganz schlicht: das einzige, was etwas Mühe macht, sind die Blumenrabatten beim Haus, aber sie müssen nicht sein. Sie könnten ebensogut durch Gehölze ersetzt werden, wie an den anderen Seiten. Ansonsten besteht der Garten nur aus Rasen, ist von Wegen durchzogen und hat vier Blütenbäume. Wenn die Bepflanzung so schlicht ist, müssen die gebauten Elemente etwas reicher sein. Vornehmlich der Weg muß als Kontrast zum einfachen Rasen interessant sein. Hier ist es eine Mischung aus Klinkermuster und Kieselpflaster an den Kreuzungen, aber es gibt viele andere Möglichkeiten. Außerdem schlage ich als weiteren Akzent für den Rasengarten eine Sonnenuhr mit einer vergoldeten Kugel darauf vor, die das Licht einfängt.

Ohne die Blumenrabatte und den Gemüsegarten macht dieser Garten keine Mühe, abgesehen von regelmäßigem Mähen des Rasens, jährlichem Schnitt der Gehölze, der Blütenbäume und der Hecke und der Unkrautbeseitigung auf den Wegen. Die größten Kosten entstehen durch die Anlage der Wege und die beiden Ornamente. Der Garten ist von Anfang an wirkungsvoll, aber sein wichtigstes Element, die geheimnisvolle Eibenhecke, braucht zehn Jahre oder länger bis sie wirklich schön ist. Man kann auch eine schneller wachsende Hecke pflanzen, aber es lohnt sich, auf die Eiben zu warten. Der Garten kann in einem Vorort liegen oder auf dem Land und der Rasengarten kann auch für sich allein wirken.

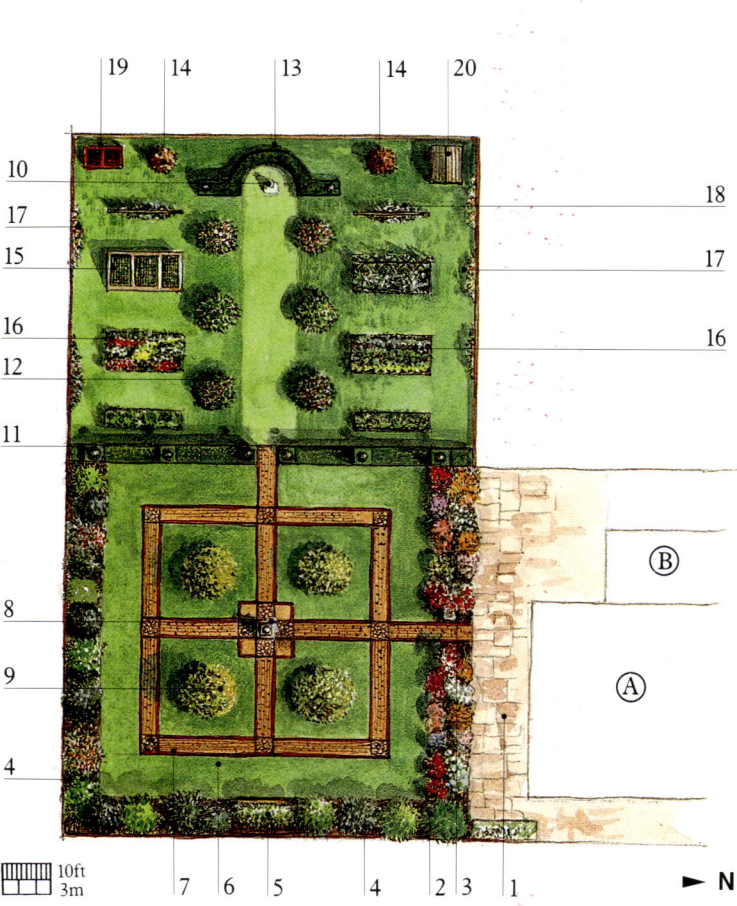

10ft
3m

► N

Der Rasengarten

Um das Haus (**A**) und die Garage (**B**) läuft eine gepflasterte Terrasse (**1**). Ein Weg führt durch eine Blumenrabatte (**2**) mit Sommerblumen in Kübeln (**3**) zu beiden Seiten des Zugangs. In den seitlichen Beeten (**4**) stehen vornehmlich immergrüne Gehölze und Koniferen, um den Zaun zu verdecken und den Garten vor Blicken abzuschirmen. An der Ostseite steht eine Gartenbank (**5**), damit man von dort den Blick und die Abendsonne genießen kann. Darüber ist ein einfacher Pergolabogen für Rosen und duftende Kletterpflanzen. Der Rasen (**6**) wird durch Klinkerwege (**7**) mit Kieselsteinen in Beton an den Kreuzungen in vier Quadrate geteilt und in der Mitte steht eine Sonnenuhr (**8**). Die vier Bäume (**9**) müssen mit Bedacht ausgewählt werden, damit sie möglichst lange im Jahr gut aussehen. Ich schlage einen Wildapfel vor, zum Beispiel *Malus* 'Golden Hornet' oder 'Red Sentinel', die im Frühjahr schön blühen und im Herbst herrliche Früchte haben, oder *Amelanchier lamarckii* mit weißen Blüten im Frühjahr und leuchtender Herbstfärbung.

Spielerei mit der Raumwirkung

Der Blick auf die Steinvase (**10**) führt durch eine geschwungene Eibenhecke (**11**). Der kurzgeschorene Rasenweg wird von einer kleinen Allee aus Obstbäumen auf schwachwüchsiger Unterlage (**12**) flankiert. Darunter sind Zwiebelpflanzen. Hinter der Urne verläuft eine halbkreisförmige Eibenhecke (**13**). Die Formhecken können statt aus Eiben auch aus *Thuja*, Buchen, Hainbuchen, oder Liguster aufgebaut werden, die zwar längst nicht so eindrucksvoll sind, aber wesentlich schneller wachsen. Die formale Bepflanzung wird durch zwei hohe Bäume (**14**) vervollständigt; dafür empfehle ich *Fagus sylvatica* 'Fastigiata'. Zu beiden Seiten der Allee liegt der Gemüsegarten mit einem Folienhaus (**15**) für zarte Früchte und Beeten (**16**) für Salate, Schnittblumen,

Rhabarber, Topinambur und andere Gemüse und Kräuter, die nacheinander angebaut werden. An den Zäunen der Nord- und Südseite ist Platz für Obstbäume, Sauerkirschen im Norden und Äpfel oder Birnen im

Insgesamt ist das Grundstück 26 m breit und 42 m lang. Der Rasengarten ist etwa 22 m und der Gemüsegarten 20 m lang.

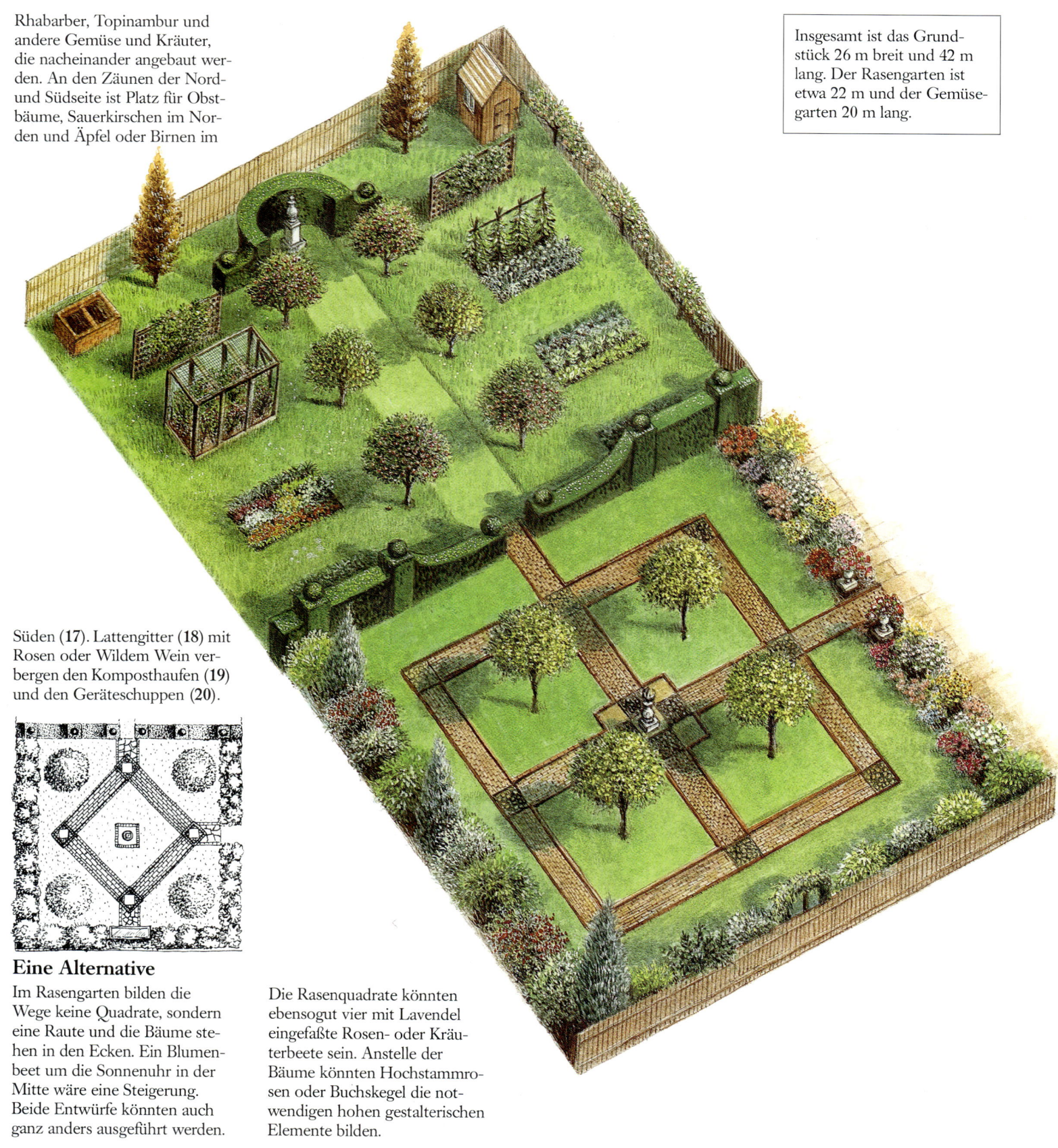

Süden (17). Lattengitter (18) mit Rosen oder Wildem Wein verbergen den Komposthaufen (19) und den Geräteschuppen (20).

Eine Alternative

Im Rasengarten bilden die Wege keine Quadrate, sondern eine Raute und die Bäume stehen in den Ecken. Ein Blumenbeet um die Sonnenuhr in der Mitte wäre eine Steigerung. Beide Entwürfe könnten auch ganz anders ausgeführt werden.

Die Rasenquadrate könnten ebensogut vier mit Lavendel eingefaßte Rosen- oder Kräuterbeete sein. Anstelle der Bäume könnten Hochstammrosen oder Buchskegel die notwendigen hohen gestalterischen Elemente bilden.

6. Wassergarten und bäuerlicher Nutzgarten

Dies ist der komplizierteste Gartenplan in diesem Buch. Er sieht Wasser vor, einen Rasen mit beschnittenen Heckenteilen aus Eiben, einen Naturgartenteil und einen bäuerlichen Nutzgarten. Trotzdem ist die Gartenfläche insgesamt überraschend klein. Hier ist erkennbar, daß durch die Unterteilung in mehrere Gartenräume wesentlich mehr verschiedene Gestaltungselemente unterzubringen sind als dies auf einer offenen Fläche möglich wäre. Die Größe der Gartenteile muß der Größe des Hauses angemessen sein – je größer das Haus ist, desto größer sollten auch die Gartenräume sein. Am besten wird der Garten verständlich, wenn man ihn so betrachtet, als wären vier verschiedene Gärten durch Blickachsen optisch miteinander verbunden. Jeder Gartenteil könnte auch ein abgeschlossener Garten für sich sein.

Es ist ein kostspieliger Garten, und man benötigt einen Fachmann für die Pflasterarbeiten, die Niveauunterschiede im Gelände, das Wasserbecken und das Gartenhaus. Da gerade in diesen gebauten Gartenelementen der besondere Reiz dieses Gartens liegt, und da die meisten Arbeiten gleich von Anfang an nötig sind, wäre es nicht einfach, den Garten in Etappen auszubauen. Deshalb verlangt dieser Garten zunächst einen erheblichen Aufwand an Geld und Arbeit.

Es ist auch ein Garten der großen Gegensätze und das macht ihn besonders attraktiv. Der Blick von der Bank beim Wasserbecken über die Wasserfläche, in der sich der Himmel spiegelt und über die Grünfläche mit den Eibenhecken bis zu der Statue, die sich gegen das Gebüsch abhebt, dürfte das ganze Jahr über reizvoll sein.

Ein Gang entlang dem Hauptweg in den Gemüsegarten, um etwas zu ernten, wäre immer ein Vergnügen und ebenso der Blick aus dem Gartenhäuschen über die vier mit Buchs eingefaßten Beete mit ihren kleinen Obstbäumchen, die im Frühjahr Blüten und im Herbst Früchte tragen. Ein anderer Blick führt von dem gemütlichen Sitzplatz unter dem Bogen den Weg entlang bis zum naturnahen Garten mit seinem grob gemähten Gras, den Blumenzwiebeln im Frühling und der sommerlichen Blüte von *Rosa rugosa*. Dieser Bereich enthält noch weitere Genüsse, denn hier ist eine kleine Allee aus Kugelakazien, die auf eine Steinvase zuführt und die am besten vom Haus aus oder von der Terrasse über das Wasserbecken eingesehen werden kann. Es ist wichtig, den Ausblick auch in der Gegenrichtung zu überprüfen; es mag nötig sein, das Haus mit Kletterpflanzen zu begrünen oder neben den Türen Kübel mit Formbäumchen oder Sommerblumen aufzustellen.

Sobald der Garten angelegt und mit diesen Einzelheiten ausgestattet ist, ist die weitere Arbeit erstaunlicherweise nicht groß. Der Bereich beim Haus muß regelmäßig gemäht werden, die Hecken und Sträucher müssen einmal im Jahr geschnitten werden. Nur das Blumenbeet um die Statue verlangt größere Aufmerksamkeit. Im naturnahen Garten müssen die Kugelbäume zurückgeschnitten und das Gras muß gemäht werden. Der Gemüsegarten allerdings braucht regelmäßige Pflege. Wer nicht wirklich Freude daran hat oder bereit ist, die zusätzliche Arbeit zu akzeptieren, sollte sich nicht darauf einlassen. Mit einigen Änderungen wäre daraus auch etwas anderes zu machen, beispielsweise mit Rosen, denn es wäre natürlich die ideale Lage für einen Rosengarten oder für einen Rasen mit Figurenbäumchen (siehe Seite 36–39).

Die Variationsmöglichkeiten für diesen Garten sind fast grenzenlos. Auf Seite 116 ist ein weiterer Vorschlag mit den gleichen Gartenelementen, aber auch beliebig viele andere Ideen aus diesem Buch sind kombinierbar, etwa ein Parterre und eine Pergola anstelle des Wasserbeckens. Die vielen Möglichkeiten sollten Ansporn sein für alle, die ein vergleichbar ehrgeiziges Projekt planen.

  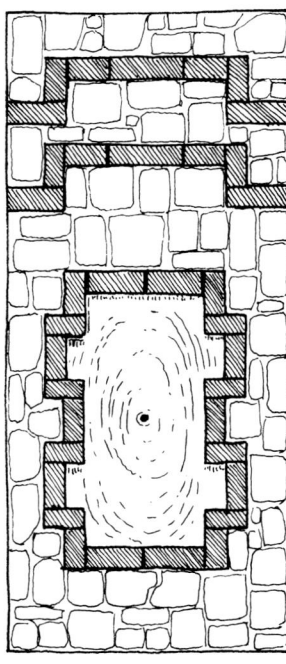

Wasserbecken und Stufen

Die vier Pläne für ein Wasserbecken mit Stufen sind alle speziell für diesen Garten entworfen, können aber auch für andere Grundstücke verwendet, vergrößert oder so verändert werden, daß sie zur Form vorhandener Treppen passen. Diese sind aus Stein oder Kunststein in Verbindung mit Klinker. Eine streng geometrische Form der Wasserfläche wie ein Spiegel in einem Rahmen ist wichtig. Beim Blick auf das Wasser sollte die Umgebung interessant sein, aber nicht dominierend, denn sie wird ständig wahrgenommen. Quadratische, rechteckige oder runde Formen sind natürlich auch klassische Lösungen für Wasserbecken.

Die Terrasse

Die Terrasse (**1**) verläuft über die volle Breite des Hauses an seiner Rückseite (**A**). Die Garage (**B**) und der Eingang (**C**) an der Seite sind durch Lattengitter (**2**) mit Kletterpflanzen abgeschirmt. Bei der Plazierung der Heckenteile (**3**) ist darauf zu achten, daß sie sich nicht mit einem Fenster oder einer Tür des Hauses überschneiden. Ihr etwas eintöniges Aussehen von der Terrasse aus, könnte durch

ein paar Gartenornamente aus Stein, beispielsweise Kugeln oder Zapfen auf einem Sockel, verbessert werden.

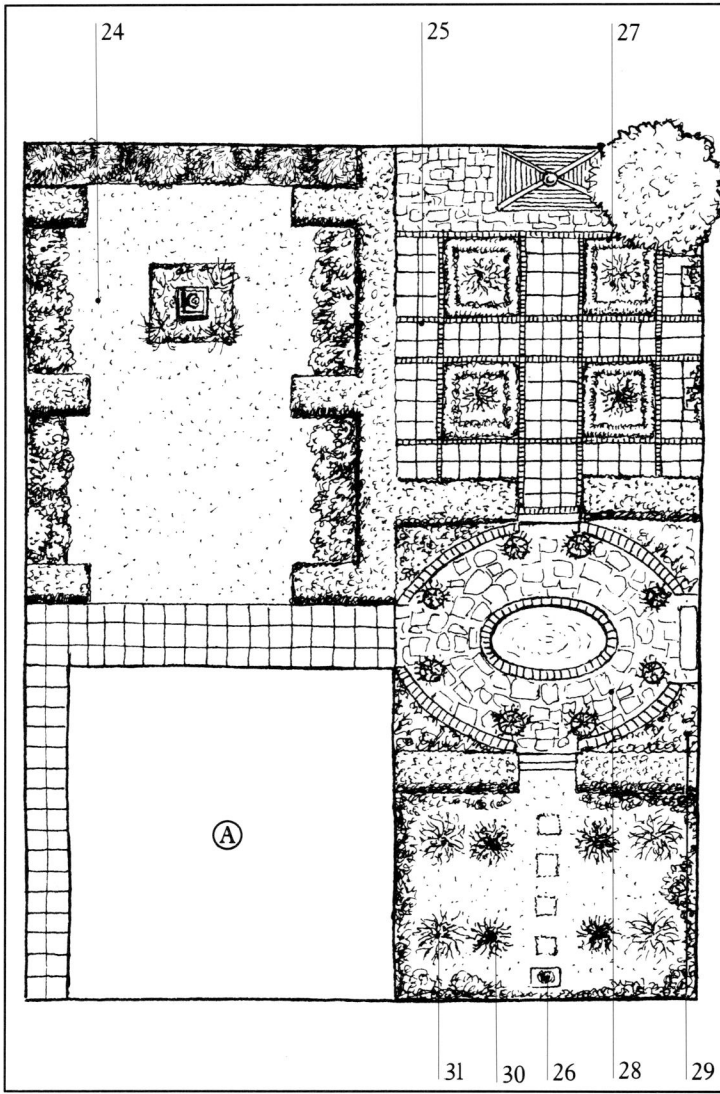

Der Garten mit naturnaher Pflanzung

Immergrüne Gehölze und Kletterpflanzen (10) bilden den Hintergrund für das Gartenornament (11). In dem Bereich ist das Gras nur grob gemäht, mit großen Trittplatten dazwischen, und ausgewilderten Narzissen im Frühling. Die kleine Allee (12) besteht aus kugeligen Scheinakazien (*Robinia pseudoacacia* 'Inermis'). Eine andere Möglichkeit wäre, den Bereich durch eine Reihe von Hochstammrosen formaler zu gestalten, dann wären Beete nötig und dann müßte auch das Gras regelmäßig gechnitten werden. Die Rosen sollten blasse Farben haben. An beiden Seiten schlage ich Büsche von *Rosa rugosa* (13) vor, die robust und kaum anfällig sind, herrlich duften und wenig Pflege brauchen. Zwei Rosmarinbüsche (14) markieren den Zugang zum Gemüsegarten.

Der Küchengarten

Die Wege sind mit Platten (15) belegt und haben Klinkerkanten. Den Mittelpunkt bilden vier Beete mit einer Buchsumrandung (16). Jeweils in der Mitte steht ein Apfelbaum (17) auf schwachwüchsiger Unterlage. Da Gemüse im Schatten der Bäume schlecht wächst, schlage ich eine formale Unterpflanzung mit *Anaphalis triplinervis* oder *Lamium maculatum* 'Beacon Silver' vor (18). Der Zaun im Südwesten (19) ist ideal für Spalierobst und am Zaun im Nordwesten könnten Sauerkirschen wachsen (20). Davor ist Platz für Salat und Küchenkräuter. Der Flechtzaun (21) ist für Bohnen geeignet; weitere Beete (22) können für wechselnde Bepflanzung mit Gemüse, auch Wintergemüse, verwendet werden und Folientunnel (23) schützen den Wintersalat.

Eine Alternative

Der Plan enthält die gleichen Elemente wie der ursprüngliche Entwurf, sie wurden aber für das kleinere, L-förmige Grundstück anders angeordnet. Er zeigt auch, wie beliebig Teile aus anderen Plänen dieses Buches untereinander kombiniert werden können.

Hier ist der Rasengarten (24) umgedreht, so daß die Heckenpfeiler vom Haus (A) aus zu sehen sind. Der Nutzgarten (25) ist wesentlich kleiner und ein völlig neuer Blick ergibt sich von der Steinvase im naturnahen Garten (26) über das Wasserbecken zur romantischen Gartenlaube im Nutzgarten. Dort sind die Apfelbäume durch vier Hochstammrosen ersetzt (27). Der Wassergarten (28) wird abgesenkt und erhält an zwei Seiten Hecken. In den Zwickeln finden silberlaubige Pflanzen (29) Platz. Im Naturgarten ist kein Platz für eine Allee, hier stehen stattdessen vier Blütenbäume (30) und vier *Rosa rugosa* (31).

Der Rasengarten

Wichtigstes Gestaltungselement ist die Eibenhecke mit ihren massiven Pfeilern (3). Sie werden einmal sehr theatralisch wirken, brauchen aber wenigstens zehn Jahre, bis sie ausgewachsen sind. Die Formen können auch geändert werden. So wäre eine Figur oder eine Kugel oben denkbar. Die Bepflanzung des Beetes (4) mit der Statue (5) kann ganz einfach sein, aus *Nepeta* oder *Stachys lanata*, oder mit niedrigen Rosen kombiniert werden. Wer aber das Jahr über mehr Farbe will, kann im Frühling Krokusse, dann Tulpen, später Sommerblumen wie Petunien haben und zuletzt Stiefmütterchen bis in den Winter. Es wäre auch denkbar, zwischen den Heckenpfeilern Staudenrabatten anzulegen. Am hinteren Rand ist eine einfache Rabatte (6), vornehmlich mit immergrünen Gehölzen, aber der Farbe wegen auch mit einigen Laubgehölzen bepflanzt.

Der Wassergarten

Eine überwiegend mit immergrünen Gehölzen bepflanzte Rabatte (7) bildet das Pendant zu der am anderen Ende des Rasengartens (6). Um zu verhindern, daß im Herbst Laub ins Wasser fällt, kann man es mit einem Netz abdecken. Das Wasserbecken (8) soll vor allem als Spiegel wirken, aber die Wasserfläche könnte auch durch ein paar Wasserpflanzen belebt werden. Eine Alternative wäre ein einzelner Wasserstrahl in der Mitte. Es ist immer zu bedenken, daß Wasserbecken, auch wenn sie noch so flach sind, eine Gefahr für Kinder sind. Große Terracottakübel (9) mit Hortensien beleben diesen Bereich zusätzlich.

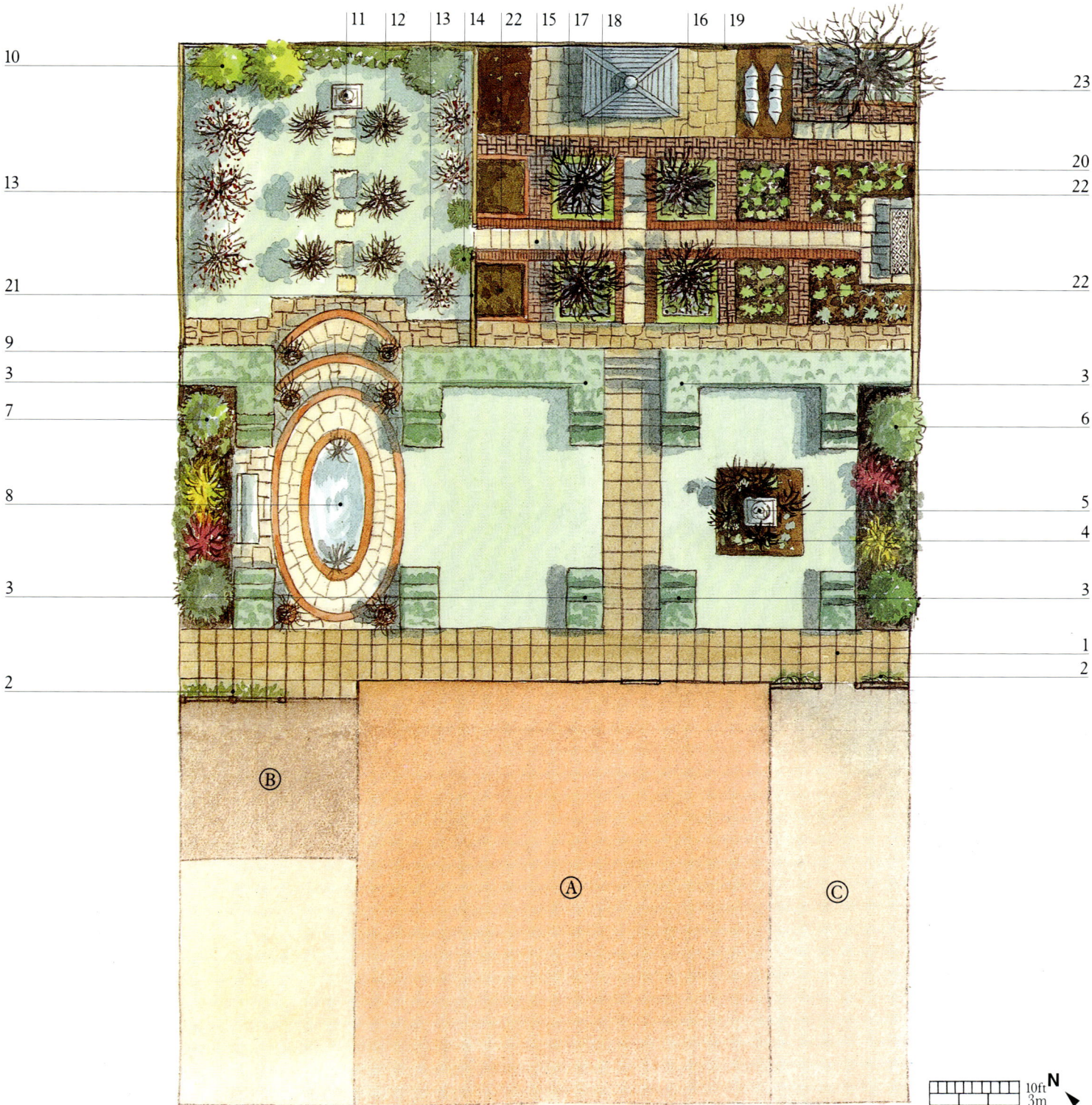

Der Garten, einschließlich der gepflasterten Terrasse hinter dem Haus, ist etwa 24,50 m breit und 21 m tief. Der Rasengarten ist etwa 17,50 m breit und 9,50 m tief; der Wassergarten ist 7,50 m breit und 10,80 m tief; der Naturgarten ist etwa 10 m breit und 11 m tief. Der Gemüsegarten ist 15 m breit und 10,50 m tief.

7. Ländlicher Rosen- und Nutzgarten

Auch unregelmäßige und ganz unglücklich geschnittene Grundstücke können formal gestaltet werden, indem der Grundriß geometrische Formen erhält, und mit gepflasterten Wegen und strengen Hecken regelmäßige Räume geschaffen werden. Dabei müssen vorhandene alte Bäume und Hecken geschont und mit Bedacht in den Plan einbezogen werden. Auf diesem dreieckigen Grundstück stand in einer Ecke ein herrlicher alter Baum, der es ermöglichte, dort einen kleinen naturnahen Garten mit Wildblumen und Gräsern anzulegen, einer idealen Ergänzung zum anschließenden Rosengarten. Die vorhandene Weißdornhecke wurde überall belassen, mit Ausnahme von zwei Stellen. Auch Weißdorn läßt sich beschneiden, formal gestalten oder zu Hochstämmen formen.

Die einzige Stelle, die groß genug war für einen Rosengarten, war abseits des Hauses und von keinem Fenster aus zu sehen, außer von den Nordfenstern im 1. Stock. Dies muß aber kein Nachteil sein, denn kaum etwas macht in einem Garten mehr Vergnügen, als die Entdeckung geheimer Winkel. Auf dem Grundstück ist dann noch Platz für einen dekorativen Nutzgarten an der Rückseite des Hauses. Bei sorgfältiger Pflege kann er ebenso reizvoll sein wie der Rosengarten. Das Oktagon, durch schmale Klinkerwege in vier Beete geteilt, hat in der Mitte einen als Pyramide geformten Lorbeerbaum und in den vier Beeten stehen Hochstammrosen, um die Höhe zu betonen. Eine Einfassung aus Buchs wäre eine hübsche Ergänzung.

Ein besonderer Reiz bei der formalen Gestaltung unregelmäßiger Grundstücke liegt darin, daß die Bereiche, die nicht in den geometrischen Plan einbezogen werden können, ganz besonders zur Wirkung kommen. In diesem Fall entsteht nicht nur ein kleiner Naturgarten, sondern in die Winkel zwischen Rosen- und Nutzgarten können zwei Obstbäume gesetzt und mit interessanten Blütengehölzen und Bodendeckern unterpflanzt werden.

Da der Rosengarten wie der Nutzgarten beträchtlich Arbeit machen, sollte der Bereich vor dem Haus leicht pflegbar sein. Säulenförmige Eiben stehen rechts und links des Eingangsweges. Am Haus können Kletterpflanzen hochwachsen und entlang dem Zaun sind schmale Beete mit Gehölzen und Stauden.

Bei so vielen verschiedenen Bereichen hat der Garten das ganze Jahr hindurch etwas zu bieten. Sowohl der Rosengarten wie der Nutzgarten sind zwar im Sommer am schönsten, aber andere Bereiche sind im Frühling schön, wenn die Zwiebelpflanzen in der Wiese erscheinen und die *Helleborus* blühen, oder im Herbst, wenn das Obst an den Bäumen hängt. Dies ist kein teurer Garten und seine Anlage kann nach und nach erfolgen. Als erstes sollten vor allem die Hecken gepflanzt werden, alles andere wächst innerhalb von fünf Jahren heran.

Die Pläne für den Rosengarten und den Nutzgarten können ganz einfach auch als Planungsgrundlage für andere Zwecke verwendet werden, vor allem für Kräuter und Blumen. Wenn der Plan des Rosengartens für einen Blumengarten verwendet wird, sollten bei der Bepflanzung das Muster und die Farben in den Beeten erhalten bleiben und statt der Rosenpyramiden sollten vielleicht kleine dekorative Bäume gepflanzt werden.

Der Nutzgarten

Er hat vier Beete (**1**) zur Bepflanzung mit Gemüse und in jedem steht eine Hochstammrose der Sorte 'Iceberg'. In der Mitte (**2**) steht ein zur Pyramide geformter Lorbeerbaum, aber ein großer Terracottakübel oder ein Eibenformbäumchen wären auch geeignet. Die Hauptwege (**3**) sind mit Platten belegt, während die Wege zwischen den Beeten (**4**) aus dunklem Klinker sein können. Die

Dreieckbeete beim Haus (**5**) können Küchenkräuter aufnehmen. Ein überwachsener Geräteschuppen (**6**) verdeckt den Komposthaufen (**7**), und eine Eberesche (**8**) schließt nach hinten optisch ab. Eine Holzbank (**9**) verlangt nach einer Umpflanzung mit duftenden Blütengehölzen.

Der Zwischenbereich

Zwei Obstbäume (**10**), beispielsweise zwei Äpfel, die sich gegenseitig befruchten, geben diesem Bereich optisch Höhe. Darunter ist eine flächige, formlose Pflanzung mit schattenverträglichen Gehölzen und Bodendeckern wie *Hosta*, *Geranium*, *Pulmonaria*, *Helleborus*. Ein Kübel (**11**) fungiert als Blickfang für die Wege zu beiden Seiten des Hauses (**A**).

Der Garten mit naturnaher Pflanzung

Die nur gelegentlich gemähte Wiese unter der alten Eiche

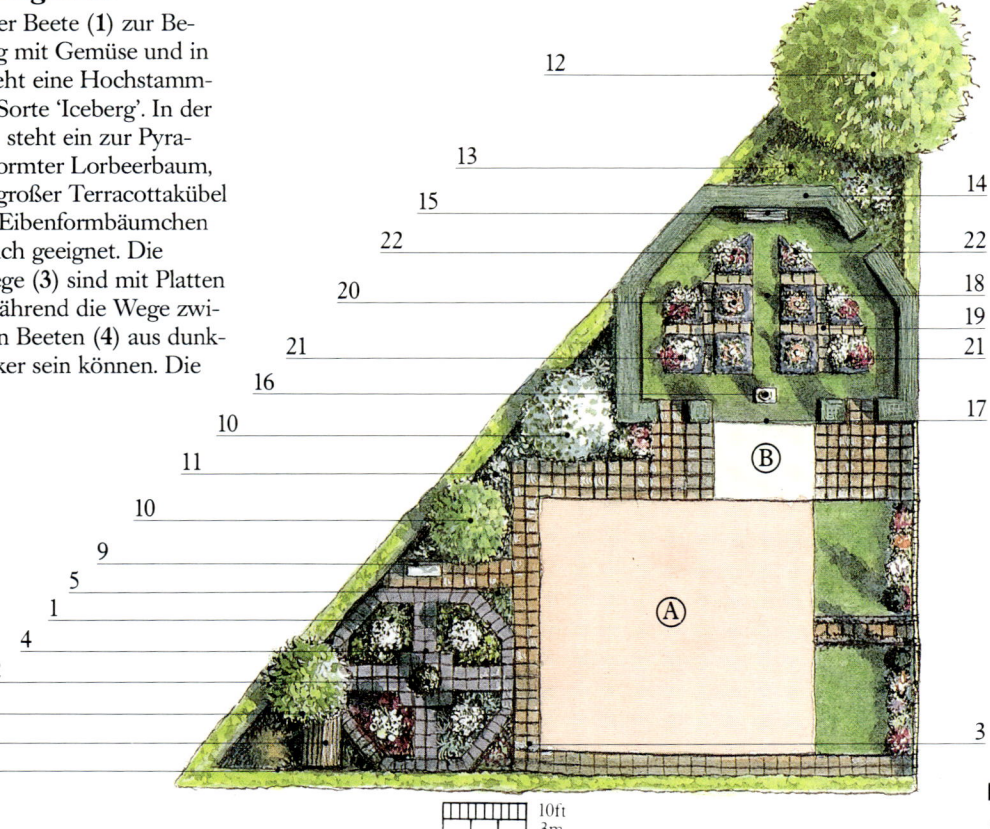

10ft
3m

N

(12) enthält Wildblumen wie Primeln, Schlüsselblumen und einige Frühlingszwiebeln (13) sowie einen *Viburnum davidii*.

Der Rosengarten

Der Garten ist von einer 2,70 m hohen Eibenhecke (14) umschlossen, die den Hintergrund für das komplexe Bild im Inneren bildet.

Die Hauptachse verläuft in Nord-Süd-Richtung, von einer Bank auf einem gepflasterten Untergrund (15) zu einer Figur (16) vor der Garagenwand (B), die mit einem gestrichenen Lattengitter und Kletterrosen (17) verkleidet ist. Dieser zentrale Punkt in Form der Skulptur ist unerläßlich, könnte aber auch durch eine Steinvase ersetzt werden, die im Winter mit Stiefmütterchen bepflanzt sein könnte. Graswege (18) umgeben und teilen die zehn Rosenbeete, die ihrerseits durch gepflasterte Wege (19) in zwei Gruppen geteilt sind. Alle sind mit Zwerglavendel eingefaßt. In den vier quadratischen Beeten in der Mitte (20) stehen gestrichene Holzpyramiden für Kletterrosen, wie die duftende rosarote remontierende 'Aloha'. Von den äußeren sechs Beeten sind zwei (21) groß genug für die schneeweiße *Rosa rugosa* 'Blanc Double de Coubert', während in den kleineren Beeten (22) die Floribunda-Rose 'Saratoga' stehen könnte. So wäre der Rosengarten eine Symphonie aus Rosa und Weiß, Grau und Blau gegen das Grün des Rasens und der Eibenhecke. Andere Farbzusammenstellungen sind natürlich möglich, beispielsweise Gelb und Weiß. Die Hagebutten ansetzenden Rugosa-Rosen in den größeren Beeten sind im Herbst zusätzlich attraktiv. Es ist besonders wichtig, auf die Farben zu achten. Sie müssen zart sein, kräftige Farben würden die ruhige Wirkung zerstören.

Eine Alternative

Eine Eibenhecke und ein kreisrunder Rasenweg (23) umgeben vier Beete (24) mit einer Statue in der Mitte (25). Vom Zugang (26) und aus den Nischen in der Hecke (27) geht der Blick auf die Skulptur welche die Vertikale betont, so daß die Pyramiden in den Beeten nicht nötig sind.

Das Grundstück ist dreieckig mit Seiten von etwa 27 m, 30 m und 41 m Länge.

8. Landhausgarten

Das ist ein Garten mit Blick in die Landschaft. Das Grundstück ist unregelmäßig und muß für eine formale Gestaltung in regelmäßige Räume und Ebenen unterteilt werden. Der Plan zeigt eine Kombination von drei glanzvollen Einzelthemen, die als gärtnerische Höhepunkte zu bewundern sind, und ganz einfachen Partien als Kontrast dazu. Das charakteristische Element in diesem Garten ist eine Allee entlang einem höher gelegenen Weg an einer Seite des Hauses. Die Allee ist ein ganz in Vergessenheit geratenes Gestaltungselement für den Garten, weil sie irrtümlicherweise oft nur im Zusammenhang mit großen Dimensionen gesehen wird. Aber mit Bäumen in der richtigen Größe oder mit solchen, die beschnitten werden können, ist eine Allee auch im ganz kleinen Rahmen möglich. Alleen bringen vertikale Akzente und zugleich Struktur in einen Garten. Die Allee hier ist 25 m lang und besteht aus acht kleinkronigen Baumpaaren, die jährlich in Kugelform geschnitten werden, sie könnte aber auch aus größeren Hochstämmen, z.B. aus Linden bestehen. Beabsichtigt ist ein Wandelgang im Freien; er soll auf zwei Aussichtspunkte zuführen, und, wenn es dort keine Aussicht gibt, kann es auch ein dekoratives Kunstwerk sein. Häufiger dient eine Allee dazu, einen Gartenteil mit einem anderen zu verbinden – eine reizvolle Möglichkeit. Bei der Pflanzung einer Allee ist es empfehlenswert, einen oder zwei zusätzliche Bäume an einen freien Platz des Gartens zu pflanzen, um eine Reserve zu haben, wenn einer der Allee-Bäume im Jugendstadium eingeht. Die Allee, die, sowie sie gepflanzt ist, auch gleich als solche erkennbar ist, bildet einen deutlichen Kontrast zu dem Figurengarten aus Eiben vor dem Haus (siehe nächste Seite), der nur ein Projekt auf lange Sicht sein kann. Er ist in einem Bereich geplant, wo er allmählich wachsen kann, bis er einmal der aufsehenerregendste Gartenbereich wird. Zudem ist er gar nicht teuer, denn das einzige, was man braucht,

sind fünf junge Eibenpflanzen in kleinen Beeten im Rasen. Geduld macht das übrige, abgesehen vom jährlichen Schneiden und Düngen. Ein Figurengarten gibt jedem Haus einen Hauch von Stil und Besonderheit, wofür sich zu warten lohnt.

Das dritte Thema ist ein Laubengang aus Apfelbäumen als Abschluß für die Hauptachse an der Rückseite des Hauses. Er ist, im Gegensatz zur offenen Allee, in sich geschlossen. Die Wirkung wird erkennbar, sobald das Gerüst aufgerichtet ist, und wie bei der Allee besteht die Hauptarbeit in alljährlichem sorgfältigem Schnitt. Die Bäume tragen im Frühling Blüten und Früchte im Herbst. Diese drei etwas gekünstelten Gestaltungen sollen dem im übrigen ziemlich gewöhnlichen Garten mit seiner großen Wiese, Blumenbeeten und einem handfesten Wirtschaftsgarten eine gewisse Note geben.

Wenn Sie einen klassischen Bauerngarten wollen, müssen Sie die Obstbäume und Gemüsebeete in einem geometrischen Muster anlegen. Abgesehen von der Geländemodellierung und Terrassierung zu Beginn ist die Anlage nicht kostspielig, wenn man seine Größe bedenkt. Der Garten ist auch nicht arbeitsaufwendig, denn die pflegeintensiven Bereiche und solche, die weniger Mühe machen, halten sich die Waage.

Unter den alten Bäumen bietet der Garten auch viele Plätze zum Verwildern von Frühlingszwiebeln. Die vier Blumenrabatten sind unverzichtbar, denn sie sind in der ganzen Anlage der einzige blühende Gartenteil. Der Kontrast zwischen dem Farbenspiel in diesen Beeten und den nahezu monochromen Bereichen Figurengarten, Laubengang und Allee sollte überwältigend sein. Die Partie mit dem Rasen ergibt einen in sich geschlossenen Garten, aber an der Stelle, wo die Stufen zur Apfellaube führen, sollte irgend ein Blickfang aufgestellt werden. Alle diese Einzelelemente sind auch auf andere Pläne übertragbar.

Eine gestelzte Hecke

Eine gestelzte Hecke aus beschnittenen Bäumen ist eine ausgezeichnete Alternative zur Allee. Sie grenzt durch ihre klare Form Räume ein und gestattet doch den Durchblick in andere Teile des Gartens und sie bietet die Möglichkeit, darunter etwas zu pflanzen.
Für den Schnitt eignen sich Linden am besten, aber auch Hainbuchen sind für gestelzte Hecken möglich. Beide werden an waagrechten Stangen in Etagen gezogen (siehe Seite 153). Hainbuchen können mathematisch genau geschnitten werden und die Form bleibt auch im Winter erhalten, denn die Blätter verfärben sich, bleiben aber an den Zweigen. Linden werfen ihr Laub zwar ab, aber sie haben hübsches Laub, wachsen sehr schnell und ihre Blüten duften im Sommer. Im Winter liegt ein besonderer Reiz in den

streng geometrisch gezogenen kahlen Ästen. Sowohl Linden wie Hainbuchen können auch so nach oben gezogen werden, daß sie einen Bogengang oder Tunnel bilden.

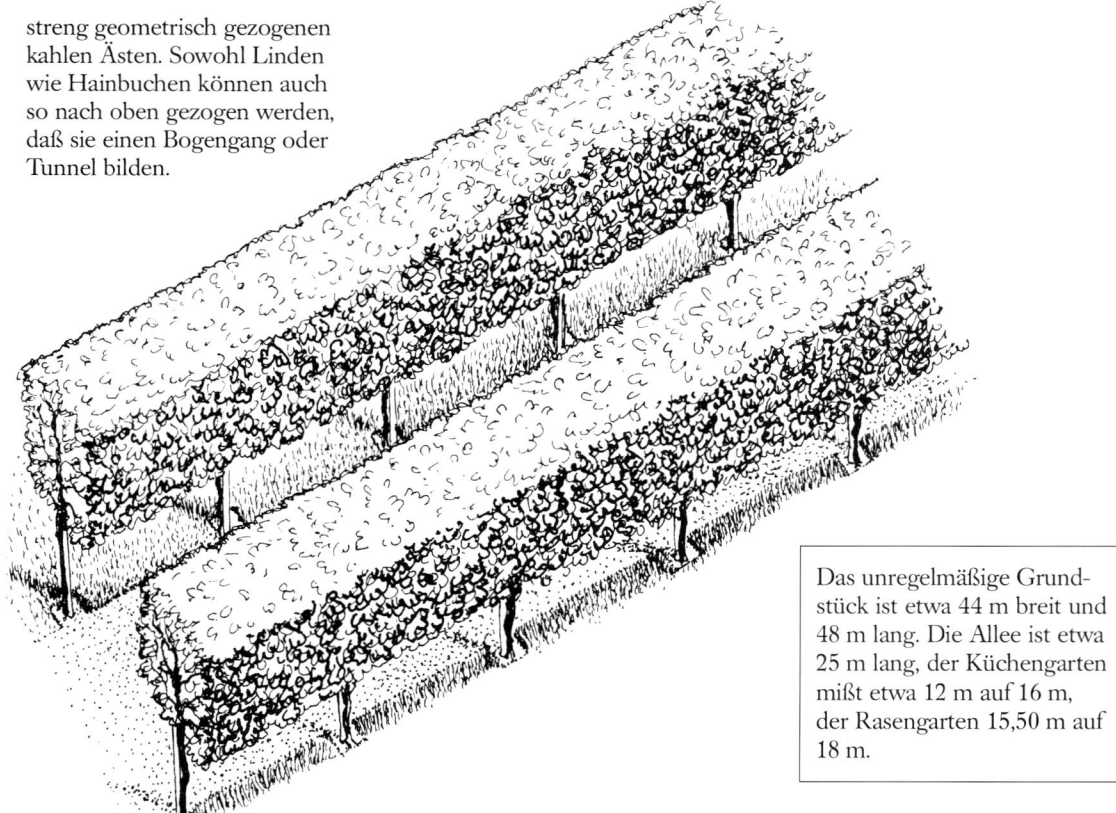

Das unregelmäßige Grundstück ist etwa 44 m breit und 48 m lang. Die Allee ist etwa 25 m lang, der Küchengarten mißt etwa 12 m auf 16 m, der Rasengarten 15,50 m auf 18 m.

Der Rasengarten

Die Rasenfläche (**1**) ist so breit wie das Haus (**A**) und von Plattenwegen umgeben mit geometrischen Mustern aus Klinker und Kiesel in den Ecken (**2**). Eine Achse läuft über den Rasen durch eine Öffnung in der Buchenhecke (**3**), die den Küchengarten abgrenzt, zu einer Apfellaube (**4**) mit einer Bank (**5**) als Abschluß; die andere geht von Norden nach Süden mit zwei Bänken einander gegenüber; die eine (**6**) ist in die Böschung eingelassen, die andere (**7**) unter einem Bogen aus Jasmin und Geißblatt zwischen zwei Kräuterbeeten (**8**). Das Besondere sind hier die vier symmetrisch angelegten Beete (**9**) mit einer Bepflanzung, bei der möglichst immer etwas blüht. Als Grundpflanzung kann man einen Raster aus kleinen Gehölzen vorsehen. Das ganze wird dann gefüllt mit verschiedenen Stauden und Sommerblumen. Achten Sie sorgfältig auf die Farben und verwenden Sie leuchtende Rot- und Orangetöne nur mit Zurückhaltung. Die beiden Kräuterbeete (**8**) dürfen die Farbkomposition nicht stören und müssen gegenüber den anderen Beeten zurücktreten. Hier ist es wichtig, mit Gehölzen wie Buchs und Lorbeer dauerhafte architektonische Formen zu bilden. Am anderen Ende des Rasens führen Treppen (**10**) zur Allee (**12**) hinauf. Von dort hat man einen schönen Blick auf den Rasengarten. Das andere Ende des Weges verlangt nach einem Blickfang (**11**) als Abschluß.

Die Allee

Die Allee (**13**) besteht aus kleinblättrigen Eichen (*Quercus ilex*), die jährlich kugelig geschnitten werden und etwa 2 m hohe Stämme haben. Fast jeder Baum kann kugelförmig gezogen werden, eine besonders schöne Alternative zu den Ei-

chen ist aber *Robinia pseudoacacia* 'Inermis' mit wunderschönem, gelbgrünem gefiedertem Laub. Auch Buchen sind möglich und ebenso *Amelanchier lamarckii*, der das Laub abwirft, aber im Frühling blüht und sich im Herbst herrlich verfärbt. Eine ganz andersartige Allee, an den Stämmen weniger offen und sehr italienisch, entstünde aus eng gepflanztem Säulenwacholder, z.B. *Juniperus communis* 'Hibernica'. Der Weg hat einen Kiesbelag, könnte aber auch gepflastert werden. Der Blick geht an der einen Seite über ein „Aha" (**14**), eine von weitem nicht sichtbare Geländebegrenzung, in diesem Falle ein tiefer Graben mit einer Mauer an einer Seite, was Tiere abhält, aber die Aussicht nicht stört. Eine Bank (**15**) ist so aufgestellt, daß man entweder die Allee hinunterschauen kann oder in die umgebende Landschaft hinaus.

Der Bereich mit naturnaher Pflanzung

Um die Schönheit alter Bäume (**16**) zu betonen, kann man darunter weit gestreut Zwiebelblumen wachsen lassen. Blumenzwiebeln stecken ist immer eine schwere Arbeit, die man über mehrere Jahre verteilen kann. Dazu sollte man aber in einem groben Plan ihre Plazierung festhalten, die Farbe und Blütezeit. Das Gras muß bis zum Hochsommer ungeschnitten bleiben, damit die Zwiebeln sich vermehren können und im Folgejahr wieder blühen. Auf diese Weise können sich auch andere Pflanzen, wie Primeln, versamen.

Laubengang und Obstgarten

Viele Obstbäume müssen gleiche Arten in ihrer Nähe haben, um sich gegenseitig befruchten zu können. Seitlich des Laubenganges, einer der Hauptattrak-

tionen dieses Gartens (**4**), stehen hier mehrere Bäume (**17**). Das Gerüst kann aus Holz gebaut werden, es ist aber einfacher und besser, eines der heute im Handel erhältlichen Gerüste aus Metall mit Kunststoffmantel zu kaufen. Es sollte nicht höher als 2,40 m sein und der Weg darunter nicht breiter als 1,80 m. Die Bäume werden als Spalier oder schräg als Kordon gezogen (siehe Seite 154–155).

Der Küchengarten

Der Küchengarten ist hinter einer Buchenhecke (**3**) versteckt. Er besteht nur aus einer Reihe von Beeten für Gemüse (**18**), dem Platz für einen Geräteschuppen (**19**) und einem Komposthaufen unter einem großen Baum (**20**). Wenn Sie einen dekorativen Bauerngarten haben möchten, verzichten Sie auf die Apfellaube und verwenden die Pläne des Nutzgartens aus Garten 6 (Seite 116–117) oder 2 (Seite 106–107) und schließen die Hauptachse mit einem kleinen Gartenhaus ab.

Der Figurengarten

Ein Figurengarten aus Eiben (**21**) ist eine langwierige Angelegenheit, bis die einzelnen Figuren die gewünschte Höhe und Form haben. Danach muß nur alljährlich gestutzt und gedüngt werden und damit ist dies ein Garten ohne großen Arbeitsaufwand.
Unten sind einige typische traditionelle Formen abgebildet, etwa 1,80–2,40 m hoch.
Eiben sollten möglichst jung gepflanzt werden. Ältere Pflanzen brauchen lange, um einzuwachsen und werden schnell von jüngeren eingeholt. In den ersten fünf Jahren sind keine großen Fortschritte zu erwarten. Von da an geht es aber schnell. Es kann nötig sein, Zweige in Form zu binden (siehe Seite 152–153). Es gibt vorgefertigte Drahtrahmen in der endgültigen Form; sie sind aber nicht wirklich nötig, wenn man weiß, wie die Figur aussehen soll. Es dauert zehn Jahre, bis ein nennenswerter Erfolg erkennbar wird.

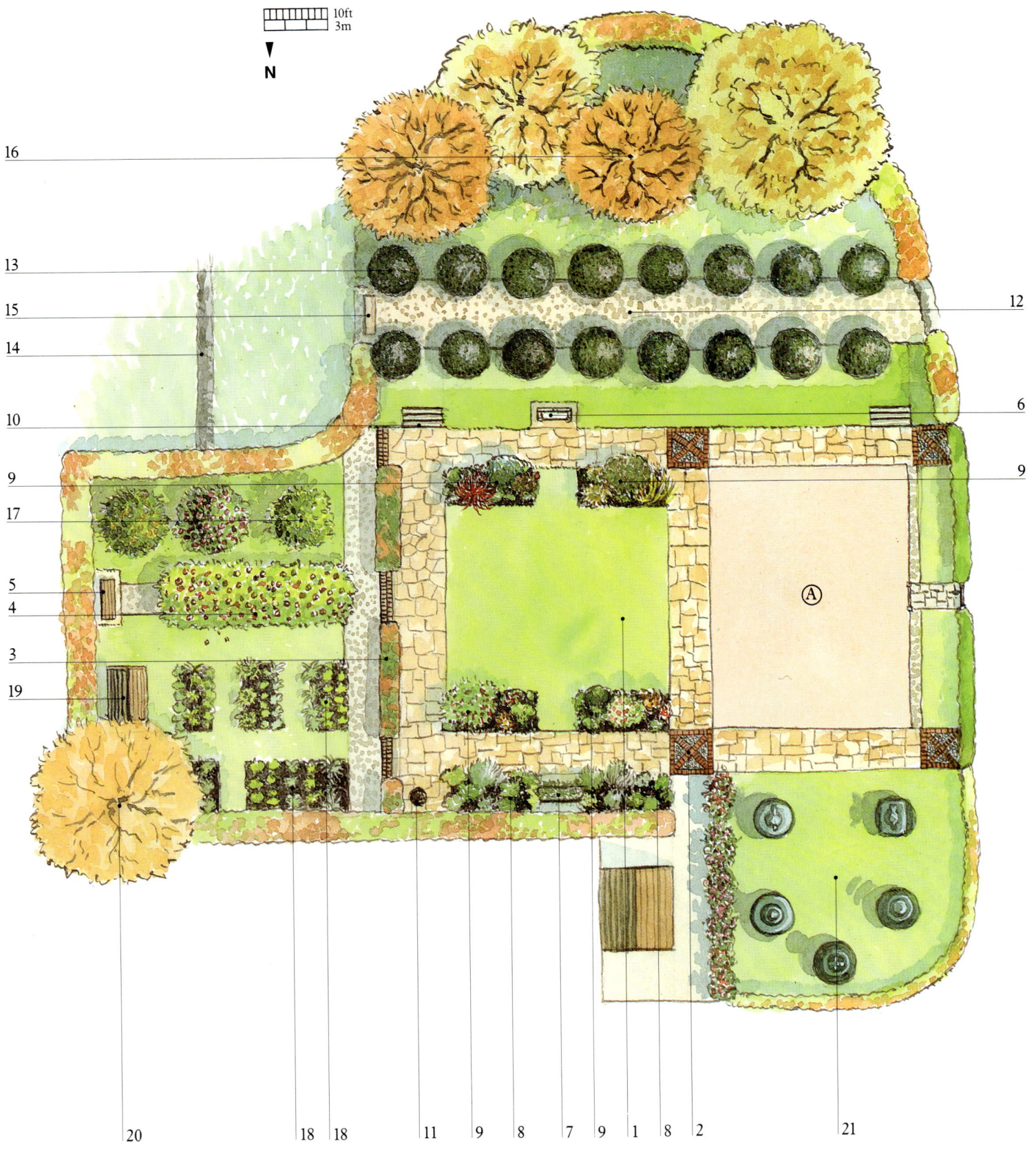

16

13

15

14

10

9

17

5

4

3

19

12

6

9

A

10ft
3m

N

20

18 18

11

9 8

7

9 1

8 2

21

9. Bäuerlicher Nutzgarten

Ein langer, schmaler Streifen mit einem Weg in der Mitte, der zur Haustür führt, ist eine weit verbreitete Grundstücksform und nicht untypisch für einen Nutzgarten. Erstaunlicherweise sind auf diesem kleinen Raum ohne weiteres ein Sitzplatz, Kübelpflanzen, Blumen- und Kräuterbeete unterzubringen und der übrige Teil ist noch groß genug, um allerlei Gemüse und etwas Obst für wenigstens zwei Personen anzubauen.

Aufwendige Muster passen nicht zu einem so kleinen Grundstück mit einem bescheidenen Häuschen. Die Beete sollten möglichst einfache, geometrische Formen haben mit ein paar das ganze Jahr über wirkungsvollen Elementen: zwei Obstbäume, Figurenbäumchen, Hochstammrosen und Buchskugeln oder -kegel in Töpfen. Diese hohen Gestaltungselemente sind auch im bäuerlichen Nutzgarten unerläßlich, weil sich sonst nur die flach bebauten Gemüsebeete eintönig über die ganze Fläche erstrecken würden. Ziel dieses Planes ist, den Garten von zwei Seiten attraktiv zu machen: wenn man vom Eingang auf das Haus zugeht und wenn man aus dem Haus hinausschaut.

Der Plan ist natürlich auch für ein schmales Grundstück hinter einem Haus brauchbar. In diesem Fall wäre die Hecke an der Grundstücks-grenze zu schließen und der Weg müßte auf ein Abschlußmotiv zuführen, beispielsweise auf einen Sitzplatz unter einer Pergola oder auf ein Figurenbäumchen, wenn man die beiden vor der Hecke wegläßt. Der Plan eignet sich auch für einen stadtnahen Reihenhausgarten, die oft aus so schmalen langen Streifen bestehen. Der Nutzgartenbereich wäre dann am hinteren Ende unterzubringen und in Hausnähe wäre ein Platz für einen Ziergarten.

Obgleich der Garten klein ist, ist er sehr arbeitsintensiv, aber nicht kostspielig. Das Pflaster ist einfach und kann vom Eigentümer selbst verlegt werden, und der ganze Garten ist ziemlich schnell angelegt mit Ausnahme der Hecke und der Formbäumchen. Aber es ist auch schön, zu erleben, wie sie von Jahr zu Jahr immer perfekter werden. Für einen bäuerlichen Nutzgarten muß man ein passionierter Gärtner sein und um Schönheit und Nützliches zu verbinden, muß man mit der richtigen Fruchtfolge der Gemüsearten vertraut sein. Obgleich der Garten eine feste Grundstruktur hat (vier weitere Entwürfe stehen zur Wahl), ist es vor allem ein Garten für den Sommer, was bei der Planung bedacht werden muß. Ein solcher Garten ist immer noch etwas besonderes und wird Besucher immer wieder überraschen und begeistern.

Der Garten

Von der Terrasse (1) vor der Eingangstüre des Hauses (A) schaut man über den ganzen Garten. Da sie nach Süden liegt, ist sie ein idealer Sitzplatz und ideal auch für Kübelpflanzen, wie empfindliche Zimmergeranium, die den Sommer über draußen sind oder Lilien und Fuchsien. Kriechender Thymian kann die Pflasterritzen ausfüllen (2). Buchskugeln in Töpfen (3) flankieren die Eingangstüre und duftende Kletterpflanzen könnten die Hauswand begrünen. Ein Kräuterbeet (4) liegt an einer Stelle, wo es am meisten Sonne bekommt und im Beet gegenüber (5) stehen altmodische Bauernblumen wie Rittersporn, Pfingstrosen, Christrosen, Nelkenwurz, Nelken, Stockrosen und einige Frühlingszwiebeln. Die beiden dem Eingang am nächsten liegenden Gemüsebeete sind mit Salat bepflanzt. Das eine Beet ist mit Petersilie eingefaßt (6), das andere mit Schnittlauch (7). Für den bunten Salatteller wachsen hier Kopfsalat, Endivie, Radicchio und Frühlingszwiebeln. Auf halbem Weg bilden zwei Apfelbäume (8) hohe Akzente. Sie

sollten auf schwachwachsenden Unterlagen stehen (MM 26), dann erreichen die Kronen nur etwa 3 m im Durchmesser. Zwei gleiche Obstarten sind wegen der Befruchtung nötig. In den Beeten (9) darunter würde ich Wildkrokusse, Narzissen und Osterglocken pflanzen, auf die im Sommer *Geranium psilostemon*, *Campanula persicifolia* und *Aquilegia vulgaris* folgen. Andere Beete werden bepflanzt mit Rhabarber (10), mit Artischocken und Schwarzen Johannisbeeren (11) als dauerhaftere Elemente, während auf den übrigen Beeten (12) mit den Gemüsen abgewechselt wird: Zucchini, Bohnen, Zuckererbsen, Kartoffeln. Bevor Sie mit Pflanzen beginnen, überlegen Sie, was Sie anbauen wollen, machen Sie einen Plan und legen Sie die Anbaufolge fest. Die Anlage bekommt ein paar hohe Akzente durch Buchskugeln in Töpfen (13) an den Ecken der Beete und durch Hochstammrosen (14) jeweils in der Mitte der vier Beete. Ich empfehle die Rose 'Pascali', eine wunderschöne weiße Teehybride oder 'Iceberg', eine weiße Floribundarose, die lange blüht. Eine kräftige Einfassung

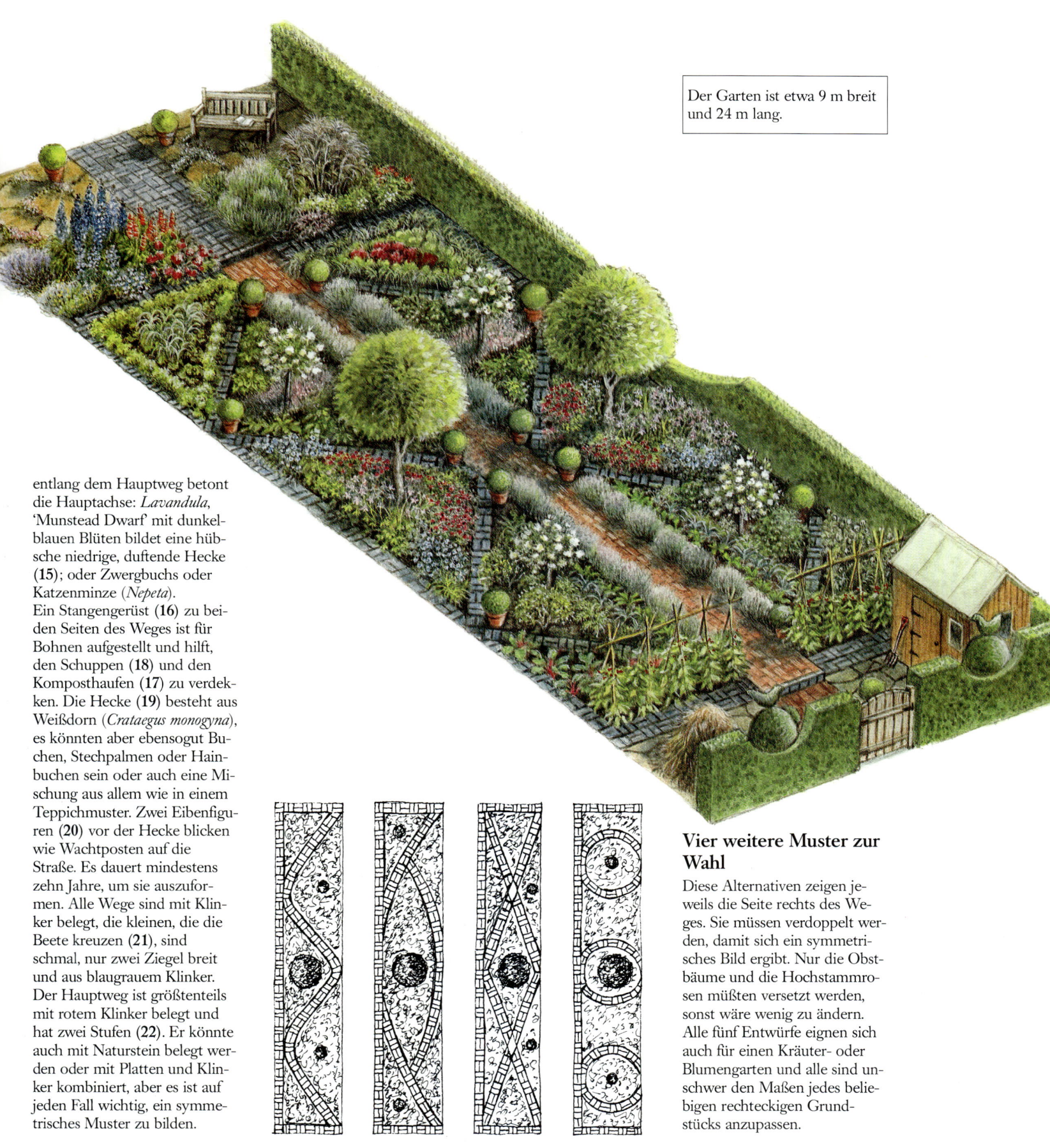

Der Garten ist etwa 9 m breit und 24 m lang.

entlang dem Hauptweg betont die Hauptachse: *Lavandula*, 'Munstead Dwarf' mit dunkelblauen Blüten bildet eine hübsche niedrige, duftende Hecke (**15**); oder Zwergbuchs oder Katzenminze (*Nepeta*). Ein Stangengerüst (**16**) zu beiden Seiten des Weges ist für Bohnen aufgestellt und hilft, den Schuppen (**18**) und den Komposthaufen (**17**) zu verdekken. Die Hecke (**19**) besteht aus Weißdorn (*Crataegus monogyna*), es könnten aber ebensogut Buchen, Stechpalmen oder Hainbuchen sein oder auch eine Mischung aus allem wie in einem Teppichmuster. Zwei Eibenfiguren (**20**) vor der Hecke blicken wie Wachtposten auf die Straße. Es dauert mindestens zehn Jahre, um sie auszuformen. Alle Wege sind mit Klinker belegt, die kleinen, die die Beete kreuzen (**21**), sind schmal, nur zwei Ziegel breit und aus blaugrauem Klinker. Der Hauptweg ist größtenteils mit rotem Klinker belegt und hat zwei Stufen (**22**). Er könnte auch mit Naturstein belegt werden oder mit Platten und Klinker kombiniert, aber es ist auf jeden Fall wichtig, ein symmetrisches Muster zu bilden.

Vier weitere Muster zur Wahl

Diese Alternativen zeigen jeweils die Seite rechts des Weges. Sie müssen verdoppelt werden, damit sich ein symmetrisches Bild ergibt. Nur die Obstbäume und die Hochstammrosen müßten versetzt werden, sonst wäre wenig zu ändern. Alle fünf Entwürfe eignen sich auch für einen Kräuter- oder Blumengarten und alle sind unschwer den Maßen jedes beliebigen rechteckigen Grundstücks anzupassen.

10. Kleiner Garten an einem Ferienhaus

Dieser Garten wurde für ein winziges Stückchen Ackerland in Schottland entworfen. Das Haus hat eine sehr exponierte Lage an einem steil abfallenden Gelände, so daß es aufgeschüttet werden mußte, um überhaupt einen Garten und eine quadratische Terrasse in der Breite des Hauses zu ergeben. Es ist eine Situation, wie sie auch in kalten Gegenden von Skandinavien und Teilen Nordamerikas vorkommt, mit strengen Wintern, in denen der Boden mehrere Monate unter einer Schneedecke liegt. Oft sind diese Stein- oder Holzhäuser Zweitwohnsitze und werden für den Wintersport oder die Sommerferien genutzt. Ihr Reiz liegt in der Umgebung, den steilen Hängen mit Fichten oder Heide und Farn und mit Felspartien, auf die man vom Grunstück aus blickt.

Der Garten beschäftigt einen unter diesen Umständen nur im Sommer und wenn es gelingt, ihn in diesen Monaten ununterbrochen in Blüte zu halten, ist das ein großer Erfolg. Dafür bietet es sich an, den Gartenraum formal zu gliedern, um Haus und Garten miteinander in einen symmetrischen Rahmen für kostbare Pflanzen einzubinden. Die gut proportionierten architektonischen Elemente wirken auch während der Monate, in denen wenig wächst und das ist das wichtigste Argument, wenn man ein solches Grundstück formal gestaltet.

Bei einem so einfachen Haus sollten die Details von schlichtem Charme sein. Das Material der Wege, die das ganze Jahr zu sehen sind, muß zum Haus passen und sollte möglichst aus der Gegend stammen. Da auf den Beeten die längste Zeit des Jahres nichts wächst, sollten sie in einem streng geometrischen Muster angelegt sein und eine dekorative Kante haben. Winterfeste, diagonal verlegte Ziegelsteine sind eine Lösung, eine andere sind in Längsrichtung verlegte Ziegeln. Der Garten braucht eine klare aber nicht zu dominante Mitte. Eine Steinvase oder ein Pflanzenkübel sind geeignet, sie dürfen aber keine klassischen Formen haben, weil das nicht zum ländlichen Acker paßt.

Der Garten braucht eine entschiedene Umzäunung, um seinen Charakter einer bewohnten Oase in der Wildnis zu betonen. Das ist in Form einer schönen Hecke möglich. Hier sind es immergrüne Berberitzen mit zwei hohen Eiben an den Ecken. Eine Alternative wäre eine gemischte Hecke aus zwei verschiedenen Buchenarten.

Farben, die in diesem Garten fast ausschließlich auf den Sommer beschränkt sind, kommen durch ausdauernde Pflanzen, die die Kälte und die exponierte Lage vertragen. Die dauerhafte Pflanzung aus Gehölzen und Stauden könnte für die warmen Sommermonate mit Sommerblumen durchsetzt werden.

Auch andere geometrische Muster in diesem Buch würden sich für diesen Zweck eignen, etwa der Nutzgarten aus Garten 7 (Seite 18) und die beiden Parterres aus Garten 2 (Seite 106–107). Es hängt vor allem vom verfügbaren Platz ab und von der Zeit, die zur Verfügung steht. Bei der in jedem Fall eingeschränkten Wachstumsperiode können das möglicherweise nur fünf Monate im Jahr sein. Abgesehen von der Geländebegradigung am Anfang ist es kein kostspieliger Garten und er macht relativ wenig Mühe.

Der Garten

Der Garten ist von einer immergrünen Hecke (**1**) umgeben, *Berberis × stenophylla* ist außerordentlich hart und bildet schnell eine dichte Hecke mit grünen Blättern und gelben Blütchen im Frühling. Die beiden Eiben, *Taxus baccata* 'Fastigiata' (**2**), wachsen langsam, zu stattlichen Pfeilern heran, sind aus der Entfernung gesehen, ein schönes Gegengewicht zum Garten und umrahmen Haus und Eingang. Sie wachsen anfangs langsam, dann werden sie aber schnell groß und sind nach zehn Jahren etwa 2,50 m hoch, wenn sie gut gedüngt werden. Es gibt auch eine goldfarbene Sorte, *T. b.* 'Aurea', die bei Wintersonne herrlich ist.
Die Kletterrose 'Albertine' (**3**) wächst an der Hausmauer (**A**) hoch und blüht im Hochsommer. Möglich wären auch winterharte Gehölze wie *Chaenomeles*, *Garrya elliptica*, *Pyracantha* oder *Jasminum nudiflorum*. Als Kletterpflanzen kämen noch *Clematis* und *Hydrangea petiolaris* infrage.

Der innere Bereich des Gartens ist so gepflastert, daß ein paar Beete entstehen, die mit frostbeständigen, diagonal verlegten Ziegelsteinen eingefaßt sind (**4**). Die vier Eckbeete (**5**) können jeweils mit dem gleichen Gehölz bepflanzt werden und das Beet in der Mitte (**6**) mit einem anderen. Zu wählen sind Gehölze, die nicht zu groß werden oder geschnitten werden können. Hier steht eine *Potentilla* im Mittelbeet, die eine lange Blütezeit hat, in den anderen steht *Fuchsia magellanica*, eine winterharte Fuchsie, die, auch wenn sie im Winter bis auf den Boden zurückgeschnitten wird, im nächsten Jahr wieder austreibt und blüht. In kalten Wintern sollte man ihr Winterschutz geben. Zu diesen Gehölzen kann man als Rahmen Frühlingszwiebeln, wie Schneeglöckchen und Krokusse, setzen und Sommerblumen oder Stauden. Ich empfehle *Veronica* zu *Potentilla* und Veilchen und Stiefmütterchen für die Eckbeete, und für die Mitte (**7**) Petunien und Lobelien.

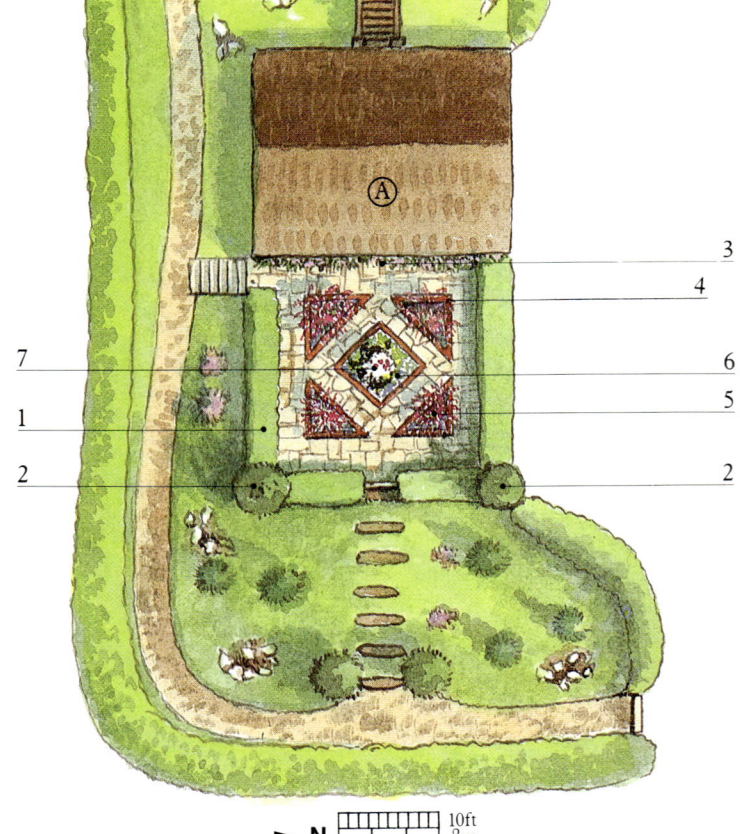

► N 10ft / 3m

Der Garten innerhalb der Hecke ist etwa 6 m breit und ebenso lang.

11. Parterre in Mondrian-Muster

Ein formaler Garten muß nicht unbedingt in einem historischen Stil angelegt sein. Er kann, im Gegenteil, auch mit Ausdrucksformen des 20. Jahrhunderts kraftvoll und erfrischend wirken. Mit einiger Phantasie läßt sich eine völlig neue Form von Parterres entwickeln, wenn man die moderne Kunst als Fundgrube nutzt. So entstand der kleine Garten hinter einem Haus in der Stadt. Der Plan ist für ein modernes Haus mit Garten entworfen. Es hat im Erdgeschoß die Küche, und die Wohnräume sind oben. Die Fenster des Wohnzimmers schauen auf das als Parterre gestaltete Hochbeet hinunter, den zentralen Punkt dieses Gartens, das von einem Gemälde Mondrians inspiriert ist. Der holländische Maler Piet Mondrian (1872–1944) entwickelte eine besonders strenge Form von Abstraktion, indem er alles, was er darstellen wollte, auf geometrische Figuren reduzierte und sie rechtwinklig horizontalen oder vertikalen Achsen zuordnete. Die Farben beschränkten sich auf die drei Grundfarben Rot, Gelb und Blau mit Weiß, Schwarz und Grau. Natürlich ist es nicht möglich, die Farben eines Mondrian-Bildes im Garten wiederzugeben. Aber seine Bildaufteilung in rechteckige Farbflächen eignet sich hervorragend für ein Buchsparterre mit flächiger Bepflanzung.

Hier handelt es sich um einen nach innen ausgerichteten Garten zu einem Einfamilienhaus in der Stadt. Hinter dem Parterre flankiert eine Rasenfläche den Weg, und beide ergeben zusammen ein symmetrisches Muster aus harten und weichen Oberflächen. Achsial dazu liegt ein Bereich für den Aufenthalt im Freien mit einem Gartenhaus und einem kleinen Skulpturenhof als Schlußakzent. Es ist bedauerlich, daß es von zeitgenössischen Skulpturen keine Abgüsse gibt, die sich wie die klassischen Gartenornamente für den Garten eignen würden. Der kleine Skulpturenhof soll die Eigentümer anregen, sich zu engagieren und ein Stück aus Bronze zu erwerben und sich am Spiel des Lichtes und der wechselnden Wirkung im Lauf der Jahreszeiten zu erfreuen. Das Gartenhaus, das von zwei Zierkirschen eingerahmt wird, muß unbedingt modern und streng sein wie der übrige Garten.

Der Garten, in dem glatte Flächen und Bauten dominieren, sollte möglichst von einem Fachmann angelegt werden. Das bedeutet zwar hohe Ausgaben, aber dafür entsteht auch sofort ein fertiger Garten und in fünf bis acht Jahren sind auch die Pflanzen herangewachsen. Die weitere Pflege ist minimal und besteht nur aus Mähen und Schneiden der Gehölze. Nur das Parterre macht mehr Mühe, denn es muß mindestens einmal im Jahr mit dem Gespür eines Malers bepflanzt werden. Aber wer sich ein solches Projekt vornimmt, wird ohnehin die Aufgabe, Pflanzen auszuwählen und die Farbflächen zu gestalten, als Vergnügen empfinden.

N

10ft
3m

Das Mondrian-Parterre

Nichts darf von der strengen Schönheit der Komposition ablenken, deshalb ist hier ein Hochbeet aus gemauerten Ziegeln (1) vorgesehen, das mit einem Steinpflaster umgeben ist. So wachsen an den Wänden zu beiden Seiten, die weiß getüncht sein können, auch keine Kletterpflanzen. Wenn dort keine Wände möglich sind, lassen Sie ein Lattengitter dicht mit grünem Efeu beranken. Die Unterteilungen des Parterres (3) sind aus sorgfältig gestutztem Zwergbuchs (*Buxus sempervirens* 'Suffruticosa') gepflanzt. Drei (4) sollten mit Kies gefüllt werden, nicht nur wegen des Kontrastes, sondern auch, um den Zugang beim Unkrautjäten und Pflanzen zu erleichtern. Der Rest muß in den starken Farben von Mondrians Gemälden bepflanzt werden. Hier besteht es aus gelben, roten und weißen Tulpen. Im Sommer wird es mit Sommerblumen mit langer Blütezeit bepflanzt wie Petunien, Pelargonien oder *Impatiens*. Wichtig ist, daß eine Farbe, vorzugsweise Weiß, überwiegt, damit die Gesamtwirkung nicht zu laut wird.

Der Skulpturengarten

Die Gestaltungselemente sind hier sehr einfach. Das Pflaster (5) bildet ein Muster aus Platten und Klinkern, um das Auge auf die Skulptur hinzuführen (6) und die kurzgeschorenen Rasenflächen sind beidseitig mit Gehölzen abgepflanzt. Farbige Gehölze, die eine Konkurrenz zu dem Parterre werden könnten, sind hier zu vermeiden. Es sollten vielmehr vor allem Immergrüne sein mit weißen, hellrosa oder cremefarbenen Blüten, wie *Viburnum tinus*, *Escallonia*, *Elaeagnus × ebbingei*, *Choisya*, *Philadelphus*, *Cotoneaster × watereri*, *Cistus × cyprius*, *Hydrangea quercifolia*, *Euonymus japonicus* 'Duc d'Anjou', *Elaeagnus angustifolia*, *Hebe pinguifolia* 'Pagei', *Hibiscus syriacus*, *Daphne retusa*, *Hebe salicifolia*, *Euonymus fortunei* 'Silver Queen', *Daphne × burkwoodii*. Das Gartenhaus (9) und die Holzgitter (10) zu beiden Seiten sollten weiß gestrichen werden. Wenn Sie die Strenge des Gartens mildern wollen, können Sie die Gitter mit Efeu beranken oder mit *Lonicera*, die auch noch duftet. Das Gartenhaus ist vom Parterre so weit entfernt, daß man

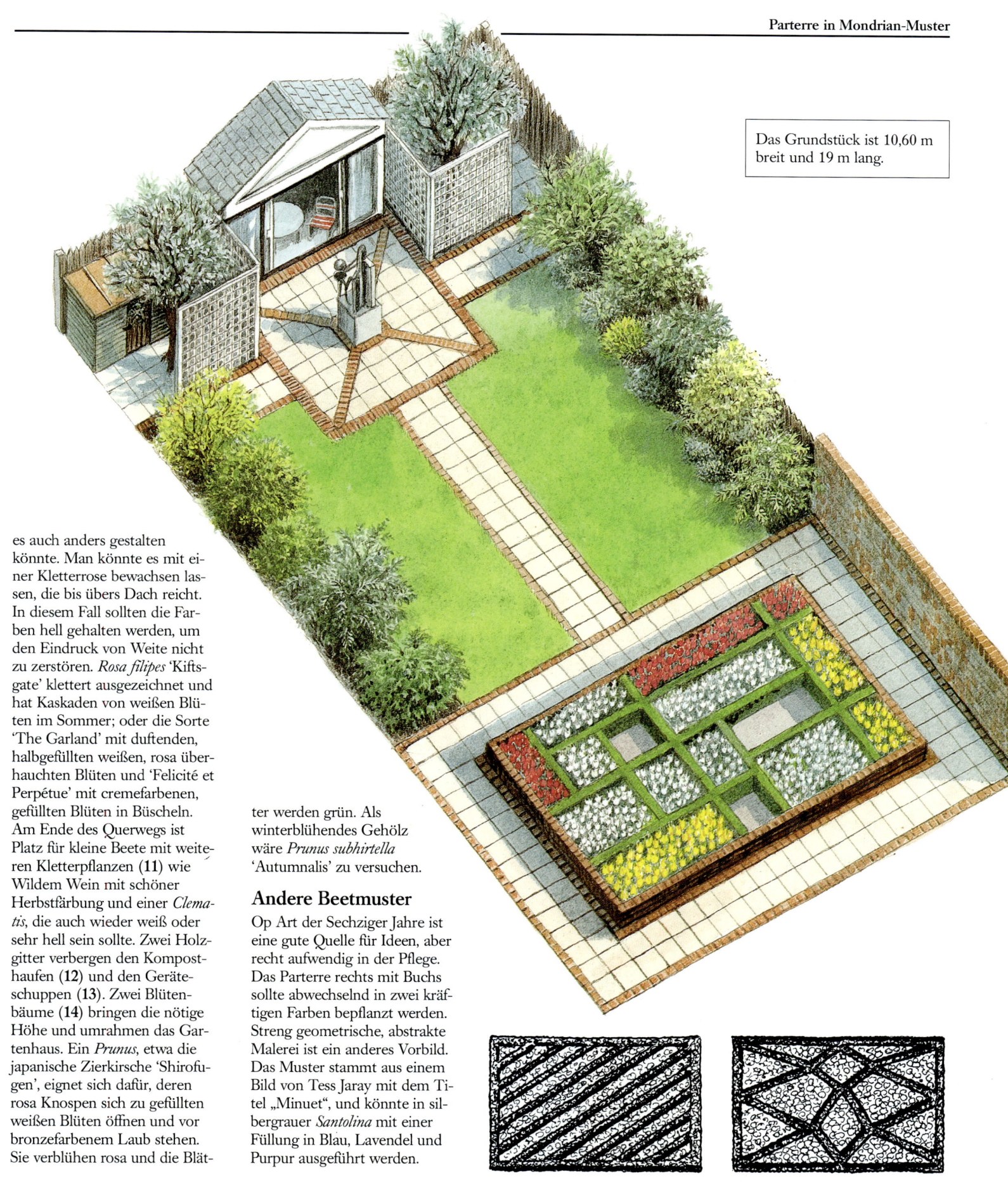

Das Grundstück ist 10,60 m breit und 19 m lang.

es auch anders gestalten könnte. Man könnte es mit einer Kletterrose bewachsen lassen, die bis übers Dach reicht. In diesem Fall sollten die Farben hell gehalten werden, um den Eindruck von Weite nicht zu zerstören. *Rosa filipes* 'Kiftsgate' klettert ausgezeichnet und hat Kaskaden von weißen Blüten im Sommer; oder die Sorte 'The Garland' mit duftenden, halbgefüllten weißen, rosa überhauchten Blüten und 'Felicité et Perpétue' mit cremefarbenen, gefüllten Blüten in Büscheln. Am Ende des Querwegs ist Platz für kleine Beete mit weiteren Kletterpflanzen (**11**) wie Wildem Wein mit schöner Herbstfärbung und einer *Clematis*, die auch wieder weiß oder sehr hell sein sollte. Zwei Holzgitter verbergen den Komposthaufen (**12**) und den Geräteschuppen (**13**). Zwei Blütenbäume (**14**) bringen die nötige Höhe und umrahmen das Gartenhaus. Ein *Prunus*, etwa die japanische Zierkirsche 'Shirofugen', eignet sich dafür, deren rosa Knospen sich zu gefüllten weißen Blüten öffnen und vor bronzefarbenem Laub stehen. Sie verblühen rosa und die Blät-

ter werden grün. Als winterblühendes Gehölz wäre *Prunus subhirtella* 'Autumnalis' zu versuchen.

Andere Beetmuster

Op Art der Sechziger Jahre ist eine gute Quelle für Ideen, aber recht aufwendig in der Pflege. Das Parterre rechts mit Buchs sollte abwechselnd in zwei kräftigen Farben bepflanzt werden. Streng geometrische, abstrakte Malerei ist ein anderes Vorbild. Das Muster stammt aus einem Bild von Tess Jaray mit dem Titel „Minuet", und könnte in silbergrauer *Santolina* mit einer Füllung in Blau, Lavendel und Purpur ausgeführt werden.

12. Parterre im Art-Deco-Stil

Art Deco war der letzte Stil in diesem Jahrhundert, in dem alles verziert wurde, von Textilien bis Metallarbeiten, von Tapeten bis Geschirr. Der Stil hielt sich von etwa 1918–1939 und war Ausdruck für eine neue, freiere Gesellschaft mit neuen Lebensformen und neuen Technologien. Dieser Stil war eine Mischung aus exotischen Einflüssen: Resten von Art Nouveau der Jahrhundertwende, Bauhaus, afrikanischer Volkskunst, Kubismus, altägyptischer und aztekischer Kunst und dem Einfluß des russischen Balletts. Auf die Gartenkunst hatte Art Deco nur beschränkt Einfluß, aber ich finde, es bietet die schönsten Vorlagen zu Mustern für Parterres. Das Brunnenmotiv war eines der am vielseitigsten verwendeten Muster des Art Deco und sollte das aus geheimnisvoller Quelle entstehende und wieder dorthin zurückkehrende Leben symbolisieren.

Dieses Parterre basiert auf einem Textildesign von Edward Benedictus (1878–1930) aus dem Jahre 1927, in dem goldene Wasserstrahlen vor einem ziegelroten Grund stehen. Verwendet wird es hier für einen Vorgarten mit Blick vom Eingang zur Fassade des Hauses. Wenn der Plan für einen Garten hinter dem Haus verwendet wird, muß die Blickachse beim Eingangstor einen Abschluß finden. Bei wenig Platz könnte der Brunnen in der Mitte entfallen und das Parterre halbiert werden. Die beiden symmetrischen Rasenflächen und der Baum sollten aber bleiben, weil sie den notwendigen Kontrast zum Parterre bilden. Ein so anspruchsvoller und prachtvoller Garten ist ganz unvermeidlich teuer, aber das Ergebnis wäre von Anfang an überwältigend. Gut eingewachsen dürfte der Garten innerhalb von fünf bis acht Jahren sein und er braucht erstaunlich wenig Pflege.

Seine Wirkung beruht auf dem Muster aus grünem Buchs und purpurfarbenen Berberitzen mit Efeu als Bodendecker in den Innenräumen. Es ist der Garten eines Dekorateurs: auf ungenierte Weise wird hier die Natur der Kunst unterworfen.

Art-Deco-Parterre

Die harten Flächen dieses Gartens sind mit unterschiedlichem Material in Mustern der Zeit gepflastert: Naturstein oder Kunststein (1) mit Klinker (2), Keramikfliesen (3) und Kieseln (4), um die Geometrie zu betonen. Höhe erhält das Parterre durch den Brunnen in der Mitte (5) und durch vier hohe, immergrüne Gehölze an den Ecken (6), etwa *Juniperus virginiana* 'Skyrocket', der schlanksten aller säulenförmigen Koniferen mit schöner blaugrauer Färbung. Andere Möglichkeiten: *Chamaecyparis lawsoniana* 'Columnaris Glauca', die auch eine schlanke, aber blaugrüne Säule bildet; oder *Taxus baccata* 'Fastigiata', eine hohe schlanke Eibe. Das Parterre ist aus Zwergbuchs (*Buxus sempervirens* 'Suffruticosa') (7) und der rötlichpurpurfarbenen *Berberis thunbergii* 'Atropurpurea Nana' (8) ausgelegt. Die Schnittzeiten für beide sind unterschiedlich. Buchs sollte im Frühsommer geschnitten werden, Berberitzen im Spätsommer. Es ist zu überlegen, anstelle von Buchs eine immergrüne Berberitze zu nehmen, oder, da die Berberitze ihr Laub abwirft, wäre auch ein Parterre aus zwei Sorten von Buchs zu erwägen, dem gewöhnlichen grünen *Buxus sempervirens* und entweder dem goldfarbenen *B. s.* 'Gold Tip' oder dem silbergrauen mit silbergeädertem Laub (*B. s.* 'Elegantissima'). Kurzlebigere Lösungen wie *Santolina chamaecyparissus* fallen aus, weil sie etwa alle fünf Jahre neu gepflanzt werden müssen, was zu aufwendig wäre.

Das Parterre braucht in den Abteilungen (9) Bodendecker und dafür ist Efeu das richtige. Der Persische Efeu, *Hedera colchica* hat die größten Blätter und wäre ein herrlicher Kontrast zu den winzigen Blättern von Buchs und Berberitze. Ich bin nicht für einen blühenden Bodendecker, aber wenn es sein muß, könnte *Vinca minor* 'Bowles Variety' mit ihren hübschen, hellblauen Blüten im Spätsommer und Herbst sehr hübsch aussehen.

Wenn Sie Flächen mit kräftigeren Farben vorziehen, würden sich die beiden anderen Muster (rechts) besser für eine Bepflanzung im Frühling und Sommer eignen. Der große Baum (10) zeigt, wie Vorhandenes in eine formale Gestaltung einbezogen werden kann. Wenn ein solcher Baum – wie zu vermuten – nicht vorhanden ist, kann man auch ein Baumpaar in die Mitte der Rasenflächen (11) pflanzen. Da im ganzen Garten nur wenige Blumen sind, wäre ein Blütenbaum attraktiv. Es könnten Magnolien sein, etwa *Magnolia stellata*, die langsam wächst,

N
▲

10ft
3m

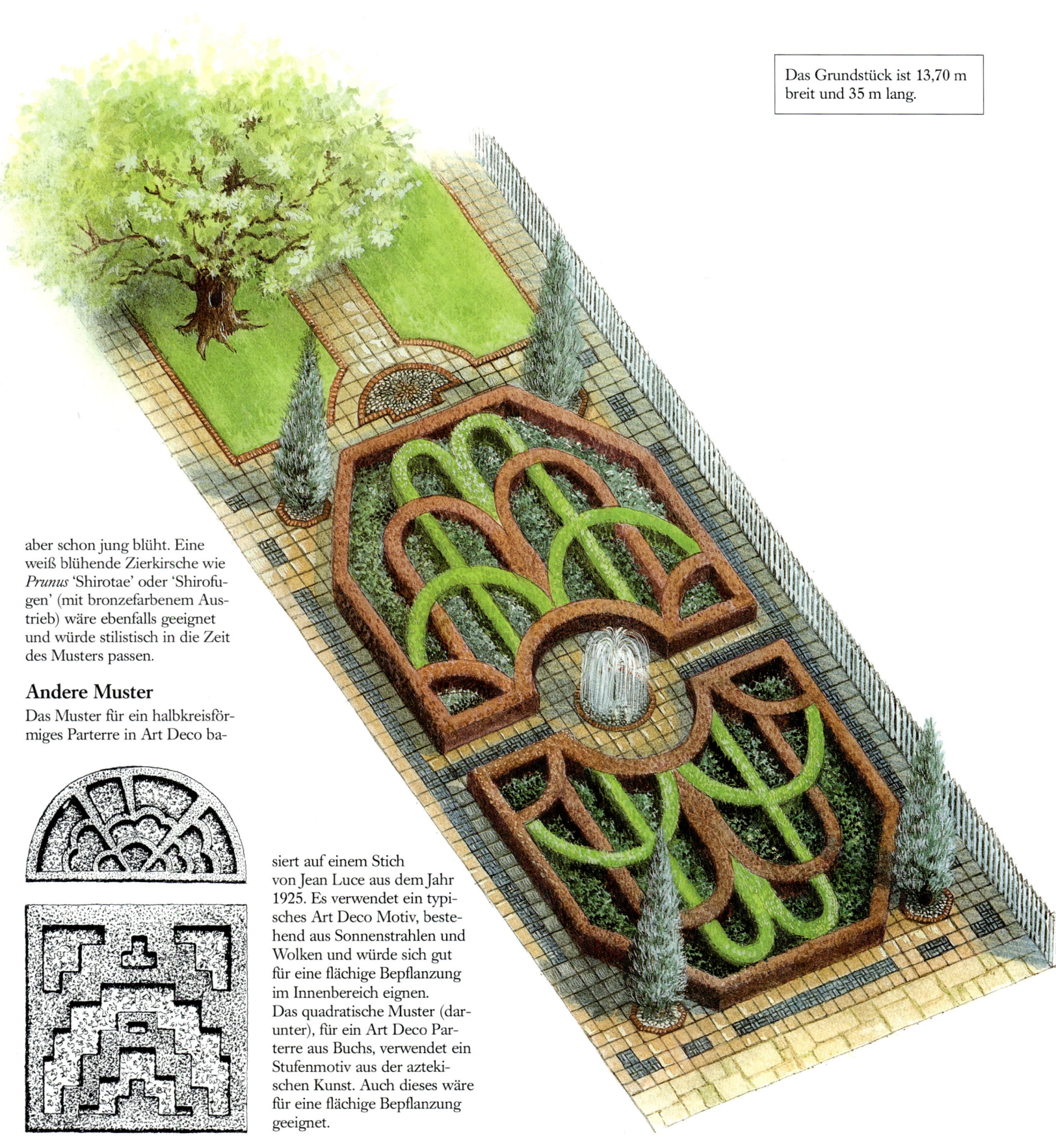

Das Grundstück ist 13,70 m breit und 35 m lang.

aber schon jung blüht. Eine weiß blühende Zierkirsche wie *Prunus* 'Shirotae' oder 'Shirofugen' (mit bronzefarbenem Austrieb) wäre ebenfalls geeignet und würde stilistisch in die Zeit des Musters passen.

Andere Muster

Das Muster für ein halbkreisförmiges Parterre in Art Deco basiert auf einem Stich von Jean Luce aus dem Jahr 1925. Es verwendet ein typisches Art Deco Motiv, bestehend aus Sonnenstrahlen und Wolken und würde sich gut für eine flächige Bepflanzung im Innenbereich eignen. Das quadratische Muster (darunter), für ein Art Deco Parterre aus Buchs, verwendet ein Stufenmotiv aus der aztekischen Kunst. Auch dieses wäre für eine flächige Bepflanzung geeignet.

13. Theaterszene in der Stadt

Den schmalen, rechteckigen Streifen hinter dem Haus gibt es überall auf der ganzen Welt, vornehmlich bei den Reihenhausanlagen des letzten Jahrhunderts. Der Garten ist auf jeden Fall nach innen gerichtet. Wenn an allen drei Seiten ein Grundstück ähnlicher Art angrenzt, ist nicht viel Intimität zu erwarten, so daß die Versuchung, den Garten als Raum unter freiem Himmel zu nutzen, nicht allzu groß ist.

Der Garten ist so klein, daß ein Rasen nicht nur lächerlich wirken, sondern auch unnötige Arbeit machen würde. Ein Garten von diesen minimalen Ausmaßen ist nicht dazu geeignet, daß man sich darin ergeht, er kann aber so gestaltet werden, daß man ihn bestaunen kann, indem man ein Bild aus ihm macht, das die Illusion von Weite vermittelt und etwas pflanzt, was zwölf Monate im Jahr schön aussieht.

Die Illusion beruht auf falscher Perspektive, und zwar einmal auf dem Boden durch das Muster des Pflasters, in dem die Linien der Klinker allmählich zusammenlaufen, und zum anderen in den Sommermonaten zusätzlich durch die Stellung und die Farbe der Pflanzenkübel. Die Hauptwirkung beruht aber auf der Anordnung von Seitenteilen oder Kulissen aus Immergrünen oder aus Lattengittern, die das Auge in den Hintergrund dieser gebauten Bühne führen und die deshalb dort einen theatralischen Abschluß haben muß.

Hier ist es in Form der tragbaren Trompe-l'oeil-Figur einer Laute spielenden Dame, es könnte aber ebensogut eine Skulptur sein: eine Büste auf einem Sockel, eine Säule mit einer Kugel oder einer Vase darauf. Gleich wofür Sie sich entscheiden – das Objekt sollte vor einem Gitterbogen stehen, der in der gleichen Farbe gestrichen sein sollte wie die Gitter an den Seitenwänden. Diese werden mit Kletterpflanzen berankt, um die Strenge der Architektur zu mildern.

Wenn Sie für die „Kulissenteile" Lattengitter verwenden, ist der Garten so gut wie sofort fertig. Auf immergrüne Heckenteile müßten Sie warten, bis sie herangewachsen sind, dann aber haben Sie das Vergnügen, sie in Form zu schneiden. Die Pflasterarbeiten und die Wandverkleidungen bedeuten einen hohen finanziellen Aufwand und wenn Sie nicht sehr geschickt sind, sollten sie einem Handwerker oder Bauunternehmer übertragen werden. Die Pflege ist dann minimal und würde im wesentlichen aus der Versorgung der Kübelpflanzen und jährlichem Gehölzschnitt bestehen.

► N   10ft / 3m

Der Garten

Gleich beim Haus (**A**) ist ein Beet für Küchenkräuter (**1**). Außerdem ist dort Platz für ein Apfelspalier (**2**), falls in der Nachbarschaft ein weiterer Apfelbaum steht, der die Befruchtung sichert. Im Anschluß daran erstreckt sich über die ganze Breite des Gartens eine Terrasse aus unglasierten Fliesen (**3**). Der ganze andere Garten ist mit verschiedenfarbigen Steinplatten und Klinker (**4**) ausgelegt, die das Auge optisch nach hinten leiten. Die Fläche ist durch zwei immergrüne Heckenteile (*Prunus lusitanica*) untergliedert (**5**). Dieser Prunus muß mit der Rosenschere geschnitten werden, weil die Heckenschere die Blätter zerreißt. Er hat kräftige, dichte, dunkelgrüne Blätter und, wenn Sie Glück haben, kleine weiße Blütenquasten und dunkelviolette Beeren. Eine andere Lösung ist *Thuja plicata* 'Atrovirens', die sehr schnell wächst, jedoch nicht besonders aufregend ist, oder Eibe (*Taxus baccata*), die langsamer wächst, aber sehr schön wird.

Die übrige Bepflanzung besteht im wesentlichen aus Kletterpflanzen, um die umgebende Architektur aufzulockern und Farbe ins Bild zu bringen. Dafür eignen sich für die nach Norden gelegene Wand *Clematis montana* (**6**) oder *Jasminum nudiflorum*, wenn Sie etwas Blühendes im Winter haben möchten und *Hydrangea petiolaris* (**7**) mit schaumig weißen Blütenständen im Sommer; gegenüber, an der Südwand *Lonicera periclymenum* 'Belgica' und 'Serotina' (**8**), zwei blühfreudige Jelängerjelieber mit wundervoll duftenden Blüten, und eine remontierende Rose, beispielsweise die blaß apricot-rosafarbene 'Gloire de Dijon' (**9**). Unter allen Kletterpflanzen können Zwiebelpflanzen gesetzt und Sommerblumen oder leicht pflegbare Stauden gepflanzt werden. Auch der Bogen am unteren Ende des Gartens kann mit Kletterpflanzen wie *Clematis* berankt werden. Die Blüten dort müssen aber klein sein, um den Eindruck der Ferne aufrechtzuerhalten; deshalb empfehlen sich die früh blühende blaue *Clematis alpina* 'Frances Rivis' (**11**) und die später blühende gelbe *Clematis tangutica* (**12**). Zwei kleine Blütenbäume (**13**) betonen die Horizontale am unteren Gartenende, beispielsweise *Sorbus aria* oder *Malus* 'Golden Hornet'. Wichtigster Blickpunkt im Garten ist allerdings die Trompe l'oeil-Figur

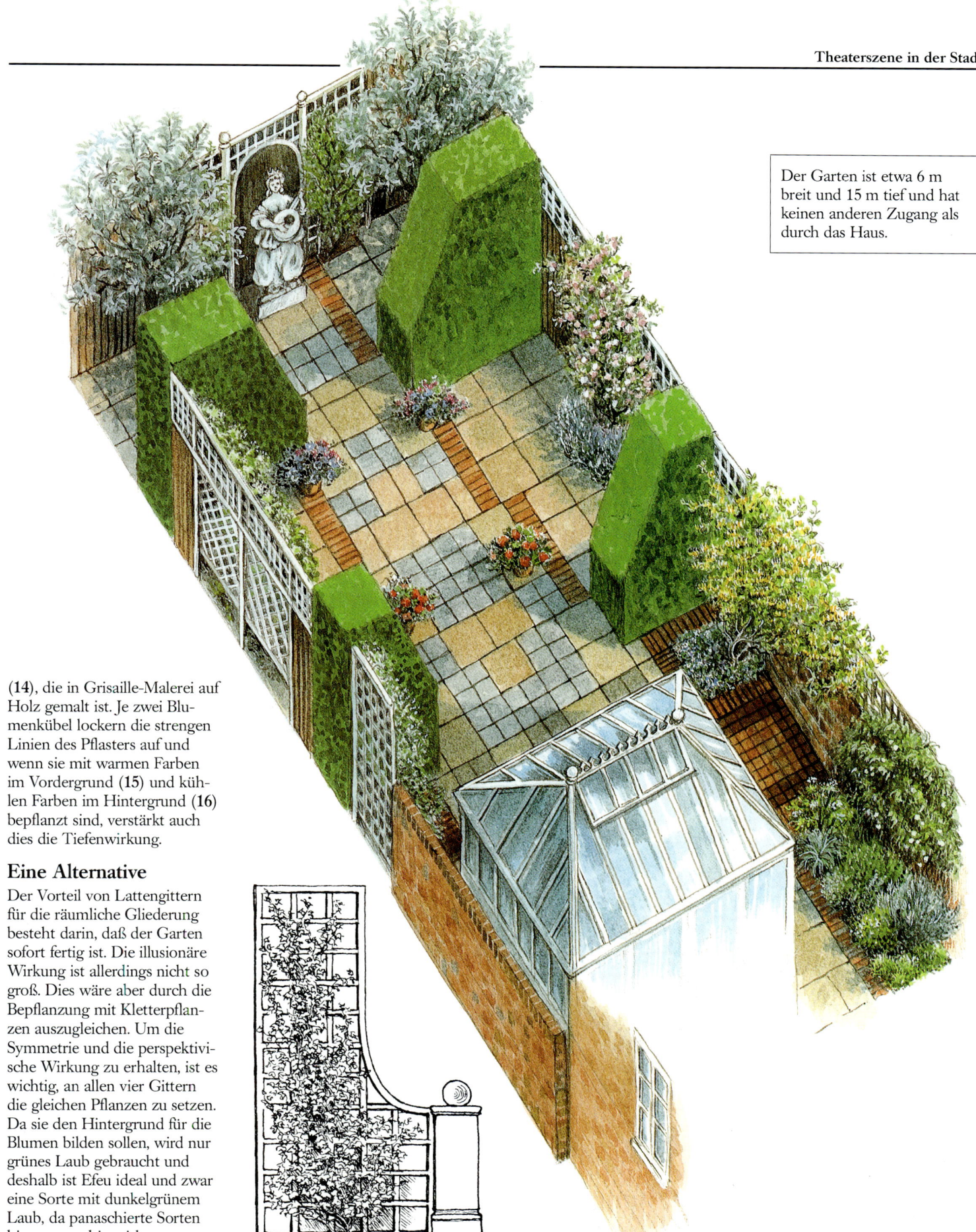

Der Garten ist etwa 6 m breit und 15 m tief und hat keinen anderen Zugang als durch das Haus.

(14), die in Grisaille-Malerei auf Holz gemalt ist. Je zwei Blumenkübel lockern die strengen Linien des Pflasters auf und wenn sie mit warmen Farben im Vordergrund (15) und kühlen Farben im Hintergrund (16) bepflanzt sind, verstärkt auch dies die Tiefenwirkung.

Eine Alternative

Der Vorteil von Lattengittern für die räumliche Gliederung besteht darin, daß der Garten sofort fertig ist. Die illusionäre Wirkung ist allerdings nicht so groß. Dies wäre aber durch die Bepflanzung mit Kletterpflanzen auszugleichen. Um die Symmetrie und die perspektivische Wirkung zu erhalten, ist es wichtig, an allen vier Gittern die gleichen Pflanzen zu setzen. Da sie den Hintergrund für die Blumen bilden sollen, wird nur grünes Laub gebraucht und deshalb ist Efeu ideal und zwar eine Sorte mit dunkelgrünem Laub, da panaschierte Sorten hier zu unruhig wirken.

14. Garten mit Pavillon

Auf den ersten Blick wird dem Leser dieser Gartenplan vielleicht als Hirngespinst aus 1001 Nacht vorkommen. Aber bei genauer Betrachtung zeigt es eine Lösung, die auf vielerlei Weise abgewandelt werden kann und für alle die Situationen verwendbar ist, wo in einem unregelmäßigen Grundstück mit etwas willkürlicher Bepflanzung oder natürlichem Baumbestand der Eindruck von formaler Ordnung entstehen soll. Dies geschieht hier, indem eine Achse auf einen zentralen Blickpunkt zuführt, in diesem Fall einen Pavillon. Die Achse kann aus beschnittenen Hecken oder einer Allee bestehen oder, wie hier, aus beidem – einer Eibenhecke und einer Allee aus Zitronenbäumchen in großen Terracottakübeln. Als Betonung stehen in dem verdeckten naturbelassenen Bereich zwei Zypressen.

Diese Art, ein Grundstück formal zu gestalten, ist überall auf der Welt möglich. Nur die Bepflanzung und der Stil der Gebäude wird unterschiedlich sein. In kälteren Gegenden kann die gleiche Wirkung mit Tannen und Kiefern und einem Weg zu einem klassizistischen Tempel oder einem hübschen Gartenhaus entstehen, oder auch nur durch ein einfaches Objekt wie einen Obelisk oder eine Säule und eine Hecke aus Hainbuchen oder Eiben.

Im hier vorgestellten Fall ist das Klima warm und das Grundstück sehr klein. Der Garten hat zwei Teile, die beide nach innen gerichtet sind. Ein Hofbereich wurde mit einer Pergola zu einem symmetrischen Arkadenhof umgestaltet. In der Mitte ist ein kühlendes Wasserbecken mit einer Fontäne ganz nach islamischem Vorbild und umgeben von Töpfen für Wechselbepflanzung. Ein dekoratives Schmiedeeisengitter trennt die beiden Gartenteile, und durch eine Pforte gelangt man auf einen mit Klinkern und Steinplatten gepflasterten Weg, der die Art des Belags im Arkadenhof aufnimmt. Eine ähnliche Wirkung wäre auch mit einem Holzgitter zu erreichen, das stilistisch zum Gartenhaus paßt und mit einem Weg mit Kies und Klinkern.

Dies ist kein arbeitsintensiver Garten. Die Hecke muß alljährlich geschnitten werden, aber der naturbelassene Bereich dahinter macht relativ wenig Mühe. Die Kosten für die Anlage einschließlich Bodenbelag und Bauten sind hoch, selbst wenn man sich bei den bestimmenden Gartenelementen auf bescheidenere Lösungen beschränkt. Die Anlage kommt aber von Anfang an zur Wirkung, nur die Hecke braucht Zeit. Der Garten ist zu fast allen Jahreszeiten attraktiv und je prächtiger das Gartenhaus ist, desto größer ist die Gesamtwirkung.

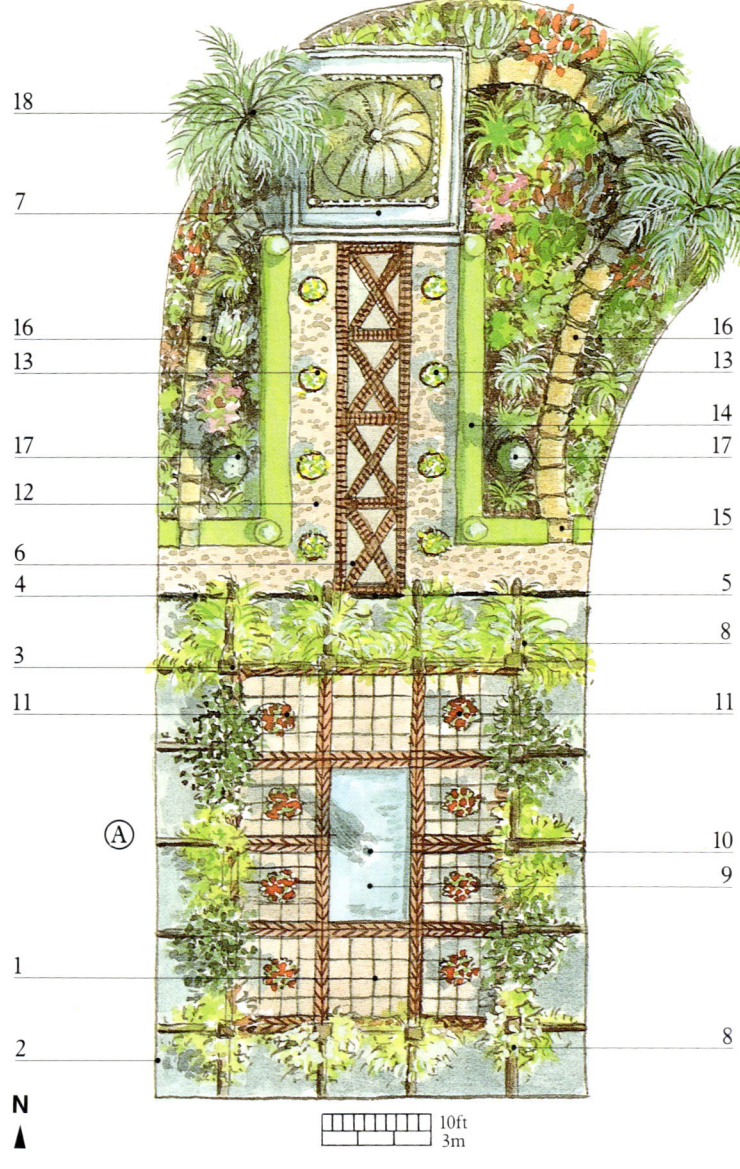

N ▲

10ft
3m

Der Hof

Der Hof (1) ist an drei Seiten vom Haus (A) und von Wänden (2) umgeben und nach Norden offen. Zwischen den Pergolapfeilern (3) ist ein dekoratives schmiedeeisernes Gitter (4) mit Toren (5), die auf den Weg (6) und zum Pavillon (7) führen. Im Schatten der Arkaden ist genügend Platz, um zu speisen.

Die Pergolapfeiler sind gemauert, die Querbalken aus Holz. Am Fuß der Pfeiler sind Beete für Kletterpflanzen (8). Am schönsten wäre eine Glyzine, die im Frühling einen Vorhang aus herrlichen violetten, blauen, rosa oder weißen Blüten bildet, durch den dann der Blick weitergeht. In warmem Klima wären auch Wein oder *Bougainvillea* geeignet oder viele andere Kletterpflanzen, zum Beispiel exotische Jasmin-Arten, wie *Jasminum mesneyi* oder der weiße, herrlich duftende *Jasminum polyanthum*. Eine andere Möglichkeit wäre *Campsis radicans*, die rote Trompetenblume.

In der Mitte ist eine rechteckige Wasserfläche (9) mit einer Fontäne (10). Auf acht Pflasterquadraten stehen Töpfe mit Wechselbepflanzung (11).

Der Pavillon und sein Garten

Aus der Mitte der Pergola führt ein Weg aus Naturstein und Ziegeln (6) und einer Kiesfläche zu beiden Seiten (12) und bildet mit den Zitronenkübeln eine Allee (13). In manchen Gegenden müssen die Zitronen im Winter nach drinnen. Es kommen auch andere Pflanzen infrage, wie Hochstammfuchsien oder weiße und blaue *Agapanthus*. Die Eibenhecke (14) ist nur etwa 1 m hoch, damit man dahinter den üppig wuchernden Bewuchs sehen kann. An beiden Seiten sind Zugänge (15) zu diesen Bereichen und gewundene Pfade (16) führen zum Pavillon. Zwei Zypressen (*Cupressus sempervirens* var. *stricta*) (17) umrahmen das Gartenhaus aus der Entfernung und die übrigen Flächen sind mit südländischen Bäumen, Sträuchern und Bodendeckern bepflanzt. Die Palme (18) hat die notwendige Höhe, um den

Pavillon (**7**) zur Geltung zu bringen. Dieser ist eine Laubsägearbeit im maurisch-islamischen Stil. Eine einfachere Alternative zeigt die Zeichnung unten (**19**). Auf jeden Fall sollte das Gebäude etwas Märchenhaftes oder Romantisches haben und eigenständig als Objekt wirken. Es mit Kletterpflanzen überwachsen zu lassen, wäre nur eine Wiederholung des Pergolathemas.

Der ummauerte Hof mit der Pergola mißt etwa 12 m auf 14 m. Der Garten mit dem Pavillon ist etwa 15 m breit und 16 m lang.

19

15. Wildnis und Labyrinth

Ein solcher Garten mag auf den ersten Blick reichlich absurd erscheinen, aber er bietet eine faszinierende Lösung, wenn jemand ein großes Grundstück hat und einen größeren Bereich davon aufregend, ungewöhnlich und zugleich pflegeleicht gestalten möchte. Da ist es sehr originell, die moderne Version einer Wildnis zu gestalten, wie sie im 17. Jahrhundert üblich war.

Heute verbindet man das Wort „Wildnis" mit den naturnahen Gärten William Robinsons und Gertrude Jekylls, in denen der Bereich jenseits der unmittelbaren Umgebung des Hauses so gestaltet war, daß er unmerklich in die Landschaft überging. Bei der Wildnis des 17. Jahrhunderts war es genau das Gegenteil: hier wurde der Kontrast zwischen der Landschaft draußen und der kultivierten Natur drinnen bewußt betont. Die „Wildnis" war etwas regelmäßiges, geordnetes und bestand aus einer Fläche, die durch Hecken und kleine Wäldchen in Räume und Durchgänge gegliedert war und ist demnach mit unserem „Naturgarten" überhaupt nicht vergleichbar. In den Räumen konnten Blütenbäume, eine Bank oder eine Skulptur als Blickpunkt stehen. Mehrere solcher Räume waren einander geometrisch zugeordnet, wodurch sich faszinierende Durchblicke ergaben und darin zu gehen ein Erlebnis war. Durch überlegte Anordnung von Hecken und Bäumen entstand der Eindruck, das ganze sei wesentlich größer, als es tatsächlich war.

Dieser Garten, der in einer Gegend mit mildem Klima liegt, zeigt eine ganz bestimmte Absicht: wer das Schwimmbad benutzt, soll auf das wunderbare Muster hinabsehen können und auf die kühlen schattigen Wandelgänge. Die Treppe, die hinunterführt, ist im Stil der großen italienischen Gärten angelegt, und um sie zu bauen, braucht man die Hilfe eines Architekten oder Bauunternehmers. Aber die Pracht spricht für sich selbst.

Die Wildnis und das Labyrinth sind genau symmetrisch zu beiden Seiten der Treppe angelegt. Unendliche Varianten zu den beiden sind möglich, aber die Wildnis bietet die meisten Möglichkeiten, denn die Hecken darin können in interessanten Formen geschnitten und kleine Bäume in regelmäßigen Mustern in die Kabinette gepflanzt werden. Ein Labyrinth ist eine exzentrische Kostbarkeit. Es ist nicht unbedingt nötig, darauf hinunterschauen zu können, obgleich nicht nur die Idee als solche, sondern auch das Muster faszinierend ist und es kann Spaß machen, zu beobachten, wie die Leute sich darin verirren.

Das Labyrinth besteht aus Eiben. Es dauert fünfzehn Jahre von der Pflanzung an bis es undurchdringlich ist, aber in die Irre gehen kann man schon von Anfang an, vorausgesetzt, man schummelt nicht, indem man einfach über die Hecke steigt. Die Wildnis ist aus Buchen gestaltet und bildet im Winter einen schönen Farbkontrast mit ihrem rostfarbenen Laub. Abgesehen vom Mähen besteht die Hauptarbeit im alljährlichen Schnitt, der auch in Lohnarbeit vergeben werden kann.

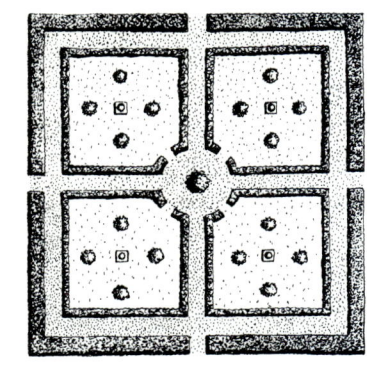

Eine Alternative

Die Pläne sind für Quadrate von etwa 24 m Seitenlänge. Der Plan zu dem Labyrinth stammt aus dem Werk des Sebastiano Serlio (1475–1554). Die Hecken sollten etwa 1,80 m hoch sein und 90 cm stark, die Wege 1 m breit. Die Wildnis ist von einer Eibenhecke umgeben, mit Kieswegen entlang den Innenseiten und quer durch die Mitte. In die Mitte gehört ein schöner Baum oder eine pompöse Säule. Vier Räume, die von Buchshecken umgeben sind, öffnen sich zum Rund in der Mitte. In jedem sollte ein Obelisk oder dergleichen stehen, umgeben von kleinen Blütenbäumen. Die Eibenhecke kann dekorativ geformt sein (siehe Seite 138), aber Buchen sollten besser gerade bleiben.

 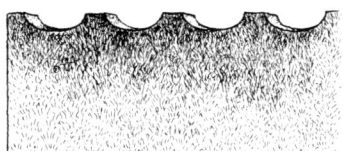  

Dekorative Heckenformen

In einem formalen Garten geht nichts über das Pflanzen von Hecken. Unsere Zeit ist so davon besessen, alles schnell zu machen, daß wir ganz vergessen haben, welche Freude es macht, Hecken heranwachsen zu sehen, sie zu schneiden und zu formen. Unsere Vorfahren lebten viel kürzer. Zur Blütezeit des formalen Gartens starben die Menschen mit vierzig, aber keiner zögerte, zehn bis fünfzehn Jahre daranzugeben, um einen Garten anzulegen. Die Möglichkeiten, die Hecken bieten, sind vielfältig, aber es ist nötig, zunächst einen Plan zu machen, wie die Hecke einmal geformt sein soll. Man sollte auch bereit sein, sie zu verändern oder ganz anders zu machen, wenn sie heranwächst. Mit sicherem Blick ist hier die Entscheidung zu treffen. Betrachten Sie das Schneiden nicht als Last. Jede Minute im Laufe der Jahre müssen Sie sich zur Freude werden lassen, wenn Sie das formen, was einmal der Stolz Ihres Gartens werden soll. Wenn Sie eine alte Hecke geerbt haben, die langweilig aussieht, können Sie sie vielleicht neu formen. Gehen Sie vorsichtig vor, aber Eiben sind bemerkenswert schnittverträglich. Eiben sind am besten zu formen (*Taxus baccata*) und können, wenn sie regelmäßig gedüngt werden, in zehn Jahren eine Höhe von 1,80 m erreichen. Wenn Sie unbedingt schneller ans Ziel kommen wollen, sind *Thuja plicata* oder *Cupressocyparis leylandii* mögliche Alternativen. Wenn Sie eine Hecke mit weniger majestätischen Dimensionen brauchen, etwa als Trennung innerhalb des Gartens, könnten die ersten drei Beispiele oben auch in Buchs (*Buxus sempervirens*) ausgeführt werden; vor allem die Bogen sehen in einem kleinern Maßstab gut aus.

Pergola und Schwimmbad

Die Pergola (**1**) besteht aus klassischen Säulen aus Kunststein mit Querbalken aus Holz. Die ideale Kletterpflanze dafür ist eine Glyzine mit ihren helllila oder weißen Blüten, gefiedertem Laub und herrlichem Stamm. Für eine andere Farbkombination bietet sich die Trompetenblume, *Campsis radicans* an mit ihren scharlach- und orangeroten Glocken. Herbstfärbung liefert der Wilde Wein, *Vitis coignetiae*, eine besonders robuste Art, mit unnachahmlich schöner Laubfärbung in Orange und Weinrot. *Vitis vinifera* 'Brant' färbt sich rot-orange und dann rosa und die Sorte 'Purpurea' wird tiefrot und dann dunkelviolett. Die Pergola bietet Schatten zum Sitzen und auch ein Badehäuschen ließe sich darin unauffällig unterbringen.
Um ein Schwimmbad (**2**) müssen freie Flächen sein. Hier bringen Kübelpflanzen (**3**) Farbe und auch auf den Pfeilern zwischen den Balustraden können Blumentöpfe aufgestellt werden (**4**). Wenn Sie die Symmetrie noch betonen wollen, stellen Sie an den Ecken Buchskegel in Kübeln auf.

Treppe und Querachse

Der Höhenunterschied beträgt 3 m und erlaubt damit eine stattliche Treppe (**5**). Die Terrasse ist ein umfangreiches Bauwerk. Sie muß von einem Fachmann geplant und gebaut werden. Das Material dazu kann von der Baustoffindustrie gefertigt und bezogen werden. Im Bogen in der Mitte (**6**) kann eine kleine Grotte mit einem Brunnen angelegt werden und da die beiden flankierenden Wände (**7**) nach Süden gehen, sind sie ideal für Spalierobst oder Kletterpflanzen. Mein Vorschlag ist *Magnolia grandiflora* 'Exmouth', die die richtige Größe hat, große, immergrüne, glänzende Blätter und den ganzen Sommer über kräftig duftende, cremefarbene, kelchförmige Blüten. Es ist noch Platz für ein weiteres Baumpaar. In einer warmen, sonnigen Gegend, für die dieser Garten entworfen ist, wären Palmen schön. Ich würde in diesem Bereich aber einfach die schöne Kiesfläche wirken lassen.

Das Labyrinth

Das Labyrinth ist aus Eiben (*Taxus baccata*) und die Hecken (**8**) sollten 90 cm stark und 1,80 hoch werden, damit man nicht darüberschauen kann. Es ist üblich, sie oben glatt zu lassen. Es ist sinnvoll, die Wege innen nur mit Kies zu überziehen (**9**), denn das Mähen wäre eine mühevolle Angelegenheit. Der Kies muß nur gelegentlich geharkt und unkrautfrei gehalten werden. In der Mitte ist eine Statue (**10**), aber auch ein kleiner Blütenbaum wäre denkbar.

Die Wildnis

Die Wildnis ist vom Labyrinth durch einen Grasweg getrennt. Hier sind die Hecken (**11**) aus Buchen (*Fagus sylvatica*); Hainbuchen (*Carpinus betulus*) wären ebenfalls möglich. An beiden bleibt das Laub den Winter über an den Zweigen, bei den Buchen sogar bis ins Frühjahr. Die Graswege sind als Kontrast wichtig und ich schlage vor, die achsialen Wege (**12**) und das äußere Oval (**13**) kurz zu scheren und das Gras im Oval in der Mitte (**14**) und in den beiden „Kabinetten" (**15**) länger zu lassen. In der Mitte steht außerdem eine Statue (**16**), aber auch hier wäre stattdessen ein Blütenbaum möglich. Auch im äußeren Oval und in den beiden Kabinetten können die gleichen Bäume stehen, ebenso jeweils einer in den vier geschlossenen Dreiecken (**17**), zu denen es einen schmalen Zugang für Pflegearbeiten geben muß. Es müssen Bäume sein, die die Hecke überragen und sie sollten Blüten und möglichst auch Früchte tragen. Geeignet sind, je nach Klima- und Bodenbedingungen, alle Zierkirschen (*Prunus*) und Wildäpfel (*Malus*). Von den zwei Bänken (**18**) am oberen und unteren Ende der Hauptachse kann man den Ausblick genießen.

Der Garten ist insgesamt etwa 30 m breit und 46 m tief. Die Terrasse mit Pergola und Schwimmbad ist 30 m breit und 15,20 m tief. Die Treppe mit dem Weg davor ist 30 m breit und 6 m tief. Wildnis und Labyrinth sind jeweils 12 m breit und 22 m tief mit einem Kiesweg dazwischen. Der Höhenunterschied beträgt 3 m.

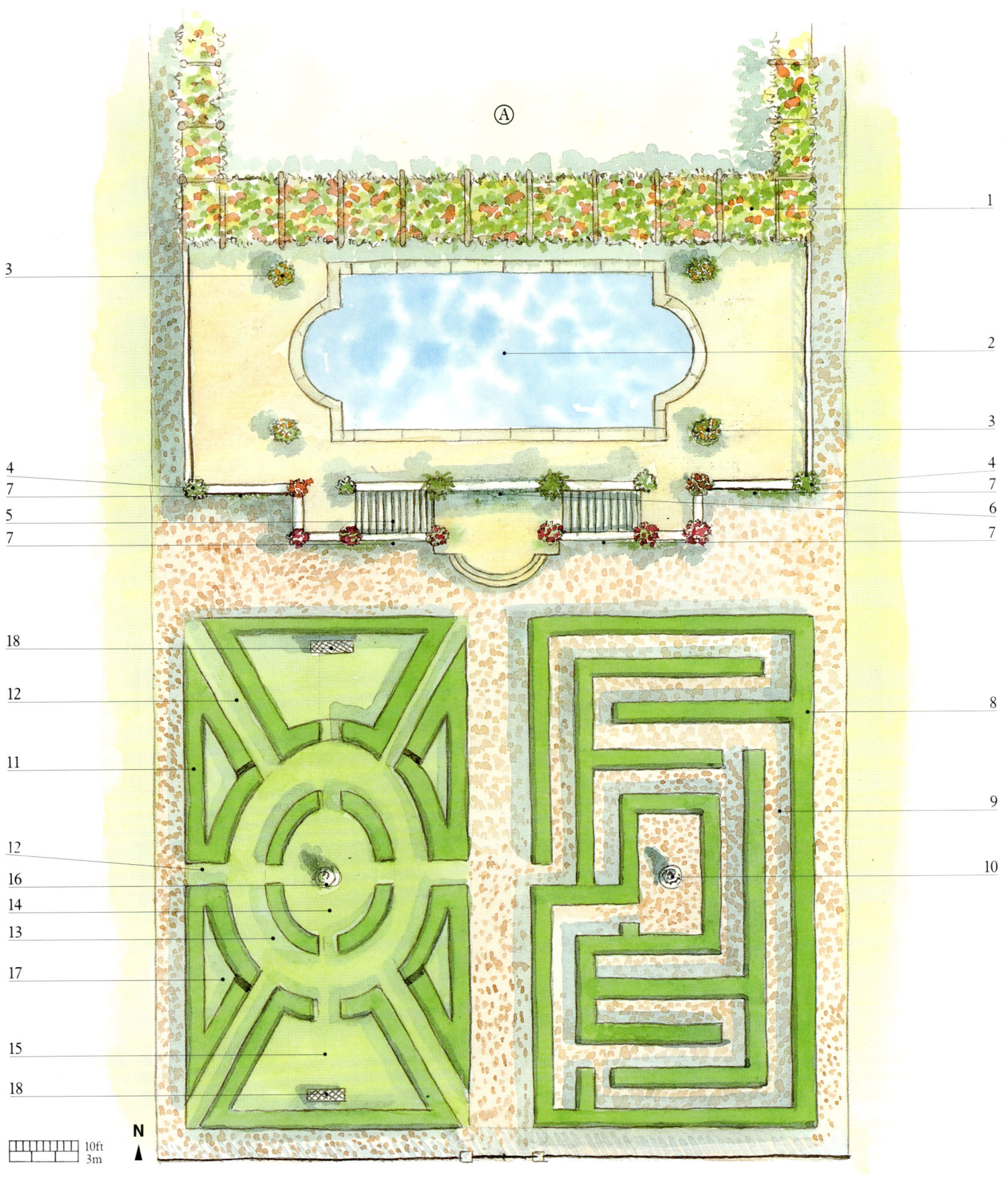

16. Atriumgarten

Der kleine Innenhof mißt nur 5 m im Quadrat und doch war es möglich, so verschiedene Pflanzen unterzubringen, daß es für alle Jahreszeiten etwas Blühendes gibt. Diese Innenhöfe sind typisch für die Innenstädte in heißen Ländern. Sie sind immer nach innen orientiert. Hier ist es nicht mehr als ein gepflasterter Hof zwischen dem Tor zur Straße und der Haustür und trotzdem ist es ein kostbarer Platz, an dem man sitzen kann und der den Hausbewohnern vor allem an Sommertagen Schutz vor der Sonne bietet.

Für eine geometrische Gestaltung beginnt man mit dem Pflastern des Bodens. Auf einer so kleinen Fläche kommt es sehr auf die Qualität an. Das geometrische Muster bildet die Grundlage für die ganze übrige Gestaltung. Der Mittelpunkt, ein kleiner Brunnen, nimmt das Muster in der Senkrechten auf und die symmetrisch paarweise aufgestellten Kübel betonen sie zusätzlich.

In zwei Ecken sind Pflanzlöcher für Kletterpflanzen. Da dieser Plan für heißes Klima vorgesehen ist, werden die Pflanzen über kreuzweise verspannte Drähte wie ein Dach über diesen „Raum" gezogen. In kühleren Gegenden würde man die Kletterpflanzen an einem Holzgitter an den Wänden hochziehen. Auch wenn der Garten klein ist, muß man sich darum kümmern, denn jede Einzelheit fällt auf und die Kübel dürfen nicht einen einzigen Tag vernachlässigt werden. Eine Alternative zu dem Brunnen in der Mitte wäre einer an der Wand, wie in Garten 18 (Seite 145), der von Pflanzen umgeben werden könnte. Er sollte an einer Stelle untergebracht werden, wo er von einem Fenster des Hauses aus zu sehen ist. Wenn ein Wandbrunnen nicht anzubringen ist, sollte wenigstens etwas anderes dekoratives an einer Wand stehen, etwa eine Figur oder ein Relief unter einem Gitterbogen.

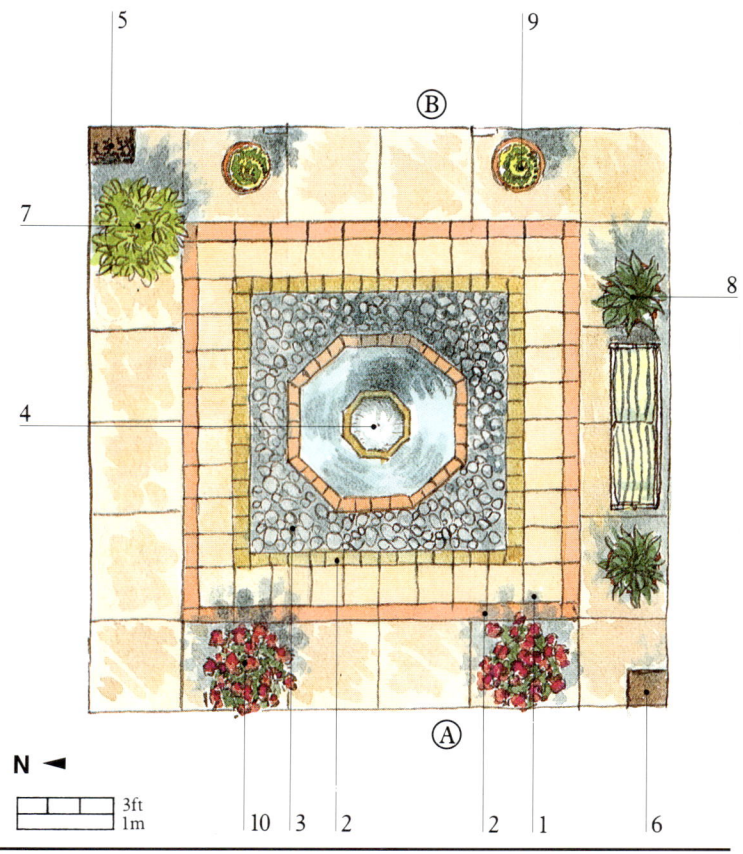

Der Hof

Der Boden ist in einem geometrischen Muster gepflastert (**1**). Zwei parallele Streifen aus Ziegeln (**2**) umrahmen eine Fläche aus Kopfsteinpflaster (**3**). Darin steht ein kleiner Springbrunnen (**4**), mit einem achteckigen Becken. Das Becken sollte niedrig sein, um den Blick über die Hoffläche nicht zu unterbrechen. Der erfrischende Wasserstrahl des Brunnens bringt zugleich Bewegung in das Bild. Mit einer einfachen elektrischen Pumpe ist er wenig aufwendig, es sind aber auch andere Lösungen möglich. So kann man die Mitte frei lassen und nur in einem besonders schönen Muster pflastern oder sogar ein Mosaik in Auftrag geben. Eine andere Lösung ist ein kunstvolles Gefäß für Pflanzen, beispielsweise ein großes Terracottagefäß mit dekorativen Reliefs. Auch dieses sollte nicht mehr als 1 m hoch sein. Die Bepflanzung muß niedrig sein und

sollte durch hängende Gewächse wie Efeu und *Pelargonium* ergänzt werden. An Spanndrähten werden zwei Kletterpflanzen gezogen, eine *Wisteria sinensis* (**5**) mit dekorativ geformtem Stamm und Ästen, duftenden, hellila Blüten und gelbgrünem Laub und ein Wilder Wein (*Vitis*), der im Sommer Schatten spendet und im Herbst eine herrliche Laubfärbung hat (**6**). Dies ist eine ganz persönliche Auswahl – je nach Art der Wände kann man auch andere Kletterpflanzen aus dem riesigen Angebot wählen. Sie sollten einen Kontrast zueinander bilden und zu verschiedenen Zeiten blühen. Der Platz für Kübelpflanzen ist beschränkt. Wie bei den Kletterpflanzen ist die Auswahl groß und richtet sich ganz nach dem eigenen Geschmack. Ich habe hier die immergrüne *Fatsia japonica* (**7**) und jeweils paarweise Kübel mit *Aspidistra* (**8**) zu beiden Seiten der Bank,

„falsche" Formbäumchen beim Eingang (**B**) und Geranien (**10**) bei der Haustüre (**A**) aufgestellt.

Die „falschen" Formbäumchen betonen die formale Gestaltung und sind einfach zu machen, indem man Efeu schraubenförmig über einen Draht zieht. Ein Topfgarten ist sehr arbeitsintensiv, denn er muß regelmäßig gewässert werden, die Pflanzen müssen umgetopft werden und manche Gefäße müssen oft zweimal im Jahr frisch bepflanzt werden. Er kann auch sehr schnell ungepflegt aussehen und deshalb empfehle ich, lieber statt eines bunten Durcheinanders wenige gute und einigermaßen große Kübel gut zu plazieren und sorgfältig zu pflegen. Um die Geometrie des Innenhofes zu betonen, sollten die Pflanzen wenigstens zum Teil strenge Formen haben, wie Fuchsienhochstämme, geschnittener Buchs oder Lorbeer.

Ein solcher Hof kann nach Einbruch der Dunkelheit eine Beleuchtung brauchen. Der Brunnen könnte sehr hübsch aussehen, wenn er von innen beleuchtet wäre.

Eine Alternative

Wenn kein Brunnen gesetzt wird, muß das Muster des Pflasters streng geometrisch sein, weil es dann das wich-

Der Hof ist 5,50 m lang und breit. An der Ostseite führt ein Tor auf die Straße, an der Nordseite ist eine glatte Wand, die beiden anderen Seiten sind von den Hauswänden umgeben mit der Eingangstür in der Westwand.

tigste Gestaltungselement ist. Das Muster in der Zeichnung besteht aus quadratischen und dreieckigen Steinplatten, Ziegeln und Kieseln.

17. Parterre auf einem Balkon

Der Balkon einer Wohnung, die Terrasse oder der Dachgarten eines Penthauses scheinen zunächst nichts mit dem Wesen des formalen Gartens gemein zu haben, aber die Gestaltungsprinzipien wie Symmetrie, Perspektive und Gestaltungsmuster sind in idealer Weise für eine derartige kleine Fläche verwendbar. Mit ihnen kann man nicht nur reizvolle, dauerhafte Gartenräume schaffen, sondern auch eine Illusion von Weite und Geräumigkeit.

Keine andere Gartenform ist so Seite an Seite mit den Wohnräumen, ja oft gehen sie, verbunden durch große Glastüren oder Schiebetüren, ineinander über.

Das heißt, daß die Gestaltung eines Balkongartens zu einem gewissen Grad von der Innenausstattung bestimmt wird und diese sogar unterstreichen kann. Zwei symmetrisch aufgestellte Amphoren können beispielsweise den Ton eines im klassizistischen Stil eingerichteten Hauses nach draußen weiterführen. Die Form und das Material der Pflanzenkübel und die Farben der Pflanzen und noch mehr Form und Farbe der Gartenmöbel müssen sich nach der Innenausstattung richten. Man kann nicht einen Wohnraum in Ockertönen, Hellgelb und Weiß gestalten und draußen vor den Fenstern knallrosa Blumen und blaue Gartenstühle aufstellen. Und eine moderne Inneneinrichtung verlangt draußen strenge Formen und kein Spitzenmuster aus Schmiedeeisen.

Wegen der Nähe zum Wohnraum ist der Balkon das ganze Jahr über sichtbar und deshalb ist es umso wichtiger, daß er attraktiv aussieht und das wiederum ist eine der Grundforderungen an den formalen Garten. So sind zunächst die dauerhaften geometrischen Grundstrukturen zu schaffen und die Bepflanzung vor einem Hintergrund aus immergrünen Pflanzen, wie geschnittenem Buchs oder Lorbeer oder von Natur aus streng wachsenden Pflanzen, wie *Skimmia* oder auch schwach wüchsigen Zwergkoniferen in Säulenform. Die Überlegungen müssen davon ausgehen, ob der Balkon eine schöne Aussicht bietet oder ob man den Ausblick ganz oder teilweise verdecken möchte. So können beispielsweise vor einem Fenster immergrüne Formbäumchen wie zu einer Allee aufgestellt werden, und den Blick auf eine schöne Aussicht lenken. Andererseits können dicht bewachsene Gitterwände eine Art Theateratmosphäre schaffen (siehe auch Seite 132), einen nach innen orientierten Raum bilden und das Auge von einer unschönen Umgebung ablenken. Wichtig ist, daß der Plan auf dem Blick aufbaut, den man von den Fenstern und Türen aus auf den Balkon hat.

Formale Gartengestaltung beruht weitgehend auf geometrischen Mustern, deren Verwirklichung auf dem Balkon schwierig scheint. Aber dieses Problem ist lösbar durch ein Muster im Plattenbelag. So könnte man sogar ein „Parterre" gestalten, indem eine Fliesenfarbe die Hecken und eine andere die Erde darstellt. Dazu wird zunächst eine exakte Zeichnung auf Millimeterpapier gemacht, in der berücksichtigt wird, daß der Blick aus dem Zimmer stimmt und daß die Kübel für die Pflanzen gut in dem Muster unterzubringen sind. Zwei Lösungen sind hier vorgestellt, aber weitere sind in diesem Buch unschwer zu finden und dafür abzuändern.

Die Kübel sind hier mit besonderem Bedacht auszusuchen, denn sie sind wesentlich dominierender als Kübel zwischen anderen Pflanzen in einem großen Garten. Daran sollten Sie nicht sparen, denn Sie müssen sie ständig sehen. Zuvor sollten Sie aber auch die Tragkraft Ihres Balkons prüfen. Mehrere Hersteller bieten inzwischen klassische „Ton"- und „Holz"-Kübel aus Fiberglas an, die leicht sind und einfach zu transportieren.

Auch die Möglichkeiten, die Wände bieten, sollten genutzt werden. Lattengitter, die in der Farbe auf die Wände abgestimmt sind, können entweder für sich wirken oder mit Kletterpflanzen bewachsen werden.

Wenn der Boden stark genug ist, können Rosen und Geißblatt und viele andere Kletterpflanzen in Kübeln gedeihen. Nur um eine Wand zu bekleiden, würde ich einen panaschierten Efeu verwenden, der anspruchslos ist, die Fläche begrünt und das ganze Jahr über schön aussieht. An einer Wand läßt sich auch eine Gartenskulptur in Form eines Wandreliefs unterbringen oder sogar ein kleiner Wandbrunnen (siehe Seite 144).

Der Balkongarten setzt allerdings auch gewisse Schranken durch den Wind, durch die Notwendigkeit leichter Kübel, durch die Beschränkung auf Pflanzen, die Trockenheit vertragen und den Bedarf nach einem Platz für die wenigen Geräte und für Unkraut, Pflanzenabfälle und alte Erde. Diese Nachteile sollten von Anfang an bedacht werden, denn damit ein Balkongarten wirklich schön ist, muß man Freude daran haben und ihm ständig Aufmerksamkeit widmen. Schon eine einzige abgestorbene Blüte, die in einem normalen Garten kaum bemerkt würde, fällt hier sofort auf.

Bei den kleinen Ausmaßen der üblichen Balkone ist die Arbeit aber nicht übermäßig groß, wenn sie vor allem mit immergrünen Pflanzen besetzt sind und sie bieten dem begeisterten Balkongärtner erstaunlich viele Möglichkeiten.

Das Parterre

Der Garten ist in zwei Teile gegliedert, in einen freien Bereich zum Sitzen mit einfarbigen Fliesen und in einen Bereich, der wie ein Parterre gestaltet ist. Grüne Fliesen stellen Hecken aus der Gärtnerei oder vom Markt ersetzt werden: Stiefmütterchen im Winter, Hyazinthen im Frühling, Geranien im Sommer und vielleicht noch Fuchsien im Herbst – alles was zu haben ist, wenn nur die Farbe

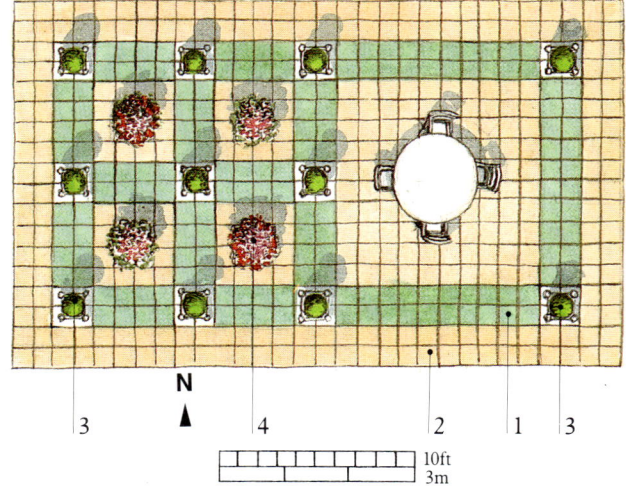

(1) dar und braune die Erde (2) und Wege. Elf Versailles-Kübel mit kugel- oder kegelförmigen Buchsbäumchen stehen an den Ecken und Kreuzungspunkten (3). Die vier „Blumenbeete" (4) bestehen aus Kübeln mit Wechselbepflanzung und können laufend durch neue Topfpflanzen passt. Wenn Sie wegen der Farbe unsicher sind, beschränken Sie sich auf Weiß und nehmen Pflanzen mit langer Blühdauer. Wenn die Farbe es zuläßt, sollten Sie auch duftende Pflanzen nehmen, an denen Sie sich freuen können, wenn Sie draußen sitzen.

Der Balkon ist 9 m lang und
5,50 m breit.

Eine Alternative

Die Idee, auf dem Pflaster ein
Parterre abzubilden, kann mit
den verschiedensten Mustern
verwirklicht werden, aber immer ist ein kräftiger Rahmen
aus Pflanzen nötig, und immer
ist der Blick vom Zimmer nach
draußen zu bedenken.

143

18. Gärtchen vor einem Tiefparterre

Ein solcher Garten hat viel Ähnlichkeit mit einem Balkongarten. Beide werden vor allem vom Haus aus eingesehen. Vor allem beim Garten vor einem Kellergeschoß ist es der Blick von drinnen, auf den es ankommt, denn niemand würde dort sitzen und auch eine Aussicht gibt es dort nicht. Hier kommt es darauf an, ein Bild zu schaffen und dies meist unter widrigen Bedingungen. Wenn es gelingt, hier eine glanzvolle Illusion zu schaffen, kann ihr Schöpfer das als besonderen Erfolg verbuchen, denn er muß etwas aus einem engen, schattigen Loch machen, das schon durch seine Lage die Pflanzenauswahl auf Arten beschränkt, die ohne Sonne und in Kübeln gedeihen können.

Die Situation, in der dieser Garten angelegt wurde, ist typisch für viele Stadthäuser des 19. Jahrhunderts, bei denen eine Treppe nach unten zum ehemaligen Lieferanteneingang führt. Heute führen diese Treppen meist zum Eingang einer Tiefparterrewohnung. Wie dieser Raum am vorteilhaftesten gestaltet werden kann, muß sich durch den Blick aus der Wohnung ergeben.

Zunächst kommt es darauf an, so viel Licht wie möglich zu bekommen, indem man die Wände hell streicht, weiß oder cremefarben. Dann braucht der Raum eine dekorative Gliederung, die vom Fenster aus hübsch anzusehen ist, auch ohne Pflanzen. Lattengitter, die nicht teuer

sind, sind dafür ideal. Für die richtige Größe wird man einen Schreiner brauchen. Grün ist dafür eine geeignete Farbe, die an grünes Laub erinnert, aber auch Blaugrün kann gut wirken. Ein einfacher Wandbrunnen gegenüber dem Fenster, oder stattdessen eine Skulptur oder ein Wandrelief, fassen die Gestaltung zusammen und geben ihr einen Mittelpunkt.

Die Pflanzen, hier in vier symmetrisch aufgestellten Versailles-Kübeln, ergänzen die dauerhaften Gestaltungselemente. Dabei ist zu bedenken, daß die Pflanzen nur eine begrenzte Lebensdauer haben, daß die Erde beseitigt und von Zeit zu Zeit ausgetauscht werden muß und daß eine Vermehrung der Kübel auch eine Vermehrung der damit verbundenen Probleme bedeutet.

Ein solcher „Kellergarten" sollte eher die Illusion eines Gartens, als ein echter Garten sein und sollte mehr aus festen Elementen als aus Pflanzen bestehen.

Diese Art der Gestaltung ist auch für einen kleinen Vorgarten geeignet, der nur aus einem gepflasterten Platz besteht. Hier sollte aber vor allem das Pflaster interessant gestaltet werden. Bei einer größeren Fläche wären die Lattengitter zu verlängern und mehr Kübel aufzustellen, etwa wie beim Barockparterre Seite 40–43.

Der Garten

Am wichtigsten ist das Bild, das sich beim Blick aus dem Fenster des Hauses (**A**) bietet: der Wandbrunnen mit einem Löwenkopf (**1**). Die Wände sollten weiß, gebrochen weiß oder cremefarben gestrichen werden, damit sie das einfallende Licht reflektieren. Das graugrüne Lattengitter (**2**) sollte so an der Wand festgebunden werden, daß es einfach zu entfernen ist, wenn die Wände gestrichen werden. Das wichtigste Gestal-

tungselement ist hier der zentrale Blickpunkt. Ein Wandbrunnen ist keine besonders teuere Angelegenheit, obgleich die Wasserleitung in der Wand von einem Fachmann verlegt werden muß. Der Brunnen funktioniert mit Hilfe einer elektrischen Umwälzpumpe über einen Schalter im Haus. Da für die Stufen sicher eine elektrische Beleuchtung vorgesehen ist, könnte auch der Gartenraum durch Spots auf die Pflanzen oder den Brunnen

eine theatralische Beleuchtung bekommen.
Nichts ist vergleichbar mit der optischen Wirkung von fließendem Wasser, selbst in diesem kleinen Maßstab. Aber wenn eine Wasserleitung hier nicht infrage kommt, ist ein Wandrelief über einem dekorativen Pflanztrog eine Alternative (siehe Zeichnung rechts oben). Die vier Versailles-Kübel (**3–6**), die es auch in Kunststoff gibt, der wie Holz aussieht, sind hier in anspruchsvollem Schwarz

gehalten. Es ist nicht leicht, die richtigen Pflanzen für diesen Standort zu finden. Ich persönlich bevorzuge immergrüne Gehölze, und zwar Kamelien (**3** und **4**), die wunderbar glänzende Blätter haben und das ganze Frühjahr hindurch blühen. Sie sind ausdauernd, gedeihen in feuchtem Schatten und erreichen im Kübel eine Höhe von etwa 1,80 m. Man kann aus einem großen Sortenangebot mit rosa, roten, weißen, einfachen und gefüllten Blüten wählen.
An der Hauswand sind zwei weitere Kübel, einer vielleicht für die immergrüne *Clematis armandii* (**5**) und der andere für Jasmin (**6**). Sowohl die im Winter blühende Art, *J. nudiflorum*, wie die im Sommer blühende, *J. officinale*, lassen sich im Kübel ziehen. Beide sind laubabwerfend, aber der eine hat den ganzen Winter kleine gelbe Blüten, der andere herrlich duftende weiße im Sommer.

Alternative für den Brunnen

Ein Trog wird mit Pflanzen gefüllt, die in der Farbe und in der Blütezeit zu den anderen pas-

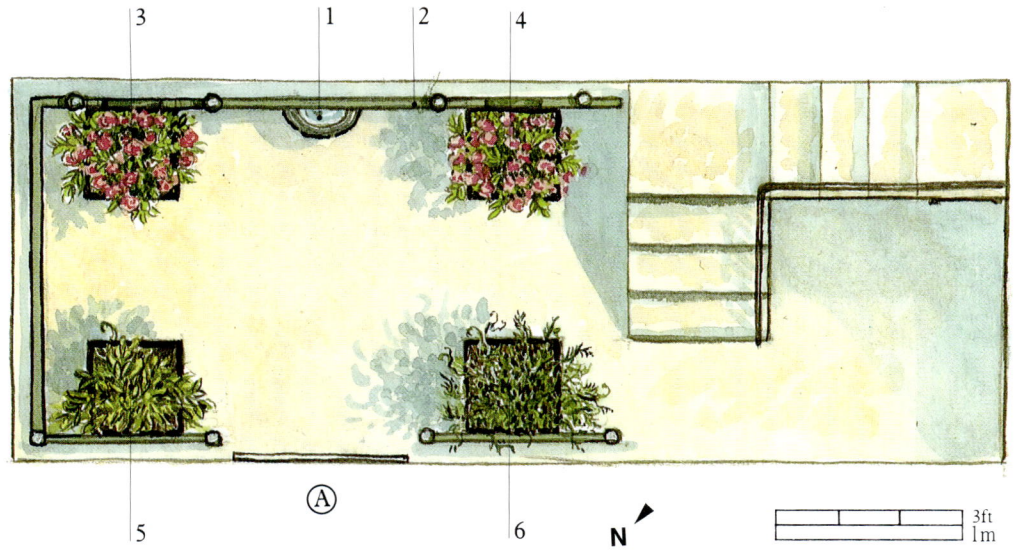

sen müssen. Eine andere Möglichkeit wäre eine Büste auf einem Sockel, aber so wie die Verhältnisse in der Stadt heute sind, ist es ratsam, etwas aufzustellen, was nicht so leicht gestohlen oder beschädigt wird.

Die Fläche ohne die Treppen ist 2,90 m breit und 1,80 m tief. Mit einer 2,70 m hohen Mauer.

Praktische Hinweise
für die Anlage formaler Gärten

Für einen formalen Garten bedarf es nicht nur des üblichen gärtnerischen Wissens, sondern auch einiger besonderer künstlerischer Fähigkeiten wie Schneiden und Formen von Hecken, die Anlage eines Parterres, die Erziehung von Obstbäumen an Spalieren, das Formen von Bäumen zu Kugeln und vielerlei Figuren. Mit dem Umgang all dieser Techniken stellt sich allmählich eine Sicherheit, eine Art gärtnerischer Überlegenheit ein, das Bewußtsein für eine große gärtnerische Tradition, die lange geruht hat oder vernachlässigt war. Früher wurde das Wissen mündlich von einer Generation von Gärtnern zur nächsten weitergegeben. Heute müssen sich die Gartenbesitzer selbst darum bemühen.

Eine bewährte Schule für diese historischen Techniken gibt es nicht und so sind sich die Gartenbau-Fachleute über die richtigen Methoden oft nicht einig. Als ich vor fünfzehn Jahren erstmals einen formalen Garten anlegte, mußte ich buchstäblich raten, wie man das wohl macht. So habe ich keine Eibenhecke jemals mit der immer empfohlenen seitlichen Schräge gezogen und die Hecken leben trotzdem und die schütteren Stellen haben sich auch so gefüllt. So sollte man sich nicht scheuen, eigene Methoden zu erproben und bei Fehlern nicht die Geduld verlieren.

Eine Arbeit und eine Kunst jedoch muß man mit Passion betreiben und über alles andere stellen: das Schneiden. Wenigstens einmal im Jahr werden die Hecken und Figuren geschnitten (im Sommer) und einmal die Bäume (im Winter). Es ist eine faszinierende Aufgabe, ganz allmählich Formen neu aufzubauen oder wiederherzustellen.

Pflanzen für formale Gärten

Auf die Bepflanzung kann in diesem Buch nicht im Einzelnen eingegangen werden. In den Plänen dieses Buches kommen aber einige Gestaltungselemente für den formalen Garten immer wieder vor und die folgenden Listen enthalten Pflanzen für diese speziellen Zwecke.

Symbole und Winterhärtezonen

○ Volle Sonne
◑ Halbschatten
● Schatten
z = Winterhärtezone

Man hat für Pflanzen eine Einteilung in bestimmte Temperaturbereiche geschaffen, in denen diese aller Wahrscheinlichkeit nach noch gedeihen, blühen und fruchten können, wobei aber Standort und Feuchtigkeit zusätzlichen Einfluß haben.

Zone	Temperatur in ° C
1	unter − 46
2	− 46 bis − 40
3	− 40 bis − 34
4	− 34 bis − 28
5	− 28 bis − 22
6	− 22 bis − 16
7	− 16 bis − 12
8	− 12 bis − 6
9	− 6 bis − 1
10	− 1 bis + 4

Immergrüne Gehölze als Sichtschutz

z 6–10 ○◑ *Abelia* × *grandiflora*
z 5–9 ○◑ *Berberis*-Arten
z 7–9 ◑● *Camellia*-Arten und -Sorten, vor allem Sorten von *C. williamsii*
z 7–9 ○ *Ceanothus*-Arten und Hybriden
z 6–9 ○◑ *Choisya ternata*
z 8–9 ○ *Cordyline australis*
z 5–10 ○◑ *Cotoneaster dammeri*
z 6–10 ○ *C.* × *watereri*
z 6–9 ○◑ *Cryptomeria japonica* 'Elegans'
z 8–10 ○ *Daphne odora*
z 6–9 ○◑ *Elaeagnus pungens*
z 7–9 ○◑ *E. ebbingei*
z 6–9 ○◑ *E. macrophylla*
z 8–9 ○ *Escallonia* × *iveyi* 'Apple Blossom'
z 7–9 ○◑ *Eucryphia* × *nymansensis*
z 8–10 ◑● *Fatsia japonica*
z 7–9 ◑● *Garrya elliptica* 'James Roof'
z 8–10 ○ *Hebe*-Arten und -Sorten, z.B. *H.* 'Midsummer Beauty'
z 6–9 ○◑ *Ilex aquifolium*
z 6–9 ◑● *Mahonia japonica*
z 7–9 ○ *Osmanthus delavayi*
z 7–9 ◑ *Pieris* 'Forest Flame'
z 8–10 ○ *Pittosporum tenuifolim*
z 7–10 ○● *Prunus lusitanica*
z 5–9 ◑ *Rhododendron*-Arten und -Sorten, z.B. *R. yakshimanum*
z 7–9 ◑ *Sarcococca hookeriana*
z 7–9 ◑● *Skimmia japonica*
z 6–9 ○● *Stranvaesia davidiana*
z 6–9 ○● *Viburnum tinus*
z 5–9 ○◑ *Viburnum* × *burkwoodii*

Sträucher und kleine Bäume mit Blüten oder schöner Herbstfärbung

z 5–9 ○ *Amelanchier lamarckii*
z 6–9 ○ *Ceratostigma willmottianum*
z 5–9 ○◑ *Chaenomeles japonica*
z 7–9 ○◑ *Cornus alba* 'Elegantissima'
z 5–9 ○ *C. kousa* var. *chinensis*
z 5–9 ○ *Cotinus coggygria*
z 5–9 ○ *Cytisus praecox*
z 7–9 ○ *C.* × *kewensis*
z 6–9 ◑ *Daphne mezereum*
z 5–9 ○ *Deutzia* × *hybrida*
z 7–9 ○ *Fuchsia magellanica*
z 5–9 ◑ *Hamamelis mollis*
z 6–9 ○ *Hibiscus syriacus*
z 5–9 ◑ *Hydrangea quercifolia*
z 7–9 ○◑ *Kolkwitzia amabilis*
z 6–9 ○ *Malus* 'John Downie'
z 7–10 ○◑ *Paeonia lutea*
z 6–9 ◑ *Potentilla fruticosa*
Prunus-Arten, wie
z 6–9 ◑ *P. sargentii* , *P. serrulata* und andere Zierkirschen
z 6–9 ◑ *Ribes sanguineum*
Rhododendron-Knap Hill-Hybriden und Exbury-Hybriden
Sorbus-Arten, z.B.
z 4–8 ○◑ *S. aucuparia*
z 2–8 ◑ *S. hupehensis*
z 6–9 ○◑ *Spiraea* × *arguta*
z 7–10 ○● *Viburnum plicatum* 'Mariesii'
z 5–9 ○◑ *V.* × *bodnantense*
z 6–10 ○◑ *Weigela florida* und Hybriden

Grau- oder blaulaubige Gehölze

z 7–9 ○ *Artemisia* 'Powis Castle'
z 8–10 ○ *Ballota pseudodictamnus*

z 7–10 ○ *Convolvulus cneorum*
z 7–10 ○ *Olearia macrodonta*
z 7–9 ○ *Phlomis fruticosa*
z 7–10 ○ *Rosmarinus officinalis*
z 8–10 ○ *Ruta graveolens* 'Jackmans Blue'
z 7–9 ○ *Salvia officinalis*
z 8–10 ○ *Yucca filamentosa*

Immergrüne Pflanzen für die Begrünung von Mauern

z 7–9 ○ *Artemisia arborescens*
z 7–9 ○ *Ceanothus*-Arten und -Sorten, z.B. *C.* × 'Autumnal Blue'
z 7–9 ○ *Clematis armandii*
z 8–10 ○● *Euonymus fortunei* 'Silver Queen'
z 7–10 ○● *Hedera helix*
z 6–10 ◑ *Lonicera japonica*
z 6–8 ◑● *Pileostegia viburnoides*
z 6–8 ○● *Pyracantha coccinea* 'Lalandei'
z 8–10 ○ *Tecomaria capensis*
z 8–10 ○ *Trachelospermum jasminoides*
z 8–10 ○ *T. asiatica*

Laubabwerfende Kletterpflanzen und Gehölze für die Begrünung von Mauern

z 8–10 ○◑ *Abutilon* × *suntense*
z 7–9 ○ *Actinidia kolomikta*
z 7–9 ○ *Akebia quinata*
z 7–9 ○◑ *Ampelopsis aconitifolia*
z 10 ○ *Bougainvillea*-Arten und -Sorten
z 5–10 ○ *Campsis radicans*
z 7–9 ○◑ *Ceanothus* 'Gloire de Versailles'
z 6–9 ○◑ *Chaenomeles speciosa*
Clematis-Arten z.B.
z 3–9 ○◑ *C. alpina*
z 4–7 ○◑ *C. macropetala*
z 4–7 ○◑ *C. montana*
z 6–9 ○ Großblumige *Clematis*-Hybriden
z 8–9 ○ *Cytisus battandieri*
z 4–9 ○◑ *Forsythia suspensa*
z 7–9 ○ *Humulus lupulus* 'Aureus'
z 4–9 ◑ *Hydrangea petiolaris*
z 8–10 ○ *Jasminum officinale*
z 6–10 ○◑ *J. nudiflorum*
z 9–10 ○ *J. polyanthum*
z 6–10 ◑ *Lonicera*-Arten und -Sorten, z.B. *L. periclymenum* 'Belgica' und 'Serotina'
z 7–9 ◑● *Parthenocissus henryana*
z 3–9 ○◑ *P. quinquefolia*
z 9–10 ○ *Passiflora caerulea*
z 7–9 ○ Kletterrosen, vor allem remontierende
z 8–9 ○ *Solanum crispum* 'Autumnale'
z 6–9 ○◑ *Vitis vinifera* 'Brant' und 'Purpurea'
z 6–10 ○ *Wisteria floribunda*
z 6–9 ○ *W. sinensis*

Gehölze für Baumwände und gestelzte Hecken

Am besten geeignet ist die Linde, *Tilia*
z 6–9 ○ *Tilia cordata*
z 6–9 ○ *T. platyphyllos* 'Rubra'
z 6–9 ○ *Platanus orientalis*
z 8–9 ○ *Quercus ilex*

Gehölze für beschnittene Hecken (siehe Seite 39 und 148–149)

Bäume für Kugel- oder Schirmformen

z 5–8 ◑ *Cornus mas*
z 5–9 ○ *Crataegus*-Arten und -Sorten
z 5–9 ◑ *Euonymus fortunei* 'Emerald Gaiety'
z 7–9 ◑● *Ilex aquifolium* und Sorten
z 9–10 ◑ *Laurus nobilis*
z 7–10 ○◑ *Prunus lusitanica*
z 6–9 ◑ *Quercus ilex*
z 6–9 ○ *Robinia pseudoacacia* 'Inermis'

Obstgehölze, die sich gut formen lassen

Erziehungsformen von Obstgehölzen auf guten Ertrag können sehr dekorativ sein frei stehend oder an Wänden gezogenen. Sorten auf schwach wachsenden Unterlagen sind für kleine Gärten mit guten Böden besonders geeignet.

z 7–9 ○ Apfelbäume eignen sich für die Erziehung zu Fächern, Kordons, Spalieren, niedrigen Hecken und verschiedenen frei stehenden Formen.

z 7–9 ○ Birnen sind fast ebenso vielseitig, aber ihre Wuchsfreudigkeit macht sie weniger geeignet für kleine Erziehungsformen.

z 8–10 ○ Pfirsiche und Aprikosen eignen sich besonders gut für die Erziehung in Fächerform an Wänden, wo sie auch besser reifen.

z 7–9 ○ Süßkirschen und Pflaumen können in Fächerform gezogen werden, brauchen aber viel Platz.

z 7–9 ○ Sauerkirschen eignen sich auch für kleine Gärten und für die Erziehung in Fächerform.

z 8–10 ○ Feigen brauchen Wärme, damit die Früchte reif werden, am besten gedeihen sie an einer warmen Wand.

z 8–10 ○ Stachelbeeren gehören zu den besten Beerensträuchern für die Erziehung zu Kordons oder Hochstämmen.

Pflanzen für Kübel, Schalen und Kästen

Bunte Wechselbepflanzungen können bestehen aus: Zwiebelpflanzen, ein- und zweijährigen Sommerblumen und nicht winterharten Stauden oder Gehölzen. Als Dauerbepflanzung eignen sich neben den für Formschnitt verwendbaren immergrünen Gehölzen folgende immergrüne (I) und laubabwerfende (L) Pflanzen.

Kompakt und langsam wachsende Koniferen

z 3–8 ○ *Abies balsamea* 'Hudsonea' (I)
z 5–8 ◑ *Chamaecyparis lawsoniana* 'Ellwoodii' (I)
z 3–8 ○ *C. pisifera* 'Boulevard' (I)
z 4–8 ○ *Juniperus chinensis* 'Variegata' (I)
z 4–8 ○ *J. communis* 'Compressa' (I)
z 2–8 ○ *Pinus mugo* 'Gnom' (I)
z 6–8 ○ *Taxus baccata* 'Standishii' (I)
z 2–8 ○ *Thuja occidentalis* 'Rheingold' (I)
z 6–8 ○ *Thuja orientalis* 'Elegantissima' (I)

Blütenpflanzen

z 8–10 ○◑ *Agapanthus* 'Headbourne Hybrids' (I–L)
z 7–9 ○◑ *Camellia*-Arten und -Sorten (I)
z 8–10 ○ *Daphne odora* (I)
z 7–9 ○◑ *Hydrangea macrophylla* (L)
z 7–10 ○◑ *Mahonia japonica* (I)
z 8–10 ○ *Myrtus communis* (I)
z 8–10 ○ *Nerium oleander* (I)
z 7–9 ◑ *Pieris formosa* 'Forrestii' (I)
z 5–9 ○◑ *Rhododendron* (I–L)
z 6–9 ○ kleinbleibende Rosensorten (L)

Pflanzen mit ausdrucksvollem Laub

z 7–9 ○◑ *Acer palmatum* 'Dissectum' (L)
z 8–10 ○ *Agave americana* (L)
z 8–10 ○ *Cordyline australis* (L)
z 8–10 ○● × *Fatshedera lizei* (I)
z 8–10 ○◑ *Fatsia japonica* (I)
z 5–9 ○● *Hedera helix*, Sorten (I)
z 5–10 ◑● *Hosta sieboldiana* 'Elegans' (I)
z 8–10 ○ *Yucca filamentosa* (I)

Obstgehölze

z 7–9 ○ Apfel auf M 27-Unterlage (L)
z 8–10 ○ Feige (L)
z 7–8 ○ Stachelbeeren (L)
z 9–10 ○ Zitrone, Orange (I)

Dekorative Heckenpflanzen

Berberis × stenophylla
Immergrün und robust, mit goldgelben Blütenrispen im Frühling, wenn im Vorjahr nicht zu spät im Sommer geschnitten wurde. Wächst bei regelmäßigem Schnitt schnell.
Größe: in 3 Jahren 0,90–1,20 m, in 6 Jahren 1,80–2,40 m.
Pflanzung: Spätherbst oder Frühling, 0,45 m Abstand, Sonne bis Schatten.
Schnitt: gleich nach der Pflanzung auf die Hälfte zurücknehmen, Triebe oben und seitlich im Frühsommer regelmäßig zurückschneiden, um buschigen Wuchs zu erreichen.

Berberis thunbergii 'Atropurpurea'
Laubabwerfender, winterharter Busch mit bronzerotem Laub, das sich im Herbst scharlachrot färbt. Zwergform: *B. t.* 'Atropurpurea Nana'.
Pflanzung: Herbst bis zeitiges Frühjahr, in 0,45 m Abstand (20–25 cm die Zwergform) in Sonne oder lichtem Schatten.
Größe: 0,90–1,20 m (0,45 m die Zwergform) in 3 Jahren und 1,50–1,80 m in 5–6 Jahren.
Schnitt: gleich nach der Pflanzung auf halbe Höhe zurücknehmen, dann oben und seitlich alljährlich im Frühjahr.

Buxus sempervirens, Buchs
Immergrüner, dichter Busch mit kleinen glänzend grünen Blättern, gut schnittverträglich. *B. s.* 'Suffruticosa' ist die Zwergform.
Größe: 0,90 m in 3 Jahren, 1,50–1,80 m in 6 Jahren. Die Zwergform 0,30 m in 3–4 Jahren.
Pflanzung: im Herbst oder zeitigen Frühjahr, in 0,45 m Abstand (10–15 cm die Zwergform) in Sonne oder lichtem Schatten.
Schnitt: im Frühsommer.

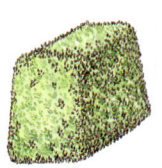

Cupressocyparis leylandii
Immergrüne robuste Konifere mit graugrünen Trieben, die schnell eine dichte Hecke bildet.
Größe: 0,90–1,80 m in 3 Jahren; 2,40–3,60 m in 6 Jahren.
Pflanzung: im Herbst oder Frühling in 80 cm Abstand.
Schnitt: Seitliche Triebe mit der Handschere schneiden, vor allem solange die Pflanzen jung sind. Haupttriebe nicht schneiden, bevor die endgültige Höhe erreicht ist. Schnitt ist während des ganzen Sommers möglich.

Fagus sylvatica, Buche
Blätter im Frühling hellgrün, im Sommer dunkler und rostbraun im Herbst. In geschnittenen Hecken bleibt das Laub bis zum Frühjahr an den Zweigen.
Größe: 0,90–1,20 m in 3 Jahren; 1,80–2,40 m in 6 Jahren.
Pflanzung: Herbst bis Frühling, in Abständen von 0,45–0,60 m sonnig.
Schnitt: den Hauptstamm zwei Jahre nicht schneiden, lange oder schwache Seitentriebe im Sommer nur einkürzen. Im Hochsommer in Form schneiden.

Ilex aquifolium, Stechpalme
Immergrüne, winterharte und robuste Pflanze für eine Dornenhecke. Die Art hat dunkelgrüne, glänzende Blätter, es gibt aber auch viele Varietäten und Sorten. Bei regelmäßigem Schnitt werden auch ganz unten Blätter ausgebildet.
Größe: 0,90–1,20 m in 3 Jahren; 1,80–2,40 m in 6 Jahren.
Pflanzung: im Frühherbst oder Frühling in Abständen von 45–60 cm in Sonne oder lichtem Schatten.
Schnitt: mit der Handschere im Frühling oder Spätsommer.

Prunus lusitanica, Kirschlorbeer
Immergrün und winterhart, mit glänzenden dunkelgrünen Blättern, bildet bei gutem Schnitt eine dichte Hecke. Läßt sich leicht zu einem kugel- oder schirmförmigen Baum erziehen.
Größe: 1,20 m in 3 Jahren, 1,80–2,40 m in 6–8 Jahren.
Pflanzung: im Herbst oder Frühling, in Abständen von 60 cm, in Sonne oder lichtem Schatten.
Schnitt: mit der Handschere im Frühling und Sommer.

Pyracantha, Feuerdorn
Immergrün, winterhart und robust, weiße Blüten im Frühsommer, gelbe, orangefarbene oder rote Beeren im Herbst. Läßt sich an einem Spalier ziehen oder bildet, bei regelmäßigem Schnitt, eine dichte Dornenhecke.
Größe: 0,90–1,20 m in 3 Jahren; 1,80–2,40 m in 6 Jahren.
Pflanzung: im Herbst oder Frühling in Abständen von 60 cm, in Sonne oder lichtem Schatten.
Schnitt: jederzeit Frühling bis Frühherbst.

Santolina chamaecyparissus
Immergrüner, niedriger Strauch mit fiedrigem, aromatisch duftendem pelzig-silbrigem Laub. Ungeschnitten treibt er im Sommer gelbe Blüten. Dabei wird aber das Laub stumpf und trocken und die Heckenform leidet.
Größe: 0,30–0,45 m in 2 Jahren; muß nach etwa 6–8 Jahren neu gepflanzt werden.
Pflanzung: im Frühling, in Abständen von·15–20 cm, in sonniger Lage.
Schnitt: im Frühling und nochmals im Lauf des Sommers.

Carpinus betulus, Hainbuche

Robuster Baum für dichte Hecken. Bei geschnittenen Hecken bleibt das rostbraune Herbstlaub bis zum Frühjahr an den Zweigen.

Größe: 1,20 m in 4–5 Jahren; 3–4 m in 8 Jahren.
Pflanzung: Abstände bei Hecken 45–60 cm; bei gestelzten Hecken und Spalieren 1,80–3,00 m in Sonne oder lichtem Schatten.
Schnitt: Den Hauptstamm zwei Jahre nicht schneiden, lange und schwache Triebe im Sommer einkürzen. Danach im Sommer in Form schneiden.

Chamaecyparis lawsoniana

Wüchsige Konifere. Beste Sorten *C. e.* 'Allumii' mit blaugrauem Laub und *C. e.* 'Green Hedges' mit kräftig grünem Laub, bildet besonders kräftige, dichte Hecken.

Größe: 1,50–1,80 m in 3 Jahren; 2,50–3,00 m in 6–7 Jahren.
Pflanzung: im Herbst oder zeitigen Frühjahr im Abstand von 45–60 cm
Schnitt: im späten Frühling und nochmals im Sommer bei Bedarf.

Crataegus monogyna, Weißdorn

Laubabwerfender, winterharter, robuster Strauch, der eine undurchdringliche Dornenhecke bildet. Verträgt kräftigen Rückschnitt und läßt sich als Kugelbaum erziehen.

Größe: 0,90 m in 3 Jahren; 3,00–3,20 m in 10 Jahren.
Pflanzung: von Herbst bis Frühling Hecken im Abstand von 30–35 cm.
Schnitt: Gleich nach der Pflanzung auf 15 cm zurückschneiden und im folgenden Winter um die Hälfte seines Zuwachses. Danach nochmals zwischen Frühsommer und Herbst nach Bedarf.

Lavandula angustifolia, Lavendel

Immergrün, duftend mit silbergrauem Laub und violett-blauen Blüten. Die kompaktesten Sorten sind *L. a.* 'Hidcote' und *L. a.* 'Munstead Dwarf'.

Größe: *L. a.* 'Hidcote' erreicht im zweiten Jahr seine volle Größe von 30–40 cm; *L. a.* 'Munstead Dwarf' erreicht in 2–3 Jahren seine volle Größe mit 60 cm.
Pflanzung: *L. a.* 'Hidcote' in Abständen von 30 cm; *L. a.* 'Munstead Dwarf' mit 35 cm, im Herbst oder späten Frühling.
Schnitt: im Frühling und nach der Blüte.

Ligustrum ovalifolium, Liguster

An manchen Standorten immergrün, robust, verträgt auch starken Schnitt. *L. o.* 'Aureum' der Goldliguster, hat gelb panaschiertes Laub.

Größe: 0,90 m in 3 Jahren; 1,80 m in 6 Jahren.
Pflanzung: von Herbst bis Frühling im Abstand von 30–45 cm.
Schnitt: gleich nach dem Pflanzen auf 15 cm zurückschneiden und den Zuwachs im folgenden Winter nochmals um die Hälfte einkürzen. In der Folge im Sommer nach Bedarf.

Lonicera nitida, buchsblättriges Geißblatt

Bildet hübsche Hecken, wenn es kurz gehalten wird. *L. a.* 'Baggesens Gold' dichtbuschig, mit rundlichen, goldfarbenen Blättchen, die sich im Herbst blaß grün-gelb färben.

Größe: 1,20 m in 4 Jahren, dann möglichst in dieser Höhe halten.
Pflanzung: im Abstand von 30 cm, von Herbst bis Frühjahr.
Schnitt: eine konische Form ist nötig für eine gleichmäßige Belaubung bis zum Boden. Im Sommer oder Frühling nach Bedarf schneiden.

Taxus baccata, Eibe

Immergrün, winterhart mit dichtem, sehr dunkelgrünem Laub. Das klassische Gehölz für Formbäumchen und geschnittene Hecken; besonders schnittverträglich, auch ins alte Holz.

Größe: bei guter Düngung 0,90 m in 3 Jahren, dann etwa 30–45 cm im Jahr bis zu 6 m.
Pflanzung: In Abständen von 45–60 cm, von Herbst bis Frühjahr.
Schnitt: sofort nach der Pflanzung alle zu langen oder sparrigen Triebe zurückschneiden, dann jährlich im Spätsommer.

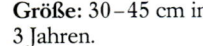

Teucrium chamaedrys, Gamander

Immergrün, winterhart, aromatisch duftend ergibt eine buschige Hecke. Die kleinen, gezähnten Blättchen sind tiefgrün an der Oberseite und grau an der Unterseite, was vor allem im Wind sehr attraktiv aussieht. Kleine rosa Blütenähren im Hochsommer.

Größe: 30–45 cm in 3 Jahren.
Pflanzung: in 25 cm Abstand im Herbst oder Frühjahr, in sonniger Lage.
Schnitt: ein- oder zweimal im Sommer, um die Form zu erhalten.

Thuja plicata, Lebensbaum

Immergrün, winterhart, schnell wachsend mit dunkelgrünen, glänzenden und duftenden Trieben. Ergibt bei regelmäßigem Schnitt eine dichte Hecke.

Größe: 1,50 m in 3 Jahren, 2,50 m in 6 Jahren.
Pflanzung: In Abständen von 60–80 cm im Herbst oder im Frühjahr.
Schnitt: Seitentriebe bei jungen Pflanzen regelmäßig schneiden, um dichte Verzweigung anzuregen, aber den Leittrieb erst schneiden, wenn die gewünschte Höhe erreicht ist. Dann im Spätfrühling schneiden.

Heckenschnitt

Die meisten Immergrünen wie Buchs, Koniferen, Stechpalmen und Lorbeer werden auf folgende Weise geformt:

Zu lange Seitentriebe einkürzen, Leittriebe nicht schneiden. Im folgenden Sommer die Seitentriebe gleichmäßig zurückschneiden.

Laubabwerfende Gehölze wie Buche und Hainbuche werden auf folgende Weise geformt:

Nach dem Pflanzen überlange oder schwache Seitentriebe leicht einkürzen, die Leittriebe bleiben zwei Jahre ungeschnitten.

Besonders schnellwüchsige Gehölze wie Weißdorn und Liguster werden auf folgende Weise geformt:

Sofort nach dem Pflanzen auf 15 cm Höhe zurückschneiden, damit von unten her ein kräftig buschiger Wuchs entsteht.

Im zweiten Sommer und in den folgenden seitlich in Form schneiden. Leittriebe schneiden, wenn die endgültige Höhe erreicht ist.

Im dritten Sommer und in den folgenden seitlichen Zuwachs in Form schneiden, Haupttrieb oder Stamm zurückschneiden.

Im zweiten Winter vorjähriges Holz auf etwa die Hälfte zurückschneiden. Im Sommer dann mit dem Formen beginnen.

Konischer Heckenschnitt

Eine geringe Verjüngung der Hecke nach oben verbessert das Aussehen und fördert das Wachstum. Eine Schablone mit einem verstellbaren Arm hilft, eine gleichmäßige Neigung von 15–30 cm je Meter Höhe einzuhalten.

Horizontaler Schnitt

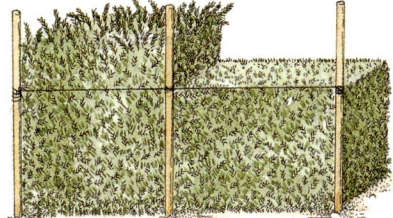

Im Abstand von etwa 1 m Stangen in den Boden stecken, vom Boden nach oben die gewünschte Höhe abmessen und in dieser Höhe eine Schnur spannen als Schnittlinie.

Schnitt von Bogenformen

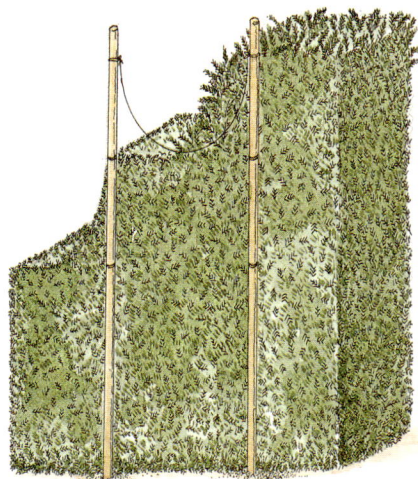

Halbe oder ganze Bogen entlang einer Schnur, auch in verschiedenen Höhen. Der Abstand der Stangen muß immer gleich sein.

Auslegen eines Parterres oder Knotenbeetes

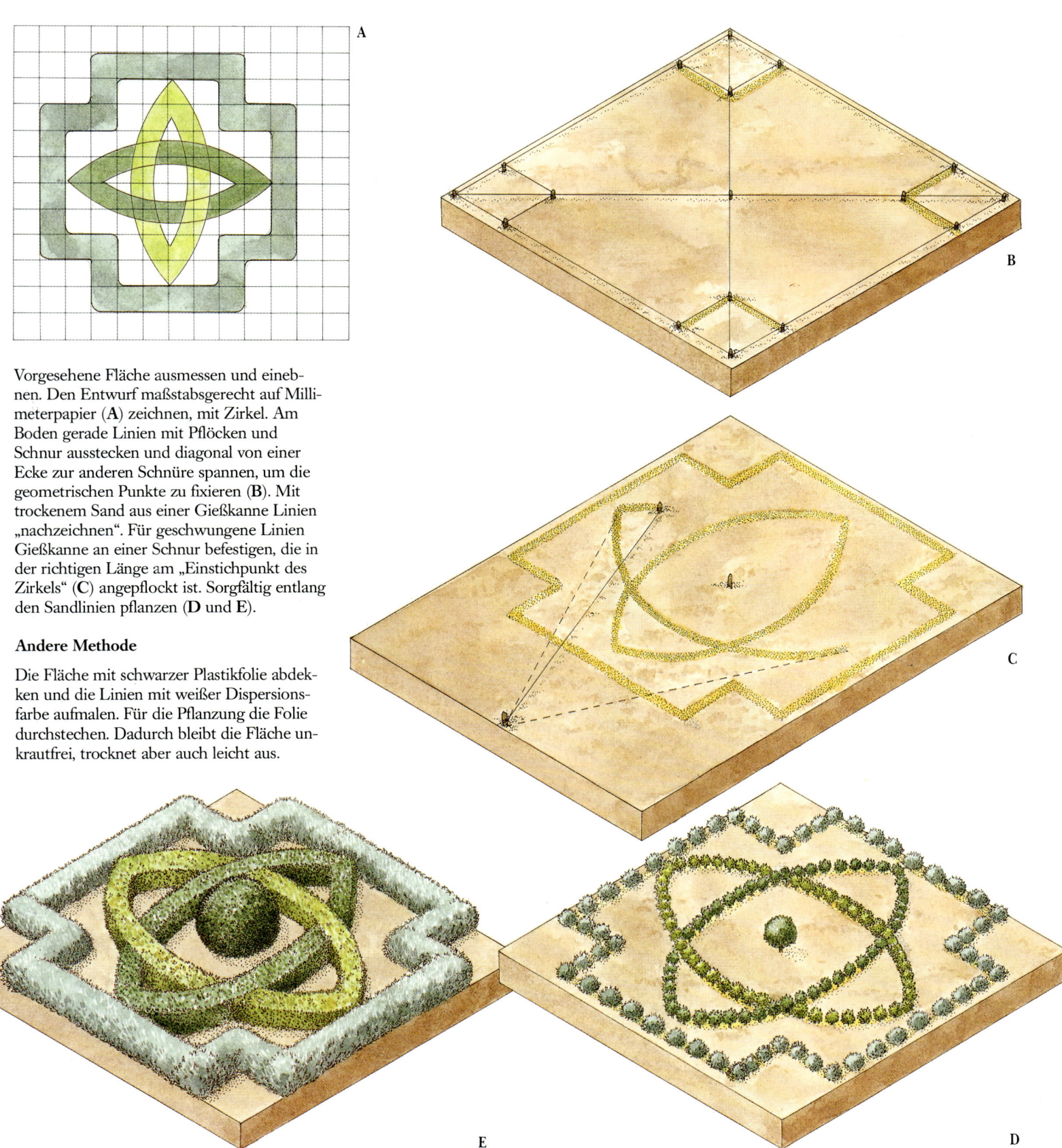

Vorgesehene Fläche ausmessen und einebnen. Den Entwurf maßstabsgerecht auf Millimeterpapier (**A**) zeichnen, mit Zirkel. Am Boden gerade Linien mit Pflöcken und Schnur ausstecken und diagonal von einer Ecke zur anderen Schnüre spannen, um die geometrischen Punkte zu fixieren (**B**). Mit trockenem Sand aus einer Gießkanne Linien „nachzeichnen". Für geschwungene Linien Gießkanne an einer Schnur befestigen, die in der richtigen Länge am „Einstichpunkt des Zirkels" (**C**) angepflockt ist. Sorgfältig entlang den Sandlinien pflanzen (**D** und **E**).

Andere Methode

Die Fläche mit schwarzer Plastikfolie abdecken und die Linien mit weißer Dispersionsfarbe aufmalen. Für die Pflanzung die Folie durchstechen. Dadurch bleibt die Fläche unkrautfrei, trocknet aber auch leicht aus.

Formen und Schneiden von Figurenbäumchen

Kugelbäumchen

Im ersten Winter den Leittrieb oder Stamm einer Pflanze an einem kräftigen Holzstab befestigen und die Seitenzweige auf 5–7 cm zurückschneiden.

Im zweiten Winter eingekürzte Seitenzweige wieder auf 5–7 cm zurückschneiden. Mit dieser Erziehung fortfahren, bis der Baum die gewünschte Höhe erreicht hat.

Den Leittrieb schneiden, wenn er die Höhe der künftigen Baummitte erreicht hat. Wachstum neuer Seitentriebe durch Entspitzen fördern.

Eine Schirmform entsteht, wenn man den Baum unten breiter wachsen läßt, sobald die Krone ausgeformt ist und, wenn nötig, unten flach schneidet.

Kugel über einer Kugel
Einfache Spirale
Efeuspirale

Die erste Kugel wie ein kurzstämmiges Kugelbäumchen erziehen, aber der Leittrieb darf dabei nicht geschnitten werden.

Man läßt ihn als Stamm für eine weitere Kugel wachsen und schneidet und formt diesen abermals wie ein Kugelbäumchen.

Neben eine junge, weiche Konifere Stab in den Boden stecken. Pflanze um den Stab winden und wo nötig befestigen.

Neben einen kleinblättrigen Efeu Stab in den Boden stecken. Spirale aus kräftigem Draht oben und unten am Stab befestigen.

Pyramide oder Obelisk

Einen Rahmen aus Maschendraht und Bambus in der gewünschten Form über einer durch Erziehungsschnitt bereits buschig ge-

wachsenen Pflanze aufstellen. Jeweils die durch das Gitter wachsenden Triebe zurückschneiden. Wenn die Form aus-

gefüllt ist, den Rahmen entfernen, oder als Hilfe beim Schneiden belassen. Für eine Kugel an der Spitze läßt man den Leittrieb bis

zur Mitte der künftigen Kugel wachsen, schneidet dann, entspitzt. Schließlich wird in Form geschnitten.

Scheiben formen

Wenn die Pflanze unten den Umfang der ersten Scheibe nahezu erreicht hat, wird sie waagrecht flach geschnitten und kreisrund, indem man eine Schnur am

Stamm als Zirkel verwendet. Genügend Seitenzweige entfernen, damit über der Scheibe ein Stamm entsteht. Für die zweite Scheibe Zweige nach unten bin-

den, um eine waagrechte Fläche zu erhalten. Die zweite Scheibe zu einem etwas kleineren Kreis schneiden und die nächste in gleicher Weise formen.

An der Spitze eine Kugel formen, indem der Leittrieb auf Höhe der Mitte der künftigen Kugel abgeschnitten und wie für einen Kugelbaum erzogen wird.

Formen eines Vogels

Wenn der Sockel ausgeformt ist, läßt man einige kräftige Triebe etwa 45–60 cm aus der Mitte herauswachsen. Dann schlägt man einen Pflock in den Boden

und befestigt den Haupttrieb daran. Aus kräftigem Draht wird eine einfache Umrißform gebildet, am Pflock befestigt und die Triebe darin festgebunden. Die

Triebe werden im Rahmen gezogen und alle herauswachsenden geschnitten, um einen buschigen Wuchs zu fördern. Immer dicht am Rahmen schneiden, um die

Konturen laufend zu verbessern. Die Form wird innerhalb von etwa drei Jahren dicht. Die Methode eignet sich für jede Figur, ausgepflanzt oder im Kübel.

Spalier aus Linden

Junge Lindenstämme werden in gleichmäßigen Abständen von etwa 3 m in eine Reihe gepflanzt und die Stämme an kräftigen

Pflöcken befestigt. Die Seitenäste werden an horizontalen Bambusstangen entlanggezogen, die Leittriebe in der gewünschten Höhe

abgeschnitten und die Zweige jeweils horizontal gezogen und wenn sie im falschen Winkel wachsen, entsprechend gebogen.

Gestelzte Hecken werden zunächst auf die gleiche Weise gezogen, man läßt sie dann aber breiter werden.

Die Erziehung von Obstbäumen

Apfel- und Birnenspaliere

Im ersten Winter wird auf
35 cm zurückgeschnitten, wobei wenigstens drei kräftige Augen für die neuen Triebe bleiben sollen.

Im folgenden Sommer wird der
Trieb aus der Endknospe an
einem senkrechten Stab befestigt und die Seitentriebe an
Stäben im Winkel von 45 °C.

Zeitig im zweiten Winter werden die Seitentriebe nach unten gebogen
und am ersten horizontalen Draht befestigt. Alle anderen werden auf
2–3 Augen zurückgeschnitten. Der senkrechte Leittrieb wird auf 45 cm
über dem waagrechten Seitentrieb auf drei gute Augen eingekürzt, aus
denen der nächste Leittrieb und zwei Haupttriebe entstehen sollen.

Apfel- und Birnen-Kordon

Im ersten Winter werden gleich nach der
Pflanzung alle Seitentriebe auf 10 cm und
3 Augen zurückgeschnitten. Der Leittrieb
bleibt ungeschnitten.

Nebentriebe (neue Triebe aus den Seitentrie-
ben) sind bis zum zweiten Winter entstanden. Sie werden auf 2 Augen zurückgeschnitten, der Leittrieb bleibt ungeschnitten.

Im zweiten Frühjahr bilden sich an den Seiten-
trieben Knospen. Die Blütenknospen werden
abgeschnitten, sobald sie erscheinen, nicht
aber die Triebe, die nach den Blüten folgen.

Fächerförmig gezogene Kirsche

Im ersten Winter wird bis auf einen
Seitentrieb in 60 cm Höhe zurückgeschnitten. Er bleibt ungeschnitten. Alle anderen Zweige
werden auf ein Auge eingekürzt.

Im folgenden Frühjahr werden
der oberste und zwei weitere
Seitentriebe in einem Winkel
von 45 °C angebunden, alle anderen Zweige weggeschnitten.

Im Sommer werden die beiden
unteren Seitentriebe an Stäben befestigt. Der obere wird nur belassen, um die Pflanze zu kräftigen. Später wird er abgeschnitten.

Im zweiten Winter werden die
beiden Seitenäste auf 45 cm und
jeweils ein kräftiges Auge eingekürzt, so daß ein kleines, aber
kräftiges Stämmchen bleibt.

Im folgenden Sommer wird die zweite Etage der Seitenäste an Stäben im Winkel von 45 °C gezogen und der Leitast weiter nach oben an einem senkrechten Stab. Alle anderen Seitenäste und alle Seitentriebe der Äste werden auf drei Blätter zurückgeschnitten.

Zeitig im dritten Winter wird die zweite Etage der Äste an Drähten befestigt, der Leittrieb wieder auf 45 cm und drei gute Augen über den Seitenästen zurückgeschnitten. Der Zuwachs in der 1. Etage wird befestigt, alle neuen Seitentriebe werden auf drei Augen zurückgeschnitten.

Im Spätsommer des zweiten Jahres werden alle Seitenäste auf 20 cm mit 3 Blättern zurückgeschnitten und alle Seitenäste 2. Ordnung auf ein Blatt über der Verzweigung.

Sobald der Leittrieb die gewünschte Höhe erreicht hat, wird er beim Sommer- oder Winterschnitt der Seitenäste auf 3 cm über dem obersten Seitenast zurückgeschnitten.

Wenn der Baum älter wird, ist durch Reduktion der Verzweigung auszulichten. Schwache Knospen und Knospen im Schatten der Zweige werden entfernt.

Im folgenden Sommer werden vier Seitenäste (neue Triebe) von jedem Seitenast befestigt – zwei über, einer unter, einer als Verlängerung des alten Astes.

Im dritten Winter wird jeder dieser vier Äste um etwa ein Drittel auf ein nach unten zeigendes Auge zurückgeschnitten.

Im folgenden Sommer werden von jedem der acht Seitenäste drei neue Äste befestigt und später die entstehenden Triebe auf 45 cm eingekürzt.

In den folgenden Jahren werden nach der Ernte die Äste, die getragen haben, bis auf die jungen Ersatztriebe zurückgeschnitten.

Register

Literatur

Adams, William Howard: The French Garden 1500–1800. London und New York 1979.

Baetzner, Alfred: Natursteinarbeiten im Garten. 6. Aufl. Stuttgart 1991.

Bärtels, Andreas: Gartengehölze. 3. Aufl. Stuttgart 1991.

Brickell, Christopher und **Fay Sharman:** Pflanzenschätze aus alten Gärten. Stuttgart 1988.

Clevely, A. M.: Topiary. The Act of Clipping Trees and Ornamental Hedges. London 1988.

Encke, Fritz: Kübelpflanzen. Stuttgart 1982.

Gallup, B. und **D. Reich:** Geformte Pflanzen. Köln 1987.

Gothein, Marie Luise: Geschichte der Gartenkunst. Jena 1926. Fotomechanischer Nachdruck Hildesheim 1988.

Haase, Magda: Schöne Gartenelemente nach klassischen Beispielen. Stuttgart 1991.

Hansmann, Wilfried: Gartenkunst der Renaissance und des Barock. Köln 1983.

Herbel, Dieter: Sommerblumen Kennen und Pflegen. Stuttgart 1992.

Howcroft, Heidi: Pflaster für Garten, Hof und Plätze. München 1989.

Jekyll, Gertrude: Pflanzenbilder aus meinen Gärten. Über englische Gartengestaltung. Stuttgart 1988.

Mader, Günter und **Neubert-Mader, Laila:** Italienische Gärten. Stuttgart 1987.

Menzel, Peter und **Irene:** Das Kletterpflanzenbuch. Stuttgart 1988.

Meyer, Hans: Formale Gärten. Stuttgart 1991.

Niederstrasser, Michael, Johanna Spalink-Sievers, Rüdiger Weddige: Gartenhaus, Laube, Pergola. München 1986.

Pardatscher, Günter: Hecken im Garten. Stuttgart 1988.

Preissel, Hans-Georg und **Ulrike:** Schöne Kübelpflanzen. Stuttgart 1991.

Plomptre, George: Klassischer Gartenschmuck. Anregungen und Beispiele aus 500 Jahren. München 1990.

Sackville-West, Vita: Aus meinem Garten. Frankfurt, Berlin 1986.

Strong, Roy: The Renaissance-Garden in England. London 1979.

Bildquellen

1–3 Gary Rogers; 5 Marijke Heuff (Jaap Nieuwenhuis und Paula Thies); 6 Andrew Lawson; 7 Philippe Perdereau; 8–9 Marijke Heuff (Jaap Nieuwenhuis und Paula Thies); 10–11 Clive Boursnell; 11 Georges Lévêque; 12 Marijke Heuff (Martin Lane Fox, Hazelby House); 13 Jerry Harpur; 14 Marijke Heuff; 15 oben: Marijke Heuff (Greve-Verhaar); 15 unten: Jerry Harpur (Liz Longhurst, Killara, Sydney); 16–17 Marijke Heuff (Gestaltung KT Noordhuis); 17 Marijke Heuff (Jaap Nieuwenhuis und Paula Thies); 18 oben links: Georges Lévêque (Patricia van Roosmalen); 18 oben rechts: Marijke Heuff (de Walenburg); 18 unten: Marijke Heuff; 19 oben: Marijke Heuff (Barnsley House); 19 unten: Marijke Heuff (Kuile Nijpels); 20 oben: Marijke Heuff (Kuile Nijpels); 20 unten: Andrew Lawson (Roy Strong); 21 links: Eric Crichton (Mordaunt-Hare, Fitz House); 21 rechts: Lamontagne; 22 oben: Georges Lévêque; 22 unten: Eric Crichton (Lord und Lady Carrington, Manor House, Bedlow); 23 oben: Marijke Heuff (Ge-

staltung Jacques Wirtz); 23 unten links: Georges Lévêque; 23 unten rechts: Marijke Heuff (Dekker-Fokker); 24 Lamontagne; 25 oben links: Philippe Perdereau; 25 oben rechts: Lamontagne; 25 unten links: Hugh Palmer; 25 unten rechts: Karen Bussolini; 52 Marijke Heuff (Martin Lane Fox, Hazelby House); 53 Marijke Heuff (de la Hayze); 54 Andrew Lawson; 55 Gary Rogers; 56 Tassa Traeger; 56–57 Clive Boursnell; 57 oben: Georges Lévêque; 57 unten: Jerry Harpur (Tradescant Trust); 58 oben links: Lamontagne; 58 unten links: Hugh Palmer; 58 oben rechts: Gary Rogers; 58 unten rechts: Hugh Palmer (Tudor Garden, Southampton); 59 oben links: Marijke Heuff; 59 unten links: Jerry Harpur; 59 oben rechts: Clay Perry; 59 unten rechts: Marijke Heuff (Huist te Jaarsveld); 60–61 Marijke Heuff (Zaanse Schans); 62 Andrew Lawson; 63 Marijke Heuff (Sparrendaal); 64 oben: Clive Boursnell; 64 unten: Jerry Harpur; 65 Jerry Harpur (Westbury Court); 66 Marijke Heuff (Patricia van Roosma-

len); 67 oben: Marijke Heuff (Castle Warmelo); 67 Mitte: Marijke Heuff (Nymans); 67 unten links: Marijke Heuff (Hidcote); 67 unten rechts: Marijke Heuff (Patricia van Roosmalen); 68 Marijke Heuff (Dekker-Fokker); 69 Karl Dietrich Buhler/ Elizabeth Whiting & Associates; 70 oben: Hugh Palmer; 70 unten: Marijke Heuff; 71 oben: Georges Lévêque; 71 unten: Georges Lévêque; 72 oben: Georges Lévêque (Gestaltung Jacques Wirtz); 72 unten links: Marijke Heuff (Gestaltung Piet Blanckaert); 72 unten rechts: Marijke Heuff (Gestaltung Piet Blanckaert); 73 Georges Lévêque (Gestaltung Jacques Wirtz); 74 Marijke Heuff (Hever Castle); 75 Hugh Palmer (Saling Hall); 76–77 Georges Lévêque; 78–79 Marijke Heuff (Jaap Nieuwenhuis und Paula Thies); 79 Lamontagne; 80 Eric Crichton (Lady Heald, Chilworth Manor); 81 Eric Crichton (Paul Hobhouse, Hadspen House); 82 Marijke Heuff (Schloß van Sypesteyn in Nieuw-Loosdrecht); 83 Marijke Heuff (Patricia van Roosmalen); 84 Hugh Palmer

(Kellie Castle); 85 oben: Jerry Harpur (Abbotswood, Stow-on-the-Wold); 85 unten: Jerry Harpur (Mains of Edzell); 86 oben: Gary Rogers; 86 unten: Marijke Heuff (Patricia van Roosmalen); 87 Marijke Heuff; 88 The World of Interiors/James Mortimer; 89 Marijke Heuff (de la Hayze); 90 oben: Marijke Heuff (Patricia van Roosmalen); 90 unten links: Georges Lévêque (Gestaltung Jacques Wirtz); 90 unten rechts: Georges Lévêque; 91 Lamontagne; 92 Clay Perry; 93 Marijke Heuff (Barnsley House); 94 Georges Lévêque; 95 oben: Eric Chrichton (Emmanuel College, Cambridge); 95 unten: Clay Perry; 96 Marijke Heuff; 97 Lamontagne; 98 links: Lamontagne; 98 rechts: Gary Rogers; 99 Georges Lévêque; 100–101 Marijke Heuff; 101 oben: Marijke Heuff (Barnsley House); 101 unten: Marijke Heuff (van Bennekom).

Zeichnungen: Robina Green: S. 26–29; Ann Winterbotham: S. 30–31; Peter Morter: S. 32–51; Gill Tomblin: S. 102–145; Vanessa Luff: S. 148–155